实践智慧：

新时代高校辅导员职业生涯的发展进阶

SHIJIAN ZHIHUI:
XIN SHIDAI GAOXIAO FUDAOYUAN
ZHIYE SHENGYA DE FAZHAN JINJIE

周　超◎著

中山大学出版社
SUN YAT-SEN UNIVERSITY PRESS
·广州·

图书在版编目（CIP）数据

实践智慧：新时代高校辅导员职业生涯的发展进阶/周超著. —广州：中山大学出版社，2023.9

ISBN 978-7-306-07837-7

Ⅰ. ①实…　Ⅱ. ①周…　Ⅲ. ①高等学校—辅导员—师资培养—研究　Ⅳ. ①G645.1

中国国家版本馆 CIP 数据核字（2023）第 114892 号

出 版 人：王天琪
策划编辑：粟　丹
责任编辑：王　睿
封面设计：曾　斌
责任校对：周昌华
责任技编：靳晓虹
出版发行：中山大学出版社
电　　话：编辑部 020-84110283，84113349，84111997，84110779，84110776
　　　　　发行部 020-84111998，84111981，84111160
地　　址：广州市新港西路 135 号
邮　　编：510275　　　　传　真：020-84036565
网　　址：http://www.zsup.com.cn　　E-mail:zdcbs@mail.sysu.edu.cn
印 刷 者：广东虎彩云印刷有限公司
规　　格：787mm×1092mm　1/16　13.375 印张　233 千字
版次印次：2023 年 9 月第 1 版　2023 年 9 月第 1 次印刷
定　　价：45.00 元

本书由全国教育科学“十三五”规划2018年度教育部重点课题“内地高校港澳台招生考试对考生文化认同的影响研究”（项目编号：DIA180394）资助，并作为其阶段性成果。

前　言

“实践智慧”的知识史，不论在东方，还是西方，都有其地方特色、传统语汇和应用类型，也经历着某种现代性转型和传统的复归。实践智慧是一种在具体的实践情境中体现出来的同善恶相关的、合乎理性的、求真的实践品质。实践智慧的不同根源虽然有层次上或侧重点上的分别，但在“实践同一性”意义上是不可分割的有机关联整体。作为“德性”，实践智慧是融社会性要素和人的类本质要素于一体、展现于个人行动中的个体德性。作为“规范合理化”诉求，实践智慧是作为交往行动基础的、可体现个体内在本质和人类的生命统一性原理的社会规范。作为“实践合理性”诉求，实践智慧是结合个人内在本质与社会公共本质于人的类生命本质之中的“人的本质力量对象化”的活动。

高校辅导员的实践智慧就是，辅导员在其专业实践的具体情境中，通过不断反思而形成的一种关于实践行动的理智模式、知识类型与行动规则系统。实践智慧在辅导员的专业实践中发挥着重要作用，其主要表现在以下三个方面：一是对思想政治教育目的的实践转化能力，二是专业实践情境中审时度势、合理决策与有效行动的能力，三是强烈的职业认同感。实践智慧的重心不在于给出事物“是什么”的解释，而是要探讨“应当如何”或“怎么做”的理性判断和价值关切。它重点关乎实践理性的卓越运用，优先强调“改变世界”的实践合理性。高校辅导员的实践智慧作为思想政治教育的实践品质，最终服务于思想政治教育实践本身，是一种以提升思想政治教育实效性为目的的实践艺术和教育艺术。

对于实践智慧的思考源于笔者工作在辅导员一线时的现实感悟和思考。从“实践智慧”的目的诉求出发，思考与之相关的理性与欲求、事实与价值、理论与实践的关系，将“实践智慧”所要处理的“实践问题”，从个体德性的维度，扩展到社会公共领域，或者扩展到更为广阔的空间领域。高校辅导员实践智慧植根于思想政治教育实践本身，是基于思想政治教育合理性的价值追求和反映思想政治教育规律的实践品质。而就日常工作繁杂的高校辅导员而言，如何经常抬头看天、积累智慧，是我们需要共同思考的话题。“逆水活鱼、顺流枯叶”，生命在于运动、在于搏击。逆流而上的鱼因为要经历各种险阻，所以活力充沛；顺流而下很舒适，但都是些枯枝败叶。而今，辅导员的工作也恰恰需要这样一种奋斗前行、专一精进的精神。

本书共分七章，分别从理论和实践的角度为辅导员实践智慧的积累和养成提供参考和借鉴，也希望能提供给新入职的辅导员一些可直接复制的现成经验。我很喜欢的一位老师曾说过一句话：“就‘思政人’的工作特点来说，就是‘身在兵位，胸为帅谋’。”进入思想政治（以下简称“思政”）系统，“思政干部”就不能小看自己，必须逆水行舟，这样才能有所发展。“功成不必在我、建功必须有我”的责任担当和淡泊明志的奉献精神是“思政人”的自豪。理想是指路的明灯，没有理想就没有坚定的方向，没有方向就没有生活。当前，“中国梦”就是我们的明灯，就是指引我们前进的方向。在这个方向指引下，“思政人”想要为实现美丽的梦想做出我们的努力，做出我们的贡献，想要实现“铁肩担道义，妙手著文章”的理想，就需要我们能够真正达到追求“板凳宁坐十年冷，文章不写半句空”的至高境界。

最后，感谢在本书撰写过程中提供经典案例的同仁们，感谢所有在工作中给予笔者支持和帮助的领导和同事们，还要感谢中山大学出版社各位编辑的默默付出，再次向他们表示衷心的感谢。

周超

2023 年 4 月 29 日

目　　录

第一章 绪 论

高校辅导员是开展大学生思想政治教育和体现高校马克思主义底色的重要骨干力量。要把握好思想政治工作的“事”“时”“势”，尤其是在应对复杂、多变的教育情境以及突发性事件时，能够做出及时、合理、有效的决策与行动，这是衡量新时代高校辅导员工作科学化、专业化水平的重要指标和关键所在。

第一节 研究背景和研究意义

自《普通高等学校辅导员队伍建设规定》（中华人民共和国教育部令第24号）颁布以来，高校辅导员的专业化、职业化已逐步从理论构想、政策要求向现实形态转化。[①] 辅导员不仅需要具备思想政治教育知识，以及相关的心理学、教育学等专业知识，而且更重要的是要不断发展自身的实践知识与实践智慧。

一、研究背景

辅导员专业发展是辅导员通过学习、研究、实践不断向有关辅导员的角色期待与行为规范靠近、发展以及社会化的过程，也是逐渐形成学生工作的实践知识与实践智慧的过程。丰富的实践知识可以帮助辅导员从多种视角看待问题、洞察解决问题的多种可能性并及时有效地做出合理的决策，而与实践知识相伴而生、相互促进的就是辅导员在解决复杂情境中具体问题时表现出来的实践智慧。高校辅导员工作有着自身独特的实践逻辑，只有敏锐地感知这种实践逻辑而后经过理性反思生成实践智慧，才能

---

① 参见王海宁《高校辅导员工作研究中的问题导向与问题意识探赜》，载《思想理论教育导刊》2022年第1期，第137页。

提高其工作的科学性与专业性。新时代高校学生工作的艰巨性、多变性以及学生发展的个性化、多元化，对高校辅导员提出了更高的要求。面对大学生群体多元、多样、多变的精神世界，辅导员需要在“多元中立主导，多样中谋共识，多变中定方向”。高校辅导员要“围绕学生、关照学生、服务学生，把握学生成长规律”，而能否肩负起培养新时代建设者的重任，很大程度上取决于辅导员的实践智慧存量。另外，高校辅导员实践智慧生成与发展的过程，也是新手辅导员向经验型辅导员进而向专家型辅导员转变、发展的过程。实践智慧能够帮助其在较短时间内更为合理地对具体的教育情境或危机事件做出更为有效的行动决策，从而提高其专业实践的正当性、科学性和有效性。

另外，在当前全球多元文化的背景下，如何认清中华优秀传统文化的价值与走向是高校大学生价值引导的重要环节。尤其是在国际交流日益常态化的形势下，多元文化之间相互影响、相互渗透逐渐加强。中华优秀传统文化具有开放、包容、博大精深的特征，正确的价值引导与合理的价值融合，是树立文化自信的重要路径。怎样强化大学生的价值引导，增强学生对中华优秀传统文化的自觉认知并在文化自信的基础上进一步实现文化自强，是需要高度关注的问题。同时，传统的文化教育范式要适应社会大变迁的类型转换，引导文化自省、推动文化实践、深化文化自觉、推进文化拓展，要在优秀传统文化的自我完善与自我创新中实现文化自强，在对大学生开展正确价值引导的过程中实现社会主义现代化建设的人才教育与培养。

综上，研究高校辅导员的实践智慧，结合其职业生涯发展规划与管理，探索其生成的逻辑起点、逻辑归宿及内在张力，促使高校辅导员理解并掌握实践智慧的本质特征及发展进程，将为高校辅导员在教育实践中快速实现职业化、专业化、专家化的发展目标提供理论依据与实践支撑。

二、研究意义

高校辅导员队伍素质建设是一项长期的工作，它伴随着高校的发展而存在，只要有高校就离不开辅导员，高校要发展就离不开辅导员的发展，当然，高校的发展同样潜在地制约着辅导员队伍的建设。高校辅导员应加强自身的职业素质建设，这是高校辅导员队伍建设不可或缺的要素。“素质”一词，出自杜甫《白丝行》中的诗句：“已悲素质随时染，裂下鸣机色相射”，其原始词义是指白色生绢。后人先后将“素质”抽象引申为“事物的本来性质”和“先天具有的生理特点”两种含义。新时期高校辅导员应具备如下素质：①要形成良好的知识素质，培养完善的智能品质。知识素质是高校辅导员心理素质形成和发展的基础，知识素质的形成是以知识结构的完善为前提的。[①] 高校辅导员作为大学生生活的“导师”，其知识结构应包括三个方面，即思想教育工作知识、教育与心理科学知识，以及广泛的社会文化和一定的科学技术知识。这三个方面的知识在高校辅导员的成长过程中发挥着不同的作用，并共同影响着其心理结构的发展变化，最终形成其知识素质。智能素质是高校辅导员心理素质结构中的重要功能部分，是心理素质形成和发展过程中的操作系统，人在实践中能否发挥出能量以及能够发挥出多大的能量，主要看其智能结构的质量。高校辅导员的智能素质培养，主要包括对各种影响进行教育加工能力的培养，对教育影响进行传导的语言智能的培养，以及组织管理能力的培养这三个方面。②要加强情绪情感品质的培养。对高校辅导员的情绪情感培养的主要内容包括：使其懂得情绪情感产生的机制、特点、功能及正常值；了解自己情绪情感发生发展的特点、水平和规律，学会一些调控的手段和方法，形成良好的情绪反应能力和适宜的宣泄方式，经常保持良好的心境和乐观、沉着的习惯，并具备较强的抗干扰和自控能力，防止焦虑、烦躁、抑郁等情绪或心理疾病的发生；掌握大学生在情绪情感方面心理疾患的常见表现，掌握分析其成因和处理方法的一般知识；特别应重视对大学生进行理智感、美感、道德感等高级情感的培养，使其情操升华到较高的水平。③要进行个人需求与动机品质和自我意识的培养。动机和行为都是以需求为轴心的，是个体行为的内驱力。高校辅导员要力求使自己的思想行为符合社会要求，能够成为学生的表率。辅导员要懂得自我意识形成和发展的机理与过程；了解自我意识发展对人才成长的重要作用，提高自我意识，实现自我修养能力的提高；善于利用自我意识，实现自我调控，保持心理健康；善于指导学生发展自我意识，开展自我教育。

高校辅导员职业生涯探索及实践智慧研究的意义包括以下三个方面：

---

① 参见郝颖《新时代高校辅导员践行立德树人使命的路径探析》，载《思想理论教育导刊》2021 年第 5 期，第 138 页。

①坚持准入机制，可从多层面、多渠道选拔高校辅导员。严格坚持准入机制，应该切实地贯彻德才兼备的原则，按照政治强、业务精、纪律严、作风正的要求，公平、公正、公开地选拔高校辅导员。把好选聘高校辅导员心理素质考核关，确保德育人才的质量。运用教师心理学、德育心理学、人才心理学等相关学科的理论，研究思想政治活动与各种心理品质的相关度，按照高校教师、高校思想政治工作者、高校管理人才必备的心理品质要求，制定相应心理测量标准，研制科学的心理测验工具，做好辅导员的心理测试与选拔的研究。②明确高校辅导员的工作职责，健全学生工作制度，创造良好的工作环境，加强业务培训和继续教育，提高高校辅导员工作水准。做好在岗培训，要提高对心理素质培养的理论认识水平。调查统计显示，大多数高校辅导员并非心理学专业毕业，除了师范院校的，其他高校的辅导员均对教育学、心理学理论缺乏系统学习，因此，高校辅导员的在岗培训对于培养其良好的心理素质具有重要的意义。由于高校辅导员工作繁忙，岗前培训时间一般较短，所以岗上培训应坚持集中辅导与自主学习相结合的原则。在实践中强化心理训练，培养其心理教育能力，将心理教育能力以及辅导员的心理素质水平列为业务考核的重要指标。③健全考评机制，激发高校辅导员岗位责任感；拓宽发展机制，为高校辅导员搭设施展平台。高校应该切实加强对辅导员的考核和管理，建立健全符合大学生思想教育工作和日常事务工作要求的工作考核评估体系，完善高校辅导员工作职责的规范和考评制度，将考核结果与职务聘任、奖惩、晋职定级密切挂钩。结合考核建立有利于辅导员成长和发展的激励机制，通过实施科学的考核体系和机制，有效规范和督促高校辅导员的言行，使其形成高度的工作责任感，从而激发高校辅导员的岗位意识、提高辅导员队伍的凝聚力。[①] 要鼓励和支持一批热诚、有志于从事大学生思想政治教育工作的骨干在职或脱产攻读学位和业务进修，使其学成之后长期从事辅导员工作，向职业化、专家化方向发展。

---

① 参见朱志梅、王雨茜《新时代高校辅导员队伍建设路径探析》，载《学校党建与思想教育》2022 年第 20 期，第 80 页。

第二节　国内外研究综述

关于高校辅导员职业生涯的研究，国内外学者在研究层面、研究深度上均存在着明显的差异，即使在国内，也由于种种社会因素的不同而有着不同的研究理念和研究方向。

一、关于高校辅导员定位的相关研究

美国高校的辅导员（counselor）一般都是某个具体方向的辅导员，专门对学生进行某个方向的辅导。美国高校学生事务高度专业化，分工细致明确。从美国辅导员协会对辅导员的定位来看，辅导员的工作职责分为三个主要的组成部分，即心理辅导、职业辅导和社会化辅导。美国高校强调学生日常事务管理专业化和学生服务专业化。前者主要类似于当前我国高校的奖学金评定、宿舍管理、困难学生资助等，而后者相当于我国目前的思想政治教育、心理健康指导、就业指导、职业规划等。辅导员经过培训以后都可以掌握一些项目辅导（counseling program）能力，辅导员主要通过项目对学生进行个人或者团体的辅导，从而促进学生心理健康，培养学生的求职技巧，教会学生如何社交、如何做人。另外，为了给学生的学习和生活提供更好的服务，美国高校还以兼职岗位的形式提供学习辅导或者住宿辅导等服务，相关人员被称为相关事务的“counselor”，其工作职能主要体现在咨询与服务上。这些辅导员大多拥有相关专业硕士或博士学位，并且已通过辅导员协会的职业资格考试。

Russell A. Sabellaa 和 Timothy A. Poyntonb 等人（2004）研究发现，在高校辅导员的各职业素质能力中，道德标准和数据管理能力的职业素质能力被评为最重要的能力。近年来，在学生管理发展理论基础上发展起来的 SLI（student learning imperative：implication for student affairs，学生学习是当务之急——学生事务的含义）理论，其指导思想更加明确了“帮助学生全面发展”的要义。作为一个法治化比较健全的国家，美国高校学生事务工作除了有相对完备的各种部门法律的制约外，还有非常完善的行业规范。这些法制化、规范化的制度和章程，不仅大大提升了高校学生事务

的社会认同度，使学生事务管理被看作是高等教育不可或缺的一部分，而且保证了学生管理者和被管理者都有章可循，推动了学生工作整体的有序进行。欧美高校学生事务管理的宗旨趋向于通过“服务学生”来促进学生的全面发展，主要有以下四个特点：①辅导专业化；②生活服务社会化；③学生资助体系专门化；④校园活动管理自主化。欧美高校的学生事务管理体系更加职业、权责也更加明确，其高校辅导员队伍更类似于学生事务管理者。

李莉（2011）在其所著的《高校辅导员专业化发展研究》一书中，对高校辅导员的角色、知识结构与专业素质特点进行了研究。彭庆红等根据统计分析认为，高校辅导员的素质可以归为三类：管理能力素质、专业知识素质和个人思想政治素质，由此构建高校辅导员素质的三维结构（MKI 模型）①。卢景昆（2014）将人才学与思想政治教育学相结合，在借鉴人才学相关知识的基础上，提出了新形势下从事高校思想政治工作的辅导员应具有的素质。肖荣勋（2008）采用访谈、文献分析、问卷调查等方法，初步探讨了我国高校辅导员素质的内部结构、辅导员素质和工作绩效的关系，以及辅导员在素质维度上的差异。郭竹梅（2011）提出，新的历史时期对辅导员有了更新的要求，辅导员的角色日趋多样化，已经由过去的思想政治教育者部分转变为以学生成才为核心的教育者、管理者、服务者、人生导航者、心理医生等。浦永杰和王梅（2011）认为，高校辅导员是青年学生思想政治教育工作的重要力量。高校辅导员素质的高低，直接关系着高校学生的管理工作成效，影响着高校的育人质量。要完成繁重的学生管理工作，高校辅导员必须具备优良的思想政治品格、良好的职业道德、扎实的业务知识、较强的工作能力和健康的体魄。只有这样，高校辅导员才能履行好自己的职责，开展好思想引导、心理疏导、学习向导、生活辅导、行为督导、就业指导等学生管理工作。冯英豪（2010）提出，青年辅导员是高校学生辅导员队伍的主体，但其整体素质还不能很好地适应新时期高校学生工作的要求。为此，青年辅导员要不断提高自身的思想修养、理论素养、文化涵养和业务水平，全面提升自身素质和工作能力，更好地满足大学生成长成才的多样化需求。

---

① 参见彭庆红、李慧琳《组织主导型高校辅导员职业生涯开发与管理模式初探》，载《思想教育研究》2012 年第 8 期，第 102 页。

二、关于辅导员实践智慧的相关研究

早在古希腊时期，亚里士多德在《尼各马可伦理学》中就把知识划分为纯粹科学、技艺知识和实践智慧三种类型，将“实践智慧”定义为：在专门实践领域起作用的智力凝结，即解决问题的一种理性能力。中世纪时，西方学者开始传承实践智慧的理念，但到中世纪后期实践智慧的传承中止。托马斯·阿奎那将实践智慧中“善”的目的排除，马基雅维利将实践智慧谋划为权力的手段，弗兰西斯·培根用科学的范式规范实践智慧，笛卡尔将实践问题拉入理论的范畴，这些误解是对实践智慧本质意义的湮没。当西方社会在现代性过程中出现了种种危机之时，实践智慧又被重新提起，一大批哲学家从伦理学、社会学、解释学、后现代主义等不同的角度和立场，对实践智慧进行了深入研究。

康德将实践智慧理解为一种能够给予意志以影响力的能力，它的意图在于产生善良的意志。罗伯特·哈里曼总结，实践智慧是一种特殊的理智模式，它是实践推理的能力，处理那些与善恶相关的偶然性事务的特殊情况。[①] 实践智慧是一种实践知识的形式，也是一种实践推理的形式，是在实践上知道怎样做的知识类型和推理形式，它不等同于任何脱离主体存在的“客观知识”，它是人在生活实践中知道怎样做的知识和经验（金生鈜，2015）。实践智慧以观念形式内化于人并作用于实践过程，其中既凝结着体现价值取向的德行，又包含关于世界与人自身的知识经验，二者同时又融合于人的现实能力（杨国荣，2023）。

大量关涉“实践智慧”的非哲学话语表明，“实践智慧”问题往往在“经典”哲学的外围异常活跃，呈现方兴未艾之势。与此同时，近些年实践智慧的概念被大量引入教育教学研究领域，如马克斯·范梅南将教育智慧定义为具有在复杂微妙的情境中迅速而有把握地恰当行动的能力。有的研究者在解释学视角下区分了实践智慧与实践知识和技术性知识的内涵差别，认为教师的实践智慧是通过反思教育实践而促进自我理解的缄默知识（张光陆，2021）；当实践智慧的概念从哲学领域转入教育实践场域，其

① 参见路强《生态实践智慧与生活方式的哲学反思》，载《江淮论坛》第2020年第4期，第100页。

内涵凸显了教师在日常教育教学情景中的实践理性和反思理性，并以教育理想、价值追求等形式寓道德品性于教育教学实践行动之中（梁广东、赵爽，2022）。也有研究者认为，教师实践智慧涵盖着教师对教育的合理性追求、对教育情境的感知与顿悟、对教育道德的体现（李海霞、蔡春，2018）。关注辅导员专业发展的研究者认为，辅导员的实践智慧是一种综合能力，表现为对善的价值追求和对实践的创造性驾驭（陆韵、屈桃、兰岚，2022）。

因此，高校辅导员实践智慧的内涵可归纳为：辅导员在教育实践中不断形成的对教育整体的理智性直觉认识与彰显出来的道德品性。它源于与学生交往过程中的具体教育经验，通过归纳、总结与反思，不断地将具体教育经验内化为辅导员“知道怎么做”的知识类型与实践理性，提高辅导员的实践能力，引导辅导员在具体、多变的教育情境中对突发性的、前所未遇的问题做出及时、有效、合理的决策。①

三、关于辅导员队伍建设的相关研究

高校辅导员队伍建设一直是国内外教育界的重要研究课题。美国高校强调学生日常事务管理专业化和学生服务专业化，将辅导员定位为：专门对学生进行某个方向的辅导，其工作职责分为三个主要的组成部分，即心理辅导、职业辅导和社会化辅导。欧洲高校学生事务管理的宗旨在于，通过服务学生来促进学生的全面发展。我国高校辅导员主要有两大职能：政治职能和管理职能。辅导员队伍的工作质量和专业化水平，直接关系到大学生的成长、关系到学校的改革发展和长期稳定。

四、关于文化认同的相关研究

目前，大多数国家的高校没有设置专门的思想政治教育课程，而是将其贯穿于公民教育、爱国主义教育、道德教育、历史教育以及宗教教育等之中。如美国学者强调以爱国主义教育为其公民教育的重点，强化“美

① 参见陆韵《知识社会学视角下高校辅导员的实践智慧：内涵、结构与生成》，载《思想理论教育》2018 年第 12 期，第 98 页。

利坚民族意识”和“集体主义精神”。法国、德国、英国等欧洲国家特别重视把爱国主义教育贯穿于品格和人格教育，将民族自尊心、自豪感，以及民族精神和社会责任感作为人格塑造的目标。现代主义思想政治教育把受教育者的主体性看作其人性的基础，主张教育方式和教育过程要人性化，充分调动受教育者的主体性。[①] Rorty 和 William（2008）把教育者与受教育者的主体间性看作现代思想政治教育的人性基础，认为师生之间应该构建一种民主、协商、理解的伙伴关系。Paolo Melindi Ghidi（2012）以父母的喜好为内生变量，构建思想教育的内部传输模型，对高校思想政治教育的深入研究有重要的指导意义。但是，国外学者对其本国优秀传统文化与思想政治教育之间关系的研究相对较少。

中华传统文化是指在五四运动以前的几千年中，中国在特定的自然环境、经济结构、政治体系、社会制度、意识形态的作用下形成、积累和传承下来，并且至今仍在影响着现代社会的中国古代文化（李荣启，2017）。思想政治教育是教育主体用一定的思想观念、政治观点和道德规范，对教育客体施加有目的、有计划、有组织的影响，使教育客体形成教育主体所要求的思想品德的社会实践活动（贺才乐，2022）。在思想政治教育中运用传统文化将有利于提升大学生的思想道德境界（曲江滨、张薇，2014），同时激发其爱国主义情感、增强民族自尊心和自信心、提高人文素质修养（迟成勇、吴锦旗，2022）。一些学者尝试运用现代思想政治教育的视野梳理、提炼中华传统文化中的思想政治教育内容。邓球柏分别总结了《大学》《论语》等八部经典论著的思想政治教育理论，对系统研究中华优秀传统文化与思想政治教育具有开拓性意义；这一系列著作为深入理解中华传统文化与思想政治教育的关系提供了重要借鉴。

从总体上看，上述研究有力推动了中华优秀传统文化与思想政治教育理论研究的深化，但是也存在一些亟待解决的问题。一方面是研究的广度与深度失衡。目前的研究基本上偏向于宏观性的阐释，着力从儒、释、道三种文化中提炼具有启示性的思想资源，而研究深度有待加强。另一方面是研究方法存在误区。对中华传统文化的解读，一种是用当代思想政治教育理论碎片式地解读中华传统文化，使得传统思想的本来面目无法得到真

① 参见暨爱民《以文化认同铸牢中华民族共同体意识：逻辑机理与实践展开》，载《南京社会科学》2023 年第 2 期，第 137 页。

实呈现；还有一种就是以逻辑推衍取代实证研究，将中华传统文化作为一种解释性资源进行研究。

“认同”一词起源于拉丁文 idem，译自英文 identity。原词的意蕴主要概述主客观的相似性及其关系，最早由心理学家西格蒙德·弗洛伊德（Sigmund Freud）使用。最初是指病理性的认同，主要是癔症性认同和梦的认同，把认同看作是潜意识层面对其他人的模仿，其源于潜意识中的欲望或内疚。同时，认同作为一种普遍的心理过程，其发生基础是人在不同成长阶段的本能，这种本能的指向是和客体融合。[①] 弗洛伊德认为，认同就是个人与他人、群体或模仿人物在感情上、心理上趋同的过程。他认为认同是一个主客体结合的过程，通过模仿榜样的行为，满足个人的归属感（梁丽萍，2004）。

作为弗洛伊德的学生，爱利克·埃里克森（Erik Erikson）把认同的概念加以改造，使之理论化和系统化，成为其自我心理学和社会心理学的基础。他认为，认同是对自己的本质、信仰及一生趋向一种相当一致和比较圆满的意识，一旦个体达到新的自我确认和角色选择，认同即告完成。在此基础上，爱利克·埃里克森将认同概念引入社会心理学，开展认同构成、认同危机、否定性或建设性认同等相关研究。关于认同的概念界定，美国《心理学百科全书》认为，认同是精神分析理论中的一个核心概念，指的是主体同化、吸收其他人或事项，以构建自身人格的过程（周晓虹，2004）。美国心理学家艾略特·阿伦森（Elliot Aronson）认为，认同是一种对社会影响的反应，是个人希望自己成为与施加影响者一样的人。如果一个人发现某个团体或个人在某一方面对自己很有影响力和感染力，他就会由于喜欢该团体或个人而倾向于接受其影响，采取与其类似的准则或态度，从而成为该团体的一员或与施加影响者一样的人。简言之，认同的目的不是为了获得奖赏或免受惩罚，而只是为了和施加影响者一样。英国学者戴维·莫利（David Morley）在《认同的空间》一书中，进一步分析了认同的概念，认为认同涉及排斥和差异，是差异构成了认同。而查尔斯·泰勒（Charles Taylor）在《自我的根源：现代认同的形成》一书中则认为，许多认同的形成是由于“自我的根源”，即自我对善恶的认识不同，

① 参见杨斌、徐之顺《文化认同视域下马克思主义中国化的历史考察》，载《江苏社会科学》2022 年第 6 期，第 26 页。

会造成不同的认同派别。要阐述认同的形成，需要涉及自己的根源、人性的善恶、社会与日常生活的影响等。

美国人类学家本尼迪克特·安德森（Benedict Anderson）在《想象的共同体》一书中提到，多种认同可以共存，其是在行动者之间互动的过程中，在一定情景中建构的，而不是预先给定的，认同也不可能完全以自我为中心，必然受到共同规则的制约和导引。英国社会学家安东尼·吉登斯（Anthony Giddens）在《社会学》一书中指出，认同分为社会认同和自我认同（或个人认同）。社会认同是指别人赋予某个人的属性，基本上可以看作是表明一个人是谁的标志。同时，社会认同也将该人与具有相同属性的其他人联系起来。理查德·詹金斯（Richard Jenkins）在《社会认同》一书中进一步指出，社会认同包括内在和外在两方面，前者是指群体认同，即群体成员在主观上所具有的群体归属感；后者是指社会分类，即社会对某一成员的群体归类和划分。曼纽尔·卡斯特（Manuel Castells）则强调，认同建立的是意义，而角色建立的是功能，意义是社会行动者为其行动的目的所做的象征的确定。对于认同的形成，其进一步进行解释，即虽然认同也可以由支配的制度产生，但是只有在社会行动者将之内化，且将它们的意义环绕着这内化过程建构时，才会成为认同。

英国心理学家查尔斯·莱克夫特（Charles Rycroft）将认同归纳为四个类型：原发性认同、继发性认同、投射性认同、心力认同。美国社会学家詹姆斯·科尔曼（James Coleman，2008）在《社会理论的基础》一书中阐述了七类认同：对直接亲属的认同、对国家的认同、对雇主的认同、对主人的认同、对势力强大的征服者的认同、对社区的认同、法人行动者对其他行动者的认同等。汉斯·摩尔（Hanns Mauu）认为，认同有两个层次，即个人层次和社会层次，在个人层次方面，认同是一个人在混沌环境中所占据的稳固方位，个人能够据之对外在环境做出积极的防御；在社会层次方面，认同能抵抗外在事物对本身环境与成员的威胁并维续自身。英国心理学家贝特·哈莱密（Bate Thalami）则从三个层次展开分析认同概念，即从群体认同经社会认同到自我认同。

国内学者对认同的概念也有多种界定，费穗宇在《社会心理学词典》一书中认为，认同是一种情感、态度乃至认识的移入过程。朱智贤在《心理学大词典》一书中指出，认同是社会化过程中，个人对他人的整个人格产生全面性、持久性的模仿学习。姚大力在《近代中国的国家形象与国家认同》一书中提出，所谓认同，不仅可以从严格和相当正式的意义上加以理解，而且也可以在更加广泛的意义上把它看作是部分政治、文化和心理的现象。《辞海》对“认同”一词的解释是，认同译为“认定”，在心理学上是指认识与感情的一致性，“认为”经过“认同”形成人的自我概念；在社会学上泛指个人与他人有共同的想法。在人们交往活动过程中，为他人的感情和经验所同化，或者自己的感情和经验足以同化他人，使得彼此产生内心的默契，分为有意认同和无意认同两种。[①]

此外，相关学者还对认同的存在状态和基本特点展开了进一步的阐发。杨筱（2000）认为认同概念有三个基本特点：社会性、可塑造性和可共存性。张春兴（1993）在《青年的认同与迷失》一书中认为，认同是一种社会学习的历程，人格发展的过程就是从社会认同转变为自我统合。社会认同是指个人的行为思想与社会规范或社会期望趋于一致，具体包括价值认同、工作或职业认同和角色认同。沙莲香（2015）在《社会心理学》一书中认为，认同是心理学中用来解释人格结合机制的概念，是维系人格与社会及文化之间互动的内在力量，从而维系人格统一性和一贯性的内在力量，因此，这个概念用来表示主体性、归属感。以上对认同概念的描述至少说明，人的认同问题就是人的种种属性的集中体现。在“认同”概念的嬗变中，可以发现，中西方学者是从不同角度使用这一概念的，心理学中的“认同”通常与“自我”相连，注重的是个体层次，其本义是一个个体对另外一个个体的接纳。而当“认同”被引入社会学、人类学、政治学后，着重用来解释个体与群体、群体与群体的归属、依赖、联系的状况。

五、关于青年大学生国家认同的相关研究

海内外学者都从不同角度探寻青年的认同建构的影响因素。有的学者从某一角度深刻剖析某一因子对青年国家认同的作用机理，有的学者则立足历史和现实两大维度来探寻青年国家认同的复杂原因。冯庆想、赖付军、徐海波（2019）则通过选取1997年12月至2016年6月的数据，使

① 参见颜夏含、杨凡、何星亮《民族凝聚力视阈中的文化认同论》，载《贵州民族研究》2022年第6期，第114页。

用回归模型实证分析了经济、民生、政策因素对国家认同的影响，得出的结论是：贸易发展、房地产价格与国家认同呈正相关；通货膨胀率、失业率与国家认同呈负相关。从中可以发现，有些回归结果与传统认识相符合，有些则与之背离。值得注意的是，从经济、民生、政策等问题入手，探索国家认同问题，跳脱出传统对认同心理机制等意识形态领域的探索，这是研究青年国家认同的新旨趣。

也有一些学者意识到媒体在建构国家认同上的特殊作用。例如，张萌萌（2022）认为，现代传媒网络等因素强化了地域认同，通过定性与定量的分析考察了某一因素在影响青年国家认同的相关关系。但这并非意味着通过某一个或单一层面因素就能够预测青年的国家认同情况；相反，当前青年的国家认同是在多种因素相互作用之下而形成的。历史分析法是学者剖析青年国家认同及其困境的主要手段，不少学者通过对青年本土意识的历史性梳理，阐述各时期青年本土意识与国家认同的张力和流变。

六、关于中华民族共同体和中华民族共同体意识的相关研究

共同体（community）一词来源于拉丁语 communit。国外关于共同体的研究主要起源于斐迪南・滕尼斯（Ferdinand Tönnies），其代表作《共同体与社会》（1999）将共同体分为血缘共同体、地缘共同体、精神共同体。[①] 滕尼斯的“共同体”一词被引入中国后，费孝通等学者将“共同体”一词翻译为“社区”。当前，大部分学者都认同中华民族共同体是历史上形成的命运共同体，这个共同体包含经济、政治、文化因素，并从历史起源（刘会清、姜桂石等，2018）、属性（周平，2012；赵刚，2017；王丽丽，2018）、要素（扎西、刘玉等，2018）三个方面展开研究。国际学界对于中华民族共同体意识的研究主要的侧重点在于对中华民族共同体意识的内涵和起源性研究。譬如，学者 Brickhouse（2013）就认为，礼、义、廉、耻是中华民族文化之根，是构成中华民族共同体意识的主干，将中华民族共同体意识的起源追溯到了商代，并对比了汉代和唐代的中华民

① 参见杜娟、蒋明《逻辑、价值与实践：民族高校四史教育融入铸牢中华民族共同体意识教育的思考》，载《民族学刊》2022 年第 11 期，第 29 页。

族概念的异同。Kelly（2008）、Gray（1987）等认为，中华民族共同体意识是一个随着历史事件、社会环境而不断演进的动态过程，其内涵随着演变而丰富。

在国内，从2017到2020年，关于中华民族共同体意识的研究文献数量呈现快速增长的态势，研究主题越来越多元化，学术界关于中华民族共同体意识的研究主要集中在以下四个维度：①历史维度——对中华民族共同体意识形成与演进的研究。严庆（2018）、刘再营（2019）、段超（2020）、杨力源（2020）等认为中华民族共同体意识的形成与演进是伴随着中华民族的历史进程不断得到发展与巩固的。从中国古代的“华夷一统观”，到近代以来的“中华民族观”，再到当下弘扬的“中华民族共同体意识”，都一以贯之着“大一统”的脉动。还有学者分别针对不同历史时期的中华民族共同体意识进行了研究：俞祖华（2018）研究民国时期，哈正利、张福强（2018）研究抗日战争时期，马亚辉（2019）研究清朝时期，张淑娟（2019）回溯了新中国成立70年来中华民族共同体意识的培育等。②地域维度——对不同地区铸牢中华民族共同体意识的研究。代表性学者如方晓玲（2020）、左岫仙（2017）、张志强（2017）、赵英（2018）、张娇（2019）等，他们分别从西藏地区、青海藏族和回族聚居区、新疆地区，以及大理白族自治州漾濞彝族自治县等边疆、西部民族地区对如何推进民族团结进步教育、铸牢少数民族地区中华民族共同体意识进行了研究。③主体维度——对铸牢中华民族共同体意识的对象研究。从主体维度来研究如何培育铸牢中华民族共同体意识，可以发现学者们在探讨“铸牢”时主要聚焦于56个民族及同胞，在探讨“培育”时主要聚焦于大、中、小学学生尤其是高校学生，以及少数民族学生。[①] 这方面研究的代表性学者有周平（2020）、方晓玲（2020）、杨胜才（2020）、冉春桃（2019）等。关于中华民族共同体意识价值意义研究的代表性学者有代洪宝（2019）、王延中（2018）、扎西（2018）等。代洪宝认为，在中华民族共同体意识的当代价值层面，“是理论价值与实践价值的统一”；在理论价值意义层面，包括“建设中华民族共同体的理论自觉”“生发了多维度的认同意识”和“彰显了契合时代的价值引领”。王延中围绕“铸

① 参见陈春艳《铸牢城市少数民族中华民族共同体意识的价值、困境及路径》，载《民族学刊》2022年第10期，第6页。

牢中华民族共同体意识”这个中心任务，提出了“铸牢中华民族共同体意识对维护国家统一、做好民族工作、决胜全面小康的重大意义”。④实现维度——铸牢中华民族共同体意识的路径研究。铸牢中华民族共同体意识的路径研究，涵盖了经济、政治、文化、法律、教育等各个方面。代表性学者有高承海（2019）、赵刚（2020）、扎西（2018）、陈玲（2019）等。总的来看，在有关中华民族共同体意识的研究中，取得研究成果最多、范围最广的便是实践路径研究，在这方面的研究中问题意识最为显著，学者们普遍思路是：提出问题、分析问题，并最终落脚到如何解决问题上的思路。

七、关于辅导员形象德育的相关研究

形象是人存在的基本方式，也是人类掌握世界的基本方式，是在主客体互动中形成的对他人或事物由其内在特点所决定的外在表现的总体印象和评价（秦启文，2017）。苏霍姆林斯基曾提到，世界是通过形象进入人的意识的，当今的世界是形象的世界。人是形象的人，人在与自然的相互作用中，是自身的本质力量对象化，并在万事万物的形象中确证自己；同时，人在与他人的相互作用中，通过形象的塑造而获得对彼此的认同，并在彼此的形象中确证自身存在的意义和价值（刘泽溪，2019）。随着学者对形象问题的关注，对于形象的研究已经延伸到了社会生活的各个角落，“个人形象”“职业形象”“企业形象”“区域形象”“城市形象”“组织形象”“政党形象”“国家形象”等，都已然被提升到战略发展的高度来研究、策划和构建。①

当前对于形象的研究主要集中在文艺学、心理学、社会学、传播学、公共关系与 CIS 理论方面。美学理论认为，生活中客观事物（包括自然界、人、社会生活）的形象，是艺术表现的对象、艺术创作的来源和艺术形象性的依据（张翟，2015）。文学作品中的形象除了指自然景物和社会环境，还主要指人物形象。而比较文学中新兴的“形象学”，主要以文学作品当中的异国形象为研究对象。在心理学领域，形象又被称作表象，

① 参见王友建《高校形象德育的生成逻辑、价值显现与实践展开》，载《江苏高教》2023年第1期，第82页。

并认为其和客观形象一样，都是由人所感知并反映出来的，因而形象也就是人们对某种对象的具体印象。社会学对于形象的研究最为广泛，比较有代表性的应当属于公共关系理论当中的CIS体系，即企业形象战略。而在哲学中，形象亦称“影像”，休谟用形象来指印象，他表示形象比观念更清楚。罗长海（1998）将形象划分为个体形象、类形象、组织形象、艺术形象和创造形象五种类型，并从哲学的角度对各种类型的形象进行了区分。因此，形象对个体或社会组织的生存、发展产生了越来越深刻的影响和作用。

形象德育是不同于说理教育的新德育形态，它是一种依托和运用生动具体的形象开展思想道德教育，从而培育、塑造和提高人的思想道德素质的社会实践活动（骆郁廷，2017）。在新的时代条件下，随着互联网和宣传技术的更新换代，青年学生的学习特点不断更新，形象德育依靠丰富多彩的生动形象和视觉体验，给高校思想政治教育带来了新的机遇和现实可能（付胜勇，2017）。从本质上看，高校辅导员职业形象塑造是高校形象德育的重要组成内容：通过高校辅导员职业形象塑造，直观呈现给高校青年学生积极的价值观、文化自信等的外在形态，结合高校辅导员的日常谈心谈话、校园文化活动设计等，将蕴涵其中的德育内在、深层和本质意蕴渗透到青年大学生的潜意识和情感中（冯刚，2018）。而不同的时代背景和社会环境对高校辅导员的角色定位、素质能力、工作内容等提出不同的要求，产生不同的形象期待（陶鹏，2017），因此，高校辅导员形象具有其历史内涵和自我超越的特点（刘咏梅，2018），其发展正是在应然与实然的矛盾中进行的（毛曦，2019）。它以社会对辅导员的职业期待和角色定位为依据，在与社会和他人交互作用的职业活动中得以确立（吴洪亮，2015；李亚楠，2014），不仅是高校辅导员本质、素质等内涵的外显，还包含着社会公众、学生群体对辅导员队伍整体的价值期待和评价（刘晓云，2016）。

第二章　新时代高校辅导员队伍的使命与担当

高校辅导员是具有教师和管理者“双重身份”的思想政治教育工作者，是高校思想政治教育“立德树人”任务的重要落实者，其肩负培养“又红又专、德才兼备、全面发展的中国特色社会主义合格建设者和可靠接班人”[①] 的重任。

第一节　新时代高校辅导员队伍建设要求

高校辅导员职业形象是学生或者其他社会主体、辅导员岗位从业者群体自身对高校辅导员群体或其个体的整体印象，是高校辅导员职业群体或个体精神风貌的生存状态表征。从 1953 年清华大学首创辅导员制度，到 2004 年的《关于进一步加强和改进大学生思想政治教育的意见》（中发〔2004〕16 号文件），再到 2017 年 9 月中华人民共和国教育部的《普通高等学校辅导员队伍建设规定》（教育部令第 43 号），党和国家对高校辅导员的工作领域及内容的关注、指导不断细化、深化。纵观高校辅导员队伍发展的各个历史阶段，高校思想政治教育大形势随着社会的发展不断变化，高校辅导员的工作内容和角色定位的要求也在不断与时俱进。站在新的历史方位，新的时代环境和青年学生差异化、个性化不断突出的期望和诉求，使得新时期高校辅导员职业形象塑造站在了新的坐标上。[②]

新时代高校学生工作的艰巨性、多变性以及学生发展的个性化、多元化，对高校辅导员提出了更高的要求。面对大学生群体多元、多样、多变的精神世界，高校辅导员需要在“多元中立主导，多样中谋共识，多变中定方向”。要围绕学生、关照学生、服务学生，把握学生成长规律。因

---

① 中共中央、国务院：《关于加强和改进新形势下高校思想政治工作的意见》。

② 参见任肖英《高校辅导员思想政治教育工作中的师生交往探究》，载《教育理论与实践》2023 年第 6 期，第 52 页。

此，高校辅导员的角色定位和形象构建必须以高水平思想教育的专家队伍为指向，在日常思想政治教育工作实践中，以科学系统的理论指导为前提，以系统的学科体系为支撑，提升教育的科学性、持续性和系统性，落实高校教育质量提升的目标责任和使命担当。要紧跟时代步伐，提前预判新形势，及时更新知识储备，调整行为方式和方法，更新对高校辅导员职业的认识，明晰职业化、专业化发展要求，进而调整职业形象定位，踏实承担职业责任和使命。需要注意的是，大学生与高校辅导员之间的代际沟通存在着明显的纵向差异，“文化反哺”“教育反哺”弥合代与代之间“时代鸿沟”的需求日益明显。高校辅导员工作的方向微调和载体拓展成为必须，要引入网络工作思维与工作理念，从而适应学生的成长规律和时代文化特性，有效助力学生未来发展与成长成才。

高校辅导员是高校教师队伍的重要组成部分，是大学生思想政治教育工作的主干力量，是大学生健康成长的指导者、引路人和知心朋友，因此，高校辅导员的素质至关重要。但是随着中国高等教育由精英化向大众化转变，高校不断扩招，大学生数量也不断增加。在日新月异的知识经济和信息时代的冲击下，校园环境、教师和学生都在发生着变化。在这种形势下，高校的管理难度增大，工作的强度也相应增加，而高校辅导员无论在数量上，还是在他们本身的素质上都遇到了新的挑战。高校辅导员的素质能力结构是指素质能力各构成要素之间相互联系的稳定方式。新时期要求高校辅导员从保姆型向导师型转变，从单一型向全能型转变，从经验型向科研型转变，从知识型向能力型转变。做学者型、科研型、专家型辅导员，是新时期对辅导员提出的全新要求。

高校思想教育工作不但要遵循思想政治工作规律、教书育人规律、学生成长规律等基本规律，还要努力“因事而化，因时而进，因势而新”，不断探索和遵循思想政治教育质量评价规律，完成大学生思想政治教育整体过程的方向调整和精准定位，多角度推进实现高校思想政治教育体系的全面协调发展。

高校辅导员职业形象塑造的过程是隐性思想政治教育作用的确证展现，需要充分发挥隐性思想政治教育的象征功能、示范功能、感染功能和暗示功能，让职业形象依据其感染力、体验性和引领性成为高校辅导员综合素质的外在表征。在这一动态过程中，高校辅导员职业形象塑造与日常思想政治教育对青年学生的教育和效果形成一个“闭合回路”：高校辅导员通过职业形象塑造与展示，向青年学生传达思想教育的内容和信息，而学生对于辅导员职业形象塑造的评价构成了相对应的反馈“信息流”，形成双向互动与效果评价，进而影响策略调整。另外，作为高校宣传思想工作队伍培育的重要力量，高校辅导员还要努力提升使用新媒体能力，提升自身的职业化、专业化水平，从面对面的教育沟通到线上、线下全覆盖，增强日常思想政治教育、德育工作的亲近性和实效性，塑造良好的网络职业形象。据此机理，高校辅导员通过优化、塑造的职业形象，借助外形和行为等隐性载体和路径，强化与青年学生的交互，切实推进思想教育的目标实现和效果提升。

高校辅导员职业形象塑造必须以高认知度、高美誉度、高和谐度为目标。高校辅导员形象识别系统（CIS，Corporate Identity System）应包括理念识别系统（MI，Mind Identity）、行为识别系统（BI，Behavior Identity）与视觉识别系统（VI，Visual Identity）三个层次。理念识别系统是辅导员职业形象塑造的核心所在，具有向导、制约、凝聚、激励四大功能，是整个 CIS 的实施基础，包括工作指导思想、服务理念、人员素质、形象定位和发展方向等。行为识别系统是指在 MI 统率下高校辅导员队伍及高校辅导员个人的言行和各项工作所表现出来的与其他职业的区别，有职业行为规范、个体行为规范、公共行为规范等。视觉识别系统是通过具体可见的视觉符号，经由组织化、系统化、统一化的识别塑造，传达高校辅导员队伍的服务理念和各项信息，塑造高校辅导员独特的职业形象。

作为高校青年大学生成长成才的人生导师和知心朋友，高校辅导员肩负高校“思政育人”重要使命和神圣责任，需要积极探索良好职业形象塑造的策略和思路，并在其指导下充分发挥大学生思想政治教育骨干的作用，提升高校辅导员队伍的职业化、专业化能力和水平，进而提升高校思想教育的辐射带动力和社会影响力。① 高校辅导员职业形象的塑造是客观要求和主观内在超越的统一，它与高校辅导员制度的演变，工作内容的变化，辅导员队伍的职业化、专业化发展有着直接而密切的关系。高校辅导员应从自身出发，在把握形象结构塑造原则的基础上，熟知高校辅导员职业形象生成的基本理路，以德育与导谕为媒介构建长效机制，从而实现形

---

① 参见赵建波《思想政治教育数字化转型的内涵要义、现实挑战及实践策略》，载《思想理论教育》2023 年第 3 期，第 88 页。

象塑造的系统性提升。

高校辅导员工作是一个具体实践的过程，也是伴随着情感、理性和经验的过程，它关注学生的生命成长且引人向善。高校辅导员职业形象具有象征、示范、感染和暗示四个方面的隐性思想政治教育功能。高校辅导员形象隐性思想政治教育功能的实现，需要树立隐性思想政治教育理念、优化辅导员形象和强化辅导员与大学生的交互。“管理部门对辅导员要求什么”“辅导员是什么”“辅导员做了什么”“辅导员说了什么”“对辅导员期望什么”这五个因素对辅导员形象的生成起了关键作用。

第二节　高校辅导员职业素质结构分析

高校辅导员的根本角色定位是思想教育工作者。随着高校教育改革的深入和社会的发展，高校辅导员的角色内涵更为丰富，其角色定位正在向以促进大学生成长成才为核心的管理者、教育者、服务者的方向发展。为此，高校辅导员在开展思想教育的具体工作中，要努力成为大学生社会化的引导者、思想心理问题的疏导者、校园学习生活的服务者、职业生涯发展的导航者，更要成为大学生为人处世的楷模、校园和谐稳定的维护者和文化传承创新的促进者。高校辅导员要胜任这些多元多样的岗位职责和角色定位，缩小现实中高校辅导员的角色定位与大学生对高校辅导员的角色期望之间客观存在的角色偏差，就必须注重提高自身的素质和能力，并不断优化升级素质结构。

一、高校辅导员职业素质提升的重要性

提升高校辅导员的职业素质并不断优化素质结构，是在新形势下加强和改进大学生思想政治教育，维护高校教育改革、发展和稳定大局的基本要求和重要保证。在经济全球化、政治多极化、社会信息化和文化多样化的新形势下，大学生思想教育既面临难得的发展机遇，也面临一系列新问题、新挑战。例如，改革开放在推动大学生解放思想、促进道德品质跃升的同时，其带来的社会震荡和改革阵痛也使大学生产生选择困惑和适应难题。社会主义市场经济创造的大量社会财富，为大学生思想教育奠定了坚

实的物质基础，但目前社会上出现的拜金主义、奢靡腐化和贫富悬殊现象也冲击着大学生敏感的神经。随着新媒体技术突飞猛进，移动互联网络已渗透到校园生活的方方面面，极大地改变了大学生的生活方式、学习方式和思维方式，这些对大学生的网络行为引导和思想引领提出新的挑战。全球范围内的交流合作持续推进，高校对外研修访问、学术交流、学生交换等活动不断增多，在帮助大学生开阔眼界、增长见识的同时，也给大学生的世界观、人生观、价值观带来了消极影响。例如，当代大学生出现了一定程度的信仰迷茫、理想信念模糊、道德品质扭曲、价值取向世俗等问题。这些新问题、新挑战既是在新形势下开展大学生思想工作必须走出的困境，也对高校辅导员的职业素质和素质结构提出了新的更高要求。

高校辅导员是党政后备干部培养和选拔的重要来源，基本上每年都会有一批一线专职高校辅导员流向校内管理岗位或进入地方党政部门、企事业单位工作。高校辅导员队伍的频繁流动，为高校思想政治工作增添了有生力量和新鲜血液，但也在很大程度上导致大学生思想政治教育缺乏实效性、连贯性和系统性。高校辅导员队伍不稳定成为长期以来制约高校思想政治工作科学发展的一大瓶颈。为破解这一难题，高校辅导员队伍的职业化、专业化发展已成为目前高校辅导员队伍建设的发展方向和改革趋势。高校辅导员队伍的职业化、专业化发展所需要的职业素质显然要比将高校辅导员岗位作为“跳板”的素质的要求更高、更优。从这个意义上讲，进一步提升高校辅导员的职业素质，并不断优化素质结构是适应高校辅导员队伍职业化、专业化发展的现实需要。

二、新时期高校辅导员职业素质构成

要素构成系统，结构决定功能。高校辅导员的素质结构是指他们的职业素质各构成要素之间相互耦合、相互作用所形成的有机系统形态。不同的素质结构制约着高校辅导员开展思想政治工作的具体方式，决定着思想教育整体效应的形成和发挥，也直接影响着大学生思想教育的实际效果。

（一）思想品德素质

1. 思想素质

高校辅导员是开展大学生思想教育的骨干力量，是高校学生日常思想教育和管理工作的组织者、实施者和指导者。具备良好的思想素质是高校辅导员做好本职工作的基础和前提条件。为此，高校辅导员应树立正确的世界观、人生观、价值观，掌握科学的方法论，正确认识和把握自然界及人类社会发展的客观规律；深入学习、理解和掌握党在社会主义初级阶段的基本理论、路线、方针、政策，能够运用马克思主义的立场、观点、方法分析、解决问题；要坚持马克思主义在意识形态领域的指导地位，注重防范并坚决抵制各种非马克思主义甚至反马克思主义错误思潮对大学生的侵蚀，在大是大非的原则问题上保持政治上的清醒敏感和思想上的纯洁坚定；不断增强科学精神和创新意识，解放思想，转变观念，养成时代发展所需要的思维方式和价值观念。

2. 政治素质

高校辅导员的首要工作职责是培养大学生的思想政治素质。具备过硬的政治理论素质是做好大学生思想政治工作的根本保证。这就要求高校辅导员应提高政治意识和政治觉悟，增强政治敏锐性和政治判断力，坚持正确的政治立场和正确的政治方向，牢固树立社会主义、共产主义的理想信念，增强对党、对祖国、对社会主义制度的政治共识和深厚情感，增强党性修养和民主法制精神，形成有利于社会和人民的政治认同和政治行为。① 高校辅导员要密切关注并全面了解国际国内形势与政策，善于抓住时政热点、焦点问题，因势利导，深入浅出地向大学生阐述深刻的道理，帮助大学生增强道路自信、理论自信和制度自信。

3. 道德素质

良好的道德素质是高校辅导员素质结构的重要组成部分。思想教育的一个重要任务就是培养大学生具有健康的道德情感、良好的道德修养和持续的道德践履能力，这就要求高校辅导员应具有良好的道德素质和品德修养。高校辅导员的道德素质主要体现在道德认知、道德情感、道德意志、道德信念、道德评价和道德行为中。其中，道德行为是道德素质的外在表现，恰当的道德行为是判断高校辅导员道德素质高低的首要参照。高校辅导员应自觉遵守教师职业道德、社会公德、家庭美德和个人品德，掌握和内化社会占主导地位的道德规范，培育和践行社会主义核心价值体系和核

① 参见任志锋、姜泓滢《思想政治教育自主知识体系建构的依据、方法与切入点》，载《思想理论教育》2023 年第 3 期，第 57 页。

心价值观，在思想政治工作中想学生之所想、急学生之所急，具备强烈的事业心和全心全意为大学生服务的无私奉献精神，以高尚的品德影响和感染学生，真正做到“学为人师，行为世范”，帮助大学生形成良好的道德品质。此外，高校辅导员还应带头践行共产主义道德，坚持集体主义的价值导向，把集体主义原则作为自己日常生活的行为准则和判断工作得失的价值准绳。

在上述高校辅导员思想品德素质中，思想素质是前提，为其他素质的提升提供强大的精神动力；政治素质是核心，对其他素质起着主导和支配的作用；道德素质是基础，构成了新形势下开展大学生思想教育的重要依据和准绳。因此，高校辅导员的思想品德素质诸要素彼此连接、相互促进，从而构成了一个多维度、分层次的系统结构。

（二）文化知识素质

1. 核心知识维度

马克思主义的辩证唯物主义和历史唯物主义基本观点，尤其是马克思主义关于人的本质和社会发展的理论学说，居于高校辅导员文化知识素质结构的核心地位，在高校辅导员的文化素养和知识结构中起到基础性和主导性的作用。高校辅导员从事的是关于人的工作，其首要职责是教育引导大学生树立正确的世界观、人生观和价值观，培养其坚定的理想信念，养成高尚的道德情操、健康的个性心理和科学的交往方式。这就要求高校辅导员应具有较高的马克思主义理论素养，深入学习马克思主义的交往实践理论，真正掌握马克思主义的理论精髓，自觉用完整准确的马克思主义理论来指导解决当代大学生的心理诉求和发展需求，促进大学生的自由全面发展。

2. 重要知识维度

高校辅导员既要坚持以马克思主义作为自己的理论基础，又要掌握精深的思想教育专业知识，同时借鉴吸收相关学科的知识和方法，不断提升自身的文化素质。这些重要的知识构成了高校辅导员文化知识素质结构的主体。为此，一方面，高校辅导员要掌握大学生思想教育和日常学生事务管理的基本知识，自觉遵守思想教育的客观规律，尊重大学生的主体性和差异性，有效完成思想教育、评奖评优、学生资助、心理辅导、职业生涯规划、网络舆情引导、校园文化建设和危机事件应急处置等工作；另一方面，高校辅导员也要吸收借鉴教育学、心理学、政治学、社会学、管理学、伦理学等相关学科的理论和方法，为完成高校辅导员的岗位职责提供重要的知识辅助和支撑。

3. 外围知识维度

外围知识，主要凭借核心知识和重要知识的辐射效应与基础知识发生关联，相互融合。高校辅导员应具有广博的综合知识，除了人文素养、法律知识、保健知识、安全知识、外语之外，还要掌握现代教育技术、行为科学和企业文化理论等。高校辅导员应具有良好的文化素养，了解中华民族几千年以来在文学、哲学、建筑、绘画、舞蹈、音乐等方面的悠久历史和灿烂文化，具有一定的文化艺术品位和广泛的兴趣爱好，在思想政治教育中潜移默化地熏陶感染大学生。高校辅导员要具备较强的现代教育技术能力，能够熟练运用新媒体和互联网开展网上思想教育。此外，西方行为科学的激励理论、非正式群体作用、“参与制”管理、行为测量定性等，以及企业文化的一个主要流派——学习型组织理论，都为高校辅导员开展大学生思想教育提供了可资借鉴的理论和方法，对提高思想教育实效性具有一定的参考价值。

（三）业务能力素质

1. 组织管理能力

组织管理能力是高校辅导员的知识、经验、素质等基础条件的外在综合表现，在高校辅导员的能力维度中处于核心地位。高校辅导员应关爱大学生，善于从事大学生思想政治工作，具备较强的组织管理能力。为了有效地实现大学生思想教育的目标任务，高校辅导员应能够灵活地运用各种方法，把各种力量、资源合理地组织和有效地协调起来，主要包括协调关系的能力和知人善任的能力等。高校辅导员在开展学生职业生涯辅导、困难学生资助、社会实践、党团组织与班级建设、心理健康与危机干预，紧急事件处置及校园文化建设等方面，应能够协调方方面面的关系，善于培养利用各级各类学生骨干辅助开展各项组织管理工作，调动各方面的积极主动性，协同推进大学生思想政治教育。

2. 沟通表达能力

高校辅导员从事大学生思想政治工作，说服、教育和宣传是其主要的工作方式，而这些都离不开良好的语言组织能力和文字表达能力。一方面，高校辅导员在与学生谈心谈话、进行形势政策宣传教育、解答大学生的各种疑虑和困惑时，需要将自己正确的思想和丰富的经验通过语言表达出来。只有具备较强的语言表达能力，晓之以理、动之以情，才能更好地深入大学生的内心，使他们乐于接受高校辅导员的教育引导。① 另一方面，良好的文字表达能力是思想工作顺利开展的重要保证，能够让高校辅导员处理好各种公文写作，总结教育实践中的经验教训，以富有感染力和号召力的文章使更多的大学生和学生工作者受到教育和启迪。

3. 开拓创新能力

高校辅导员如果要在思想政治工作中收到实效，以传统僵化的旧观念、旧思想、老眼光看待新事物、新形势，简单地沿用过去老一套的方法是不行的，必须敢于打破习惯势力和主观偏见的束缚，破解精神枷锁和封闭状态，不断与时俱进、开拓创新。高校辅导员要树立“终身学习”的理念，不断更新自身的知识结构，为实现工作创新奠定扎实的专业知识基础。高等学校应当鼓励、支持高校辅导员结合大学生思想政治工作实践和思想教育学科的发展开展科学研究，提高高校辅导员的科研创新能力。

4. 交往拓展能力

随着高等教育改革的深入推进，教育的社会化程度越来越高，对高校辅导员的交往拓展能力提出了更高要求。在日常工作中，高校辅导员应以马克思主义的交往实践理论为指导，积极地与政府部门、企事业单位、兄弟院校、毕业校友等沟通协调，成立教育实践实习基地，设立奖助学金，加强校企和校际合作等，为积极开展大学生思想政治教育和全面实施素质教育争取更多的教育资源。

（四）身体心理素质

1. 身体素质

高校辅导员除了要在正常上班时间开展大学生思想政治教育工作，处理繁杂的日常事务，往往还需要加班加点开展校园文化活动、与个别学生进行谈话、处理紧急事件等，这种高强度的工作对高校辅导员的身体素质提出了更高的要求。如果没有好的身体素质，高校辅导员可能就无法胜任

① 参见刘晓峰《高校思想政治教育“部门方法论”：渊源、构造与适用》，载《黑龙江高教研究》2023 年第 3 期，第 133 页。

这一工作。此外，高校辅导员的身体素质还体现在良好的外在形象和一定的体育爱好与特长等方面。良好的外在形象能够使高校辅导员具有较强的亲和力，有效拉近与大学生之间的距离，使高校辅导员更具有良师益友的外在风范。有足球、篮球、羽毛球、乒乓球等大众体育运动项目的爱好与特长，能够让高校辅导员与大学生有更多的共同话题和语言，并且可以在运动交流中深入全面地了解、掌握大学生的思想动态，有助于其思想政治工作的有效开展。

2. 心理素质

心理素质构成了高校辅导员身心维度素质结构的内在保障。高校辅导员工作事情多、任务重、节奏快，需要承受较重的心理负荷。这就要求高校辅导员应具有较强的心理承受和调适能力，保持积极健康的心理状态，努力形成鲜明的个性、健全的人格、健康的情感、高雅的兴趣、乐观的心态、坚强的意志等良好的个性心理品质，善于通过多种方式防范和化解心理压力，不断提高自身的心理健康素质。

综上所述，新时期高校辅导员的职业素质结构是一个由思想品德素质、文化知识素质、业务能力素质和身体心理素质构成的“四维”立体系统结构，它具有空间上的多维性与层次性、时间上的动态性和发展性等鲜明特征（详见表2－1）。关于高校辅导员的职业素质结构，需要关注三个方面的问题：一是各个维度的素质在高校辅导员职业素质结构中的地位不同。其中，思想品德素质是高校辅导员职业素质结构的灵魂，文化知识素质是核心，业务能力素质是关键，身体心理素质是基础。[①] 思想品德素质与文化知识素质是从文化思想层面来说的，具有隐蔽性和渗透性，二者之间的关联程度较高，共同构成了高校辅导员职业素质结构的“软”素质；业务能力素质与身体心理素质具有外显性和开放性，构成了高校辅导员职业素质结构的“硬”素质。二是高校辅导员职业素质结构是由一系列相对独立的素质子系统构成的。作为高校辅导员职业素质结构的组成要素，上述诸素质皆为一个独立的素质子系统，它们共同构成了一个职业素质综合系统，这些素质子系统的运转保障了高校辅导员职业素质结构的正常运作。三是高校辅导员职业素质结构优化要关注他们的素质维度个体差

---

① 参见李貌、陶磊《思想政治教育实践概念的思与所思》，载《江苏高教》2023年第3期，第108页。

异，拓展素质领域，完善素质内容体系，形成职业素质诸要素有机结合、相互协调的合理结构，实现职业素质结构的优化升级。

表2－1　高校辅导员职业素质结构模型

<table>
<tr><th>维度</th><th>类型</th><th>关联度</th><th>地位</th></tr>
<tr><td>价值维度</td><td>思想品德素质</td><td rowspan="2">“软”素质</td><td>灵魂</td></tr>
<tr><td>知识维度</td><td>文化知识素质</td><td>核心</td></tr>
<tr><td>能力维度</td><td>业务能力素质</td><td rowspan="2">“硬”素质</td><td>关键</td></tr>
<tr><td>身心维度</td><td>身体心理素质</td><td>基础</td></tr>
</table>

3．高校辅导员职业素质结构的优化

在新形势下，高校辅导员要有效开展大学生思想政治教育，迫切需要提升自身的职业素质，不断优化升级素质结构。就优化高校辅导员职业素质结构而言，高校辅导员首先最需要提升的素质是专业知识素质，其次是业务能力素质，最后是思想政治素质。如何提升高校辅导员的职业素质，并富有成效地优化素质结构是一个长期的系统工程，值得我们深入探讨。

三、高校辅导员开展思想工作的关键点

高校辅导员是专门从事德育工作、开展大学生思想教育的骨干力量，其思想素质和职业道德水平直接影响着高校的育人工作状况和大学生的健康成长。因此，要通过多种途径提高高校辅导员素质。

（一）提高高校辅导员的思想政治素质

思想政治素质是高校辅导员职业素质结构的核心和灵魂。一方面，高校辅导员要自觉深入学习掌握马克思主义理论，坚定理想信念和无产阶级立场，坚持正确的政治方向，全心全意为大学生健康成长服务，热爱社会主义，热爱祖国，忠于党和人民教育事业。另一方面，高校要严把“入口”关，始终坚持以思想觉悟高、政治素质好、业务能力强的原则选拔任用高校辅导员；在高校辅导员岗前培训和职后培养中强化其思想政治素质，切实提高高校辅导员队伍的整体素质，使之能够不断适应职业发展需

求。首先，强化师德教育。高校应建立和完善新晋高校辅导员岗前师德教育制度，对在职高校辅导员进行师德教育专题培训，多渠道、分层次地开展各种形式的师德教育，帮助高校辅导员树立正确的职业发展理想，提高其职业道德水平，着力解决师德建设存在的突出问题。其次，优化师德环境。学校的环境状况对高校辅导员的价值追求、行为规范和职业道德风貌起着举足轻重的作用。高校师德环境主要包括以制度形式存在的固定化、形式化的“硬环境”，以校风、学风、舆论氛围、校园文化形式存在的无形的、渗透性的“软环境”。为此，高校应建立健全师德建设体制机制，完善高校辅导员师德培训，打造制度规范“硬环境”；同时，还要加强校风、学风和学术道德建设，注重师德典型的选评和树立、表彰与宣传，打造校园文化精品，营造富有特色的“软环境”。最后，着力抓好高校青年辅导员的师德建设。当前，多元价值观、多样社会思潮的并存和碰撞，给高校青年教师带来的双重影响尤为明显，抓好高校青年辅导员的师德建设已成为一项紧迫的任务。高校要提高青年辅导员对师德的认知、认同和认可，帮助他们加强师德修养、坚定师德信念、树立正确的人生价值观和崇高的职业理想。

（二）建设学习型高校辅导员组织，优化升级知识结构

高校辅导员要适应学习型社会的要求，树立“终身学习”的理念，不断更新和优化自身的知识结构，确保思想政治工作有的放矢。为此，要“建设学习型高校辅导员组织，促进高校辅导员能力的提升”，形成新的“五项修炼”：一是要实现自我超越。高校辅导员应强化主体意识，自觉加强学习锻炼，提高思想理论修养和业务管理能力，不断提高自身的综合素质；建立职业生涯发展规划，培养个人发展愿景，促进自身全面发展；注重潜意识的开发运用，激发创造活力，不断超越自我。① 二是要改善心智模式。高校辅导员应健全自身描述、判断和解决思想政治实际问题的观点、方法和进行决策的依据和准则，培养创新思维和创造能力，形成不断经受实践检验、反映客观现实的集体心智模式。三是要建立共同愿景。高校辅导员要把促进大学生全面成长成才作为最高价值追求，形成一个教学

① 参见苏楚涵、许门友《思想政治教育数据化的价值意蕴》，载《学校党建与思想教育》2023 年第 3 期，第 82 页。

相长、师生协同发展的具有强大凝聚力和驱动力的共同愿景。四是要加强团队学习。通过团体学习，不断激发高校辅导员的个人能量和集体智慧，促进团队成员的学习和共同发展，提高高校辅导员群体的整体素质与协作能力。五是要注重系统思考。高校辅导员要综合分析系统内外的反馈信息，统筹兼顾，培养全局观念和系统思维方式，不断提高思想政治工作组织管理的质效，最终促进高校辅导员职业素质的整体跃升。

（三）完善高校辅导员岗位培训，不断提高业务水平

开展高校辅导员岗位培训，使高校辅导员明确职业发展目标，激发职业发展潜能，提升高校辅导员的职业素质。高校要把高校辅导员的培养培训纳入师资培训规划和人才培养计划，不断完善高校辅导员岗位培训体制机制。首先，科学设置培训内容。基于高校辅导员职业素质培训实际需求，结合新形势下大学生思想政治教育的工作要求，科学设置培训内容体系，建立涵盖高校辅导员职业素质结构的模块化课程菜单。高校辅导员可以根据自身的知识结构、素质差异和职业发展不同阶段的多样需求，有针对性地选择培训课程，修完培训所需学分。其次，不断创新培训方式。一方面，要推进新晋高校辅导员岗前培训，系统传授高校辅导员工作技能技巧、实务经验、高校育人工作等内容，严格实行“先培训，再上岗”；另一方面，要强化在岗培训，安排专职高校辅导员进行脱产、半脱产培训学习，“实施包括课堂讲授、网络课程、小组讨论与案例分析、工作坊、教学实践、考察交流和素质拓展在内的培训形式”，制定相应的岗位培训工作方案和实施细则。最后，探索丰富的培训途径。一是要鼓励和支持高校辅导员开展课题研究。高校应为高校辅导员申报研究课题立项提供专业指导和专项经费，引导高校辅导员充分发挥主观能动性进行科学调研和理论思考。二是要建立高校辅导员培训和研修基地。基地要重点建设具有一支高水平的高校辅导员队伍的培训师资库，加强培训教材开发，鼓励高校辅导员就学生工作开展深入系统的专项研讨和实践探索。三是要建立高校辅导员培训网络平台。通过网络新媒体技术，实现高校辅导员培训远程授课、在线学习、实时互动，把线上学习与线下交流有机结合起来，推进高校辅导员培训工作信息化、科学化、现代化。

（四）实施高校辅导员“青蓝工程”，建立健全帮扶机制

“青蓝工程”是指通过聘用业务精深、理论素养过硬的前辈担任实践导师，对特定岗位的文化知识、技能技巧、经验经历等进行代际传授的人才培养模式。“青蓝工程”同样也适用于高校辅导员的培养。当前，高校辅导员群体的主体是刚走出校门不久的年轻人，他们精力充沛且富有创新精神，熟悉大学生群体的思想特点和行为特征，具有开展思想政治教育的较大优势。但与此同时，这些高校青年辅导员也普遍存在社会阅历浅薄、实践经验不足、业务能力缺乏、专业理论水平不高等问题。通过实施高校辅导员“青蓝工程”，建立健全帮扶机制，安排工作认真负责、实践经验丰富、思想素质较高的资深高校辅导员、优秀管理人员、专业专任教师等业务骨干，担任新引进高校辅导员的指导老师，对这些高校青年辅导员进行思想上的教育引导、工作上的关心指导、学术上的带动辅导，并帮助他们解决工作、生活中遇到的各种实际困难，可以促进高校青年辅导员提高自身的政治理论水平和业务管理能力，更快地成长为大学生思想政治教育的行家里手。

第三节　高校大学生实践育人教育思想借鉴

胡庶华是中国近代著名的教育家，秉承了湖湘学派传道济民、经世致用的教育思想和重践履、务实行的优良学风。他认为，高等教育的目的在于培养具有完美人格、能够为社会服务的全面发展的人，并且要通过德智体美劳五育并举的实践育人方针达到全员育人、全过程育人的教育效果。实践育人是培养高素质创新型人才的重要方式。高校要通过提高认识，构建实践育人动力强化机制；德才并重，形成实践育人协同助力格局；能力主导，创新实践育人评价激励模式；加大投入，确保实践育人运行保障环境等途径，切实将思想政治教育实践育人和专业实践育人“双轮驱动”的模式有效地融入大学生的日常教育管理当中，为提高高等教育质量、增强育人工作实效、建设人力资源强国等提供坚实保障。

胡庶华（1886—1968），字春藻，湖南攸县人，近代著名教育家。他在从事高等教育工作期间，曾担任武昌大学、同济大学、湖南大学、重庆

大学以及西北大学（代）校长，尤其在湖南大学曾历任三届校长。他始终坚守实践育人的教育抱负和冶金救国的伟大理想，在复杂多变的政治大环境下，立下“每任一职，三年必辞”的工作守则，并且坚持守之。胡庶华传承了湖湘学派经世致用的教育思想及实干践履的师风学风。他认为，教育的宗旨在于救国强国，从事教育的最主要目的是为社会培养大量具有实践意识和实践才能的综合型人才，并积极将德智体美劳五育并举的教育方针运用于高校大学生的教育培养当中，为高校实现内涵式发展、提高人才培养质量等奠定坚实基础，为当今教育事业发展提供有益借鉴，同时也为大学生思想政治教育实践育人提供创新发展思路。①

一、胡庶华的实践教育理念

胡庶华认为，高校办学的重要目的在于传承优秀文化，复兴中华民族，而要办好大学就要重点加强文化建设，培育学校核心精神，并且要将其内化为师生员工共同遵守并努力践行的核心价值观。同时，学校精神的传扬还要能够辐射社会、服务社会、引领风尚。对于胡庶华来说，思想教育可谓是其践履实践育人模式的重要抓手。多年来，他通过校训、校歌、思想教育实践活动等培养学生的实践意识和实践能力。他认为校训可以“明定一校之训育目标”，能够“正一时之趋向”“承历史之遗风”②。他将“耐劳肯干，为国牺牲”定为湖南大学的校风，这既是基于当时社会现状而提出的理性倡议，也是对湖湘文化与传统的典型继承。在湖南大学校歌中，他倡导“宏开学府，济济沧沧”“振我民族，扬我国光”；在重庆大学校歌中，他亦是强调“学府宏开，济济隆隆”“复兴民族兮，誓作先锋”。

《大学生人格标准》和《十条告诫》是胡庶华为学生制定的标准规范，凝练了他对学生的谆谆教导。他要求学生坚持做到“刻苦耐劳以锻炼身体”“坦白率真以表示磊落”“遇事认真以矫除敷衍”等，同时还希望学生能够加强自律和锻炼，以拥有“光明磊落的胸腔”“勤敏万能的身

① 参见常青、李力《高校“多维型”创新创业实践育人体系建设与运行机制》，载《思想理论教育导刊》2017年第1期，第141页。

② 胡庶华：《释校训》，载《湖南大学校刊》1933年6月18日第1版。

手”“健全纯洁的思想”等。在专业学习方面，他主张学习理论知识固然重要，但专业实践探索也不可或缺。一直以来，他坚持“承朱张之绪，取欧美之长”的教育思路，要求学生既要继承岳麓书院优秀文化传统，还要努力学习西方先进的科学技术。他要求所有理工学院的学生，低年级（一、二年级）必须每周去工厂实习两天，学习车、钳、铸、锻和木工技术，而且必须要能做出成品才能及格；高年级要利用寒暑假去工厂、矿山实地见习，以提升专业实践运用能力；对于应届毕业生的要求则更加严格，必须由教师带队外出考察，进行社会实践调查。胡庶华兼容并蓄、实践育人的教育理念构成了其高校办学的基本指导思想。

二、实践育人：胡庶华教育管理之思想内核

实践育人是以培养学生创新精神和实践能力为主要目的，通过引导和鼓励学生参与各类实用性、创新性实践内容，以实现人的全面发展乃至社会不断进步的教育活动。胡庶华为人公私分明，对学生的日常教育注重以身作则，而非纯粹生硬地说教。他认为教育最重要的任务是培养学生成长成才，而教育的终极目标是培养具备健全人格的完美的人。所以，他认为，改良中国教育的方法在于鼓励和教导学生形成完美人格，争取做到“知行合一，言行合一，始终如一，表里如一”。同样，这也是他无论处于何种困境，依然持之以恒地坚守的行为准则。当前，高等教育加强实践育人工作，是深入实施素质教育、大力提高高等教育质量的必然要求，要不断推动实践育人制度化、常态化、科学化。因此，深入探究胡庶华实践育人的教育管理思想，将更有助于研究在当今社会大环境下高校实践育人工作开展的重要性和实效性。

（一）实践育人是实现立德树人任务，提高高等教育质量的必然要求

高等教育要坚持把立德树人这一根本任务作为中心环节紧抓，努力实现全过程育人、全方位育人。实践育人将智育和体育相结合，充分调动学生的积极性和主动性，有效融合理论学习与社会实践，在很大程度上促进了德育工作的深入开展，是培养应用型、复合型人才的基本途径，也是做

好立德树人工作的重要前提①。胡庶华倡导德智体美劳五育并举的育人方针，认为德育在教育中占据重要地位，应始终将其放在育人工作的首位。他着重强调，要树立学生爱国的人生观，通过教育唤醒国人的忧患意识和耻辱意识，强化学生的历史责任感。另外，还要注重学生自我思想修养的提升，“苟不修其身，则虽有救国之愿，亦莫能偿”，“人格救国，当与科学救国并重”。因此，实践育人不仅能促进立德树人工作的深入有效开展，同时也为提高高等教育质量奠定了扎实的基础。

（二）实践育人是遵循人才成长规律，增强育人工作实效的关键环节

实践育人工作贯穿高等教育的全过程，体现在学生成长成才的诸多方面，涉及教育教学的各个环节。做好实践育人工作，必须要遵循人的认识规律、高等教育教学规律以及青少年成长成才的发展规律，要做好顶层设计、明确工作模式和实施路径，要对学生的学习、生活等实现全覆盖，对各个实践环节做到“无缝衔接”，切实将专业实践发展与思想政治教育实践工作落到实处。胡庶华认为，教育要严格遵循客观发展规律，做到“小学普遍化、中学职业化、大学学术化”，大学要“造成专门人才”，“注重高深的学术”。另外，在提升教学工作实效方面，他不但注重实习实践，还重新厘定各项评定规则，严格各类考试制度。在新制度推行之初，学生因考试成绩差被退学的有 3 人、留级的有 18 人、因操行过差休学的有 3 人。因此，在教育实施过程中必须要兼顾实践环节的锻炼和道德品行的教育，在遵循人才成长规律的同时，促进第一课堂和第二课堂的有效融合，从而提升实践育人工作的针对性和实效性。

（三）实践育人是促进人的全面发展，建设人力资源强国的重要保障

高校实践育人工作是集教学实践、科研实践和社会实践为一体，联结理论学习和具体应用的综合性教育活动。胡庶华认为，德智体美劳五个方面尽管各自作用不一，但都是构成完美人格不可或缺的重要组成部分，

---

① 参见王春光、张旭、牟献友《对构建高等教育多元化实践育人体系的思考》，载《高等农业教育》2017 年第 1 期，第 4 页。

“有健全之身体，有精深之学问，而后事业赖以成功，国力赖以充实”①。另外，完美人格的学生培养目标不仅要求个人在仪容仪表等方面做好垂范，他还尝试通过制服、校徽、校歌、校训的陶冶，来提升学生的审美意识，使其树立正确的人生观、价值观。现今，人才力量是建设创新型国家和人力资源强国的重要支撑，是实现国家繁荣富强、社会文明进步的基本要素，所以高校必须要加强培养全面发展的人才、高素质的创新型人才以及具有实践运用能力的实干型人才，以为国家快速发展提供智力支持。

三、双轮驱动：实践育人教育思想之现实观照

胡庶华的教育思想融合中西教育之长，秉持“承朱张之绪，取欧美之长”的核心理念，注重思想道德教育，培养具有完美人格的人；注重师资力量的扩充与引进，着力提升学校办学质量；注重高校学术研究，积极倡导学术化；注重服务社会，倡导大学地方化，以及思想教育实践与专业实践的“双轮驱动”实践育人模式。实践育人系统工程的核心在于教师指导、学生主动、内容充实并且激励有效，因此，要通过构建实践育人动力强化机制、形成实践育人协同助力机制、创新实践育人评价激励模式、确保实践育人运行保障环境等途径，为高校实践育人系统构建提供支持，促进实现全员育人、全过程育人、全方位育人的良性格局。

（一）提高认识，强化责任，构建实践育人动力强化机制

作为实践育人的权利和责任主体，学校、社会各界要能够思想统一、认识到位，切实提升实践育人的积极性和主动性，不仅要重视和支持实践育人，还要做到认识有高度、有深度、有力度。要紧密围绕培养什么样的人、如何培养人，以及为谁培养人这个根本问题，从提升人才培养质量、建设创新型人力资源强国，并努力为实现中华民族伟大复兴而奋斗的战略高度充分认识实践育人工作的重要性，扎实推进思想政治教育实践育人和专业实践育人，切实提升高等教育整体育人实效。

高校实践育人要根据学生的专业特质和个体差异，设计开展不同类别、不同层次的实践活动，着力提升每个大学生的创新实践能力及社会适

① 胡庶华：《中华民族复兴的基本条件》，载《湖南大学校刊》1933 年 5 月 7 日第 2 版。

应能力。当前，部分高校在实践育人方面依旧存在体制不顺、机制不活、重视不够等问题，在一定程度上影响了人才培养的效果，更阻碍了高校为国家发展提供智力支持作用的有效发挥。因此，各实践主体要相互督促配合，明确各自责任，履好职，尽好责，坚持以学生为本，体现人文关怀，共同构建实践育人动力及责任强化机制，从源头上保障高校实践育人工作的顺利开展。

（二）德才并重，双轮驱动，形成实践育人协同助力格局

高校加强和改进实践育人工作要着力增强大学生的社会认知度，让学生认识社会，了解社会，不仅从德育和智育的角度树立大学生正确的世界观、人生观和价值观，还要能够督促学生积累经验，淬炼自我，不断加强学生的思想深度与广度，增强实践动手能力、创新协作能力，以及解决实际问题的能力，做到思想政治教育实践育人和专业实践育人“双轮”共同驱动，并将其融入贯穿高等教育全过程。高校要结合具体实际，协调处理好实践育人各要素之间的内部关系，注重规范性与制度化相融合，积极构建以实践教学为核心、实践活动为载体、队伍建设为保障的复合型和融合型实践育人机制，明确不同专业、不同阶段的工作重点，以确保实践育人工作的联系性和持续性。

高校实践育人实效性的有效发挥主要取决于教育系统内部各主体、各要素间的协同合作，体现在“四个协同”方面，即部门协同、教师协同、学生协同以及师生协同。首先，高校教务处、宣传部、学生工作部（处）、团委、各院系等要在校党委的顶层设计及统筹规划下，协同互助，共同推进实践育人系统的构建与完善。其次，要有效整合学校师资力量，推行具有专业特色的实践育人导师制。聘请思想政治理论课教师、专业课教师分别担任学生的德育导师和学业导师，打造“双师型”导师队伍，担任实践导师，制定优化育人方案，促进学生全面发展。最后，还要鼓励学生成立创新实践团队，加强师生间的沟通交流，促进师生教学相长，激发学生走入社会、参与实践的积极性和主动性。

（三）能力主导，质量为先，创新实践育人评价激励模式

高校实践育人工程的良性互动与可持续发展要求必须建立科学合理的考评激励体系，这不仅是对社会组织接纳学生参与实践的肯定，也是对学

生主动参与社会实践的鼓励。高校可综合交替运用多种形式的正激励和负激励措施以提高师生参与实践的积极性，同时也为实践育人预期效果的实现指引方向。另外，高校还应设置实践教学工作量考评指标，将实践活动的难易程度、实践效果及学生反馈结果等转化为具体标准，并与教师经济利益和职称评定相挂钩，激励教师参与实践、共享实践。

高校实践育人的效果评价体系要以多层面、多维度的综合考评指标为内容，包含学校综合性评价、教师指导性评价及学生体验性评价等方面，引导政府、学校、社会及学生等各主体之间建立良好的沟通渠道和反馈机制，不断地发现问题并及时调整方案，最终提升学生的教育培养效果。还要构建集目标、过程和效果为一体的坐标参照体系，通过切实有效的激励措施和制度，形成“想干事的人有机会，能干事的人有平台，干成事的人有地位”的氛围，综合提升实践育人整体效益。

（四）加大投入，整合资源，确保实践育人运行保障环境

作为高校课堂教育的延伸与升华，实践育人模式是促进人的全面发展的重要途径，其长效机制的运行涉及多方利益主体的共同参与，所以需要有健全合理的制度、扎实有效的激励以及稳定可靠的保障等，形成促成实践育人系统运行的基本保障环境。另外，要建立稳定的实践教育基地，为高校开展各类实践育人活动，满足学生随时接触社会、深入实践提供条件。因此，高校要坚持校企合作、学校主导的原则，整合相关优势资源，积极建立一批产学研相结合的实践教学基地，以确保实践育人工作得到长期稳固实施。

高校实践育人是一项长期而又系统的工程，除了要有健全合理的制度规范以外，还要有充足的人力、物力和财力作强力支撑。重点支持专业教师队伍建设，充分利用各个主体单位的校内外优秀师资资源，通过辅导实践、指导技巧与指导方式等措施，提升指导教师驾驭实践课程的能力和水平，从而打造一支规范化、职业化的实践育人教辅团队。另外，高校应加大实践育人经费的支持力度，通过与社会组织建立长期互惠合作关系，共同设立专门的实践育人活动基金，在使学生实现社会资金运营的同时，还为社会创造力所能及的应用价值。因此，无论是对于思想政治教育实践育人还是专业实践育人来说，实践的核心本质必备其中，都需要各主体、各要素、各方面的团结协作及努力。只有这样才能为高校培养全面发展的新

时期高素质人才奠定坚实可靠的基础，才能为国家健康蓬勃发展提供源源不断的人才资源支持。

第三章　高校大学生教育培养的探新与实践

中华优秀传统文化是中华民族的精神命脉，是涵养社会主义核心价值观的重要源泉，是海内外中华儿女共同的基因密码，是其深藏心底的共同精神家园。历经五千年历史长河的洗礼，中华文化更加洗练出其熠熠生辉的精神特质，成为促进中华儿女文化认同不可替代的宝贵思想资源。

第一节　高校大学生文化认同教育探新

文化认同是对本民族文化持肯定态度的价值判断，是一种稳定的心理状态和共同体意识。高校要加强人文关怀，坚持历史纵深和现实发展相统一，探索多样化引导途径，不断增强文化认同教育的整体性、系统性、协同性，是促进高校大学生文化认同教育的应然路径。

一、高校大学生文化认同教育的价值意蕴

文化认同是由于长期共同生活所形成的对本民族文化标识的心理归属、价值体认，是对本民族文化持肯定态度的价值判断，是一种稳定的心理状态和共同体意识，同时也是民族中的个体自我身份的归属与界定。文化认同由个体生长的原生环境所决定，个体无法进行选择，因而文化认同在很大程度上具有先天性、原生性。

文化认同是民族认同、国家认同的前提。民族是国家的依托，国家存续与国家认同依赖民族共同体意识和民族感情的认同。可以说民族认同、国家认同在一定程度上是在文化认同的基础上生发出来的，无不包含着文化认同的内容，而民族认同、国家认同也只有置于具体的民族文化认同背景下才真正具有意义。因此，文化认同是民族认同、国家认同的重要基础，也是最深层的基础。

大学生文化认同是新时代党的统一战线政策的需要。新时代，习近平

总书记立足于巩固扩大统一战线“第二个范围联盟”，对统战工作提出了一系列新理念、新论断。习近平总书记提到，“加强中华民族大团结，长远和根本的是增强文化认同”。中华文化是海内外中华儿女共同的基因密码，是深藏心灵的共同精神家园。共同的文化认同必然铸就共同的民族情感，形成全体中华儿女同心同德、守望相助、牢不可破的情感纽带。从某种意义上来说，文化认同是统战工作核心理论，因此，统战工作的一个极为重要的任务就是挖掘原生文化记忆，激发原生民族文化意识和情感，尤其是要做好青年文化认同工作，赢得青年才能赢得未来。要深入引导，绵绵用力，久久为功，用文化凝聚共识和力量，以青年人影响青年人，共同致力于实现中华民族伟大复兴的中国梦。

大学生文化认同是实现祖国团结统一、长治久安的保障。文化的力量是巨大而无形的，文化认同的感召力和排他力是任何力量都无法取代的。文化认同可以跨越意识形态的鸿沟，在彼此心灵上实现相通相连、相亲相融。尤其是中华文化所蕴含的“大一统”观念，是海内外中华儿女最鲜亮的文化底色，是维护国家统一的坚实思想基础。[①] 要坚持在中华文化认同视阈下探讨祖国和平统一，坚定不移做好大学生文化认同教育，用植根血脉之中的共同的历史文化消解分离隐忧，筑牢文化共同体意识，为实现祖国团结统一、长治久安提供保障。

二、高校大学生文化认同教育的现实困境

当前，高校大学生文化认同教育存在多方面的现实困境。青年大学生长期处于多种文化纵横交错的环境之中，其生活方式、思维方式、看待问题的视角均可能在潜移默化中发生了位移。另外，有的高校对大学生特点缺乏精准把握，使文化引导缺乏整体性、系统性、协同性，导致教育实效性欠佳。文化本质上是内化于人的观念之中的价值和精神性的存在，无所不在、无时不在，但又无影无踪。文化需要外在和具体的建设，但更需要的是内在养成。因此，如果不能把握文化发展的特殊方式和规律，只注重表面和形式建设，那么即使再轰轰烈烈、有声有色的文化活动，也可能无

---

① 参见程京武、熊枫《新媒体场域中高校思想政治教育供需互契问题研究》，载《学校党建与思想教育》2023 年第 2 期，第 67 页。

法真正起到文化认同教育的作用。目前，高校对大学生文化认同教育进行了积极探索和有益尝试，但仍在一定程度上陷入上述误区，实际效果有待加强，究其原因主要是缺乏整体性、系统性和针对性。首先，大学生文化认同教育缺乏整体设计和宏观规划。文化认同教育是一项系统性工程，需要有稳定且强有力的领导机关综合协调、统筹全局。然而，目前部分高校大学生文化认同教育领导机关存在缺位现象，导致文化认同教育缺乏整体规划，宏观指导不足。此外，高校个别部门仍然存在“文化认同教育是某个部门的任务”的错误认识，导致文化认同教育零敲碎打，无法形成文化认同教育整体合力。其次，文化认同教育系统性思维还要进一步加强。在文化认同教育方面，各部门沟通协调机制不健全、课程教材体系配合不协调、课堂学习与日常活动不融通、学校与家庭联动不充分等情况还依旧存在。按照系统论观点，文化认同教育是由多个要素系统组成的链条，显然，只要链条中的任何一个要素出现问题都会影响整个链条的顺畅运行。最后，学生文化认同教育针对性亟待强化。部分高校对大学生文化认同教育过于粗枝大叶，缺乏有效针对性。同时，高校缺乏对大学生特点的深入研究和把握，亟须针对性地把文化价值融入日常生活叙事和知识叙事之中，而非忽视主体对象特点的简单重复说教。

三、高校大学生文化认同教育的应然路径

青年人可塑性强，高校大学生文化认同教育要坚持人本思想、精准把脉，要在深耕中华文化上下功夫，不断增强大学生文化认同教育整体性、系统性、协同性。

（一）坚持人本思想，加强人文关怀

中华文化历来讲求“人本”思想，讲求“仁者爱人”。作为社会关系总和的人，总是希望得到他人的爱与关注，渴望被接纳和尊重。应尊重差异、理解差异、欣赏差异，也只有在尊重欣赏差异的前提下，不同文化才能在友好和谐的交流互鉴中实现融合。绝大多数高校大学生都是第一次远离家乡求学，他们的内心会对未来的学习和生活充满忐忑和不安；同时，还面临着成长的烦恼、学业的压力和择业的困扰等，在这种情况下，他们更希望得到周围人的认可、支持与关爱，从而确立个人价值归属。我们要

遵循中华文化“人本”传统，对学生加强人文关怀，真正走进学生的内心，成为学生的知心朋友，了解他们的烦恼，倾听他们的心声，解答他们的疑惑，能够真正给予他们安全感及归属感。

（二）深耕文化蕴涵，坚持历史纵深和现实发展相统一

中华文化底蕴深厚、博大精深，经过五千年历史长河的洗礼，更加洗练出其熠熠生辉的精神特质，是促进文化认同不可替代的思想资源。中华文化始终强调“天下一家”“天下大同”的文化理念，“大一统”观念早已深深熔铸在每一位中华儿女的血脉之中，成为中华民族的共识，时刻起着维护统一、促进统一、防止分裂的强大作用。中华文化始终重视“小我与大我”“个人与民族”的关系，始终将“小我”与“大我”、“个人”与“民族”紧密联系，所谓“穷则独善其身，达则兼济天下”，所谓“位卑未敢忘忧国”。每当中华民族处于危难时刻，这种深入骨髓、嵌入基因的文化共识就会转化为强大的爱国力量；中华文化始终崇尚“和合”思想，主张“和而不同”，主张人与人、人与社会、人与自然和谐相处，“和合”思想是所有中华儿女共同的精神记忆，期盼家庭和美、社会和谐、民族和睦。① 高校要深入挖掘中华文化中蕴含的弥足珍贵的思想精华，以激发学生故乡情、凝聚爱国心、坚定报国志。促进高校大学生文化认同，必须立足现实发展，用中国梦激扬青春梦，同心共圆“中国梦”。实现中华民族伟大复兴中国梦，具有广泛的包容性，承载着海内外中华儿女的共同愿景、共同福祉和共同追求。反观西方资本主义社会，不断暴露出不可调和的矛盾和危机，发展缓慢，甚至停滞不前。高校辅导员要通过讲道理、摆事实的方式，耐心引导青年正确认识现实，清醒认识到西方势力到处贩卖的资本主义价值观的虚伪表象，不断增进共识，为早日实现“中国梦”努力奋斗。

（三）精准把脉施策，探索多样化引导途径

交往是文化认同实现的重要纽带，人们在交往中构建着相似的思维与行为方式。大学生具有自身突出特点，他们活泼好动、多才多艺、乐于表

① 参见刘松、唐亚阳《论高校思想政治教育的隐性资源及其整合路径》，载《思想教育研究》2022 年第 12 期，第 145 页。

达、长于表现，对于传统的课堂知识学习缺乏兴趣。他们希望能够“走出去”看一看，也期望课堂教育能够与社会实践、环境建设等相结合。因此，高校实施文化认同教育需要精准把脉、针对性施策，不能单纯依靠传统课堂灌输性教学，要积极探索符合大学生特点的多样化引导途径。首先，要善于将课堂搬到学校“围墙”之外，多组织文化游学和社会实践活动。利用寒暑假、“五一”“十一”等假期，积极组织策划“文化之旅”“寻根之旅”等文化游学实践活动，通过亲身体会、亲自调查，增强学生对祖国历史文化和社会主义建设的内生情感。其次，要大力发展校园文化，彰显中华文化标志性元素。高校要以展示中华文化魅力、弘扬爱国主义精神为主题，以清明节、端午节、中秋节等传统节日为切入点，精心打造校园品牌文化活动，以优秀作品鼓舞人、引导人；要大力发展社团文化，加强对文化类社团扶持与指导，发挥大学生多才多艺、擅于组织的特点，积极引导大学生参与社团建设；要注重校园物质文化建设，于细微处见真功，赋予一楼一宇、一林一湖以中华文化符号，彰显中华文化标志性元素，寓教于物。最后，要注重增强大学生融入感、归属感。大学生普遍个性独立，民主参与意识较强。高校班级、社团、学生组织等应当注重营造平等参与、公平竞争的和谐氛围，以免学生之间产生不必要的矛盾隔阂。此外，针对部分学生前期学习基础较差，高校应主动作为，为其寻找合适的“学伴”，结成“帮扶对子”，使他们因共同学习的美好经历和情感记忆而产生归属感。

（四）加强顶层设计，增强整体性、系统性、协同性

大学生的文化认同教育是一项系统性工程，具有其特殊的内部结构和发展规律，这决定了高校必须从宏观上做出整体性规划，必须遵循系统性原则，加强顶层设计。首先，要统一思想。坚持党委集中统一领导、学工部牵头协调、有关部门各负其责、齐抓共管的工作格局。各部门要充分认识加强大学生文化认同教育工作的重要意义，在大学生文化认同教育指导思想、培养目标、培养方式、实施途径等事关文化认同教育成败的问题上要明确方向、达成共识、共担使命，以期实现对大学生文化认同教育的精准指导。其次，要顶层设计。各部门在达成共识的基础之上，要努力形成大学生文化认同教育系统。各部门可探索建立联席会议制度，及时反馈工作情况，沟通工作信息，分析研究工作中出现的新问题、新状况，从而及

时加强顶层设计，增强大学生文化认同教育系统性。最后，要协同发力。增强大学生文化认同教育协同性。教务部门要加强课程一体化研究和建设，探索适合大学生学习基础和兴趣的课程，将文化认同融入基础性课程、拓展性课程、研究性课程之中。同时，加强专门师资力量培训，真正打造一批有志于从事文化认同教育的专门人才；宣传部门要充分运用新媒体、自媒体，要理直气壮、大张旗鼓地弘扬中华优秀文化，讲好中国故事、传播好中国声音；学生工作系统要组织好第二课堂活动，繁荣社团文化，增强大学生融入感和获得感；后勤部门要高度重视校园物质文化建设，通过一草一木、一亭一阁将中华文化元素凸显出来。总之，学校各部门都要“守好一段渠，种好责任田”，共同努力打造系统化、常态化、长效化的大学生文化认同教育体系。

四、以核心素养为导向提升文化认同教育实效

文化认同是个体对本民族文化标识的肯定性体认，是一种民族共同体意识，是凝聚民族共同体的精神纽带，也是民族共同体生命延续的精神基础。文化认同可以跨越意识形态的鸿沟，在彼此心灵上实现相通相连、相亲相融。共同的文化认同必然铸就共同的民族感情，形成全体中华儿女始终同心同德、守望相助、牢不可破的情感纽带。因此，文化认同是祖国和平统一之基、是民族团结之根、是国家长治久安之魂。[①]

民族是国家的依托，国家存续与国家认同依赖民族共同体意识和民族感情的认同。从一定程度上来说，民族认同、国家认同是在文化认同的基础上生发出来的，而民族认同、国家认同也只有置于具体的民族文化认同背景下才拥有其不可替代的重要意义。中华民族之所以历经沧桑而始终屹立于世界民族之林，就在于从未断绝且历久弥新的中华文化深深地植根于每一位海内外中华儿女的血脉之中。因此，文化认同是民族认同、国家认同的重要基础，且是最深层的基础。

中国学生发展核心素养涵盖文化基础、自主发展、社会参与三个方面，分为人文底蕴、科学精神、学会学习、健康生活、责任担当、实践创

① 参见张博、王海亮《高校思想政治教育中文化自信的生成逻辑与培育路径》，载《黑龙江高教研究》2022 年第 12 期，第 30 页。

新六个素养，其价值取向在于培养具有国际视野和民族情怀的会学习、有能力、有担当的全面发展的人，是我国教育落实立德树人根本任务，以及探索培养什么样的人、如何培养人以及为谁培养人这个根本问题的重要指南。大学生是社会主义现代化事业的建设者和接班人，大学生的健康全面发展直接关乎国家的前途和命运，以核心素养培育为导向提升中华文化认同教育实效、提高学生教育培养质量是顺应世界教育改革发展趋势、全面实施素质教育、深化教育领域综合改革的应然路径。

学生发展核心素养是党的教育方针的具体化，是教育方针与教学实践之间的衔接媒介，实质上也是对“培养全面发展的人”这一教育目的的具体阐述，注重传承并发扬中华优秀传统文化的同时，坚持落实社会主义核心价值体系具体要求。核心素养着力促使学生实现对知识的建构化、功能化和素养化，重点提升学生对知识的理解能力、实践应用能力，进而逐步提升转化为创新迁移能力。因此，作为一种最基础的素质，核心素养超越了传统知识和能力二元对立的思维方式，不仅关注学生知识和技能的习得，还看重知识、能力和态度的统整，强调情感、态度和价值观的重要性。这就要求高等教育务必做到以“人”作为一切工作的出发点和落脚点，要以培养全面发展的人作为教育的终极目标，根据不同学生的认知特点及各类课程之间的衔接情况，有的放矢地展开教学与实践，也为高校做好文化认同教育提供方向指引。

（一）建立健全制度顶层设计，科学规划核心素养学习进阶

学生发展核心素养的培育需要建立健全制度顶层设计，从宏观层面把握核心素养培育方法及方向，坚持做到共同推进、协调发展，既要注重智力提升更要发展道德教育，既要有人文素养也要有科学精神，既要拥有创新能力还要肩负社会责任，既要学会学习更要学会生活，充分体现了全面、协调、发展的有机统一，做到发展为协调指明方向，协调为发展奠定基础，二者交互统摄于“培养全面发展的人”这一价值旨归之中。将文化认同教育融于核心素养培育之中，要求教育者要清晰认知并领悟文化认同教育的根本任务与使命，厘清各主体、各要素之间的内在关联，在做好中华文化知识与实践体系顶层设计的基础上，具体落实学生认同意识的培养，促进形成学生知识和能力发展的有序进阶；同时，要加强学科和课程建设，推出一批有深度、有分量的中华优秀传统文化研究成果，造就一批

中华优秀传统文化教学名师、学科领军人才、优秀骨干教师。能够从大概念或者核心文化概念角度出发，循序渐进地组织教学与实践，把课堂教学与实践内容纳入文化概念的构建过程中，而非零散文化知识的简单堆砌，通过不断“演进”的方式促进学生实现文化认同结构、学习进阶的转化提升与价值转换。

（二）结合学生教育教学特点，重点强化文化认同典型要素

在文化认同教育过程中，只有通过实现文化认同典型要素或技能的局部强化突破，才能不断促进学生形成对大概念或者核心概念的学习进阶提升或整体优化改善。在课程体系建构方面，高校应重视学科之间的相互补充与融合，围绕核心素养及文化认同教育重点研究开发跨学科课程，引导一线教师积极参与文化认同教育教学改革，紧密关注学生的兴趣点、好奇心及持续力，主动建构知识教育框架，形成学生核心素养培育及认同的适切环境，充分发挥师生队伍的实践能动性；同时，要运用启发式、参与式、探究式课程教学方式，在课堂上营造独立思考、勇于创新的学习氛围，让学生真正学会学习、习惯学习并自主学习，真正感受到中华文化的无穷魅力。教师作为文化认同教育环节的重要因素，其人文素养、健康人格、发展意识及创新精神等对学生的影响较大。尤其高校教师对大学生的引导作用更加明显，其教学理念直接影响教师教学方法及教育内容的选择，对学生的思想体系构建、世界观价值观形成的影响尤为关键。

（三）注重学生发展实践导向，综合提升文化认同教育效果

认同教育不仅要坚持以学生为本、关注学习进阶的持续提升和核心素养的全面生成，还要强调如学校、家庭、社会等各种影响人的发展的各实践客体要素之间的和谐互动，坚持以学生发展实践为导向探索文化认同教育深入发展的根本路径。从实践层面来说，课堂教学是学生核心素养培养提升的切入点和实践路径，学科核心素养的培育是学生核心素养培育的具体化过程；同样，核心素养的培育发展也是学科核心素养确定的基础和依据。因此，为了能够综合提升文化认同教育的实效性，学生发展核心素养培育还要重点关注中华优秀传统文化融入的有效性，持续把握学科核心素养的辅助强化作用，充分挖掘各学科与核心素养、文化认同之间的内在关联，打破学科之间的固有界限，促进学科之间的课程整合与互融，在突显

学科各自特色和价值的同时，实现文化认同教育效果的最大化。同时，还要加强“互联网 + 中华优秀传统文化”平台建设，开展形式多样、学生喜闻乐见的中华优秀传统文化网络传播教育活动。鼓励和支持学校开展校史、院史、学科史和人物史的挖掘、整理和研究等，不断探索学生学习中华文化、领悟中华文化、认同中华文化的有效路径。

第二节　我国高等教育服务出口的“三维”效应实证分析

随着教育国际化的迅猛发展，教育服务贸易已逐渐成为全球服务贸易的重要组成部分，其中，高等教育服务贸易表现得尤为突出，竞争异常激烈，被认为是全球经济增长和扩张的必要条件。

一、我国高等教育服务出口效率及潜力分析

高等教育服务贸易包括境外消费、商业存在、自然人流动以及跨境交付四种模式。对于我国而言，高等教育境外消费主要表现为其他国家的人士来华留学情形，这也是我国高等教育服务贸易出口的主要类型。近年来，我国的来华留学生规模稳步增长，生源结构也在不断优化。2019 年，来自韩国、美国、泰国、印度、俄罗斯等 202 个国家和地区的各类外国来华留学人数达 39.76 万，其中，亚、欧、非三大洲留学生占主要部分，分别为 24.02 万、6.67 万和 4.98 万人。另外，国内接收留学生的高等学校、科研院所数量增至 811 个，比 2018 年净增 4.65%。

但是，当前我国发展仍然处于战略机遇期，机遇和挑战都有新的发展变化。当今世界正经历百年未有之大变局，国际环境日趋复杂，不稳定性、不确定性明显增强。尤其在新冠病毒全球爆发的情势之下，世界格局及宏观形势都受到较大程度的影响，正确且理性地看待高等教育服务贸易发展变化，充分挖掘和提升高等教育服务出口的潜力和效率，将对我国在后疫情时代正确把握国际贸易发展方向、发挥高等教育比较优势、调整教育服务出口制度政策等有所裨益。

（一）相关文献综述

近年来涌现的大规模学生跨境流动一方面体现了经济全球化、一体化的发展结果，另一方面这也成为部分国家获取经济利益、刺激本国经济增长的重要手段（Jandhyala，2011；龙会典，2007）。留学生教育已经成为世界公认的新兴产业，作为国际教育服务贸易的主要构成，是世界经济发展的重要增长点（刘泠馨，2019）。[①] 我国对来华留学生的教育相比发达国家层次偏低、教育服务国际化程度有待提升，因此学生赴外留学费用远高于来华留学费用，导致高等教育服务贸易形成巨大逆差（韩琪，2012）。2010 年开始，我国出国留学人数超过来华留学人数，出现贸易数量上的“逆差”，且该“逆差”正逐渐扩大，产生大量外汇、人才流失（唐佳璐，2019）。[②] 另外，我国大量学生通过出国留学的方式增强自身竞争力，这也说明我国教育服务质量水平提升与快速飞跃的经济社会发展不相吻合，中国高等教育行业与国外差距明显（李美娟、刘睿，2012）。[③] 因此，与高等教育质量相关的测量与评价、定性与定量相结合的分析研究变得更加重要，它也是提升高等教育整体质量的有效途径（蔡芸、石邦宏，2019）。[④]

在模型分析探索方面，苟灵生等（2018）应用拓展的微分方程模型研究高等教育成本的正外部性，同时分析得出保持高等教育成本分担的必要条件。郭秀晶（2013）运用双层博弈理论深入分析我国高等教育服务贸易政策的形成机制及影响因素，认为贸易政策制定是国内与国际双层博弈的结果。凌学岭等（2015）利用 ARIMA 模型和动态回归模型对我国高等教育服务进口的影响因素进行实证分析，认为我国今后几年的出国留学人数增长趋势将放缓，但进口规模依然居高不下，主要原因是我国高等教

---

① 参见刘泠馨《逆全球化下高等教育服务贸易发展的趋势与建议》，载《宏观经济管理》2019 年第 6 期，第 78 页。

② 参见唐佳璐《中国对“一带一路”沿线国家高等教育服务出口研究》，载《世界教育信息》2019 年第 3 期，第 21 页。

③ 参见李美娟、刘睿《论我国国际教育服务贸易逆差的原因及对策》，载《教育与经济》2012 年第 8 期，第 38 页。

④ 参见蔡芸、石邦宏《高等教育质量测量要素模型的改进》，载《中国高教研究》2019 年第 4 期，第 74 页。

育行业在全球范围内的竞争力不足。张国军（2017）对比研究了北京与伦敦的高等教育服务出口服务贸易，基于钻石模型分别分析了两者的相对及绝对竞争优势。

综上，虽然学者对我国高等教育服务出口的关注度逐渐增加，但其研究的广度与深度还有待加强，且定性对比讨论偏多，缺乏定量分析探索，特别是对于我国高等教育服务出口的出口效率以及未来发展潜力尚需进一步探讨。本研究基于时变随机前沿引力模型，定量分析我国高等教育服务出口的出口贸易，对服务贸易量排名前列的国家的出口效率及潜力进行深入探究，以期为我国调整相关经济与贸易政策提供参考借鉴。

（二）实证分析

1. 时变随机前沿引力模型简介

引力模型的思想源自物理学中牛顿提出的万有引力定律，即两个物体之间的相互引力与两物体的质量大小成正比，与两者之间的距离成反比。Tinbergen 和 Poyhonen 最早将引力模型引入国际双边贸易流量分析当中，后来学者根据不同的研究领域与研究重点，按照影响双边贸易流量的具体情形及因素等设置不同的解释变量，以此来分析不同因素的影响方向与影响大小，同时测算相关贸易对象的贸易效率及潜力。文章采用 Kalirajan（2008）的引力模型估计随机前沿引力影响。基于模型（1）格式，加入随机干扰项后得到双方贸易量估计模型（2）。

$$EX_{ijt}^{*} = f(X_{ijt}, \beta), (i, j = 1,2,\cdots,N; t = 1,2,\cdots,T) \quad (1)$$

$$EX_{ijt}^{*} = f(X_{ijt}, \beta) exp(V_{ijt}), (i, j = 1,2,\cdots,N; t = 1,2,\cdots,T) \quad (2)$$

式中，X_{ijt}指影响双边贸易交易量的决定因素，EX_{ijt}^{*}表示在第 t 年国家 i 和国家 j 双边贸易在受到各种外部条件限制后可能达到的最大值。

假设 u_{ijt}为影响贸易水平的非效率项，当 $u_{ijt} = 0$ 时，双边贸易量达到最大值，即不存在贸易非效率；而当 $u_{ijt} > 0$ 时，双边贸易量未达到最大值，即存在贸易的非效率。因此，将随机前沿引力模型进一步改进后，得出：

$$y_{ijt} = \alpha + \sum_{i=1}^{k} \beta_i x_{ijt} + v_{ijt} - u_{ijt} \tag{3}$$

式中，i、j 代表国家，t 代表时间，k 代表研究对象的数量，v_{ijt} 为随机误差项，u_{ijt} 为非效率项。而非效率项可表达为如下形式：

$$u_{ijt} = \{exp[-\lambda(t-T)]\} v_{ij} \tag{4}$$

当 $\lambda=0$ 时，非效率项不随时间的变化而变化，反之则具有时变性。

2. 模型的设定与效果含义

本研究选取近年来华留学生数量排名前列的 12 个国家为模型量化分析研究对象，分别为韩国（KOR）、泰国（THA）、巴基斯坦（PAK）、印度（IND）、美国（USA）、俄罗斯（RUS）、印度尼西亚（IDN）、日本（JPN）、哈萨克斯坦（KAZ）、越南（VIE）、法国（FRA）、蒙古（MNG），这些国家的来华留学生约占来华留学生总数的 50%，时间段为 2005—2018 年。基于以上时变随机前沿引力模型，构建经济规模、高等教育基本情况、贸易距离以及贸易非效率项等变量与来华留学生规模的函数方程。一般而言，数据的对数化处理可以很大程度地减少变量的波动，将使时间序列的拟合效果更加理想（Box & Cox，1964）。因此，变量取对数后的结构为：

$$\begin{aligned} \ln FST_{ijt} = {} & \alpha + \beta_1 \ln GDP_{it} + \beta_2 \ln TRADE_{it} + \beta_3 \ln SENST_{it} + \beta_4 \ln ENROLL_{it} + \\ & \beta_5 \ln DGEO_{ijt} + \beta_6 \ln DCUL_{ijt} + \beta_7 \ln DECO_{ijt} + \beta_8 \ln DSYS_{ijt} + v_{ijt} - u_{ijt} \end{aligned} \tag{5}$$

$$u_{ijt} = \delta + \sigma_1 \ln ADD_{it} + \sigma_2 \ln FREE_{it} + \sigma_3 DIP_{ijt} + \sigma_4 AGR_{ijt} + \xi_{ijt} \tag{6}$$

式中，i、j 代表国家，t 代表时间。被解释变量与解释变量的选取及说明详见表 3－1，相关数据来源于世界银行（The World Bank）数据库、世界贸易组织（WTO）数据库、CEPII 数据库、中国教育部等官方网站。

表3－1　模型变量设定与数据说明

	变量	变量说明	预期效应	数据来源及数据处理
被解释变量	来华留学生人数规模（FST_{ijt}）	选取2005—2018年来华留学生人数长期排名前列的12个国家的来华留学生数据		中国教育部官方网站
高等教育服务出口效率影响因素	国内生产总值（GDP_{it}）	国内生产总值在一定程度上衡量一国经济规模总量的大小，也直接影响着国家的进出口贸易规模	+	世界银行数据库
	服务贸易进出口额（$TRADE_{it}$）	服务贸易进出口规模一定程度地影响高等教育服务出口服务贸易总量	+	世界贸易组织数据库
	国内高中生总人数（$SENST_{it}$）	高中生人数代表一国高等教育的生源规模情况	+	世界银行数据库、日本文部科学技术部网站
	高等教育毛入学率（$ENROLL_{it}$）	高等教育毛入学率反映了一国高等教育的普及化程度，在一定程度上反映了国家的高等教育发展情况	+	联合国教科文组织统计研究所、日本文部科学技术部网站
	两国地理距离（$DGEO_{ijt}$）	使用中国与其他国家首都间的球面距离估算地理距离	−	CEPII数据库
	两国文化距离（$DCUL_{ijt}$）	使用Geert Hofstede六维文化距离测算模型进行计算，基于六个维度指数合成双方文化距离指标	−／+	Geert Hofstede网站

续表 3－1

	变量	变量说明	预期效应	数据来源及数据处理
高等教育服务出口效率影响因素	两国经济距离（$DECO_{ijt}$）	两国人均 GDP 差额的绝对值作为经济距离的代理变量	－/＋	世界银行数据库
	两国制度距离（$DSYS_{ijt}$）	将各国全球治理指数的六项指标值取算术平均，作为衡量各国在政治和治理方面的差异和距离	－	世界银行数据库
高等教育服务出口非效率影响因素	服务业增加值占 GDP 比重（ADD_{it}）	用来反映一国服务业的发展在国民经济中的地位	＋	世界银行数据库
	贸易自由度（$FREE_{it}$）	以经济自由度指标衡量国家政府对本国经济贸易的干预程度	＋	美国传统基金会
	双方是否签订教育文凭相互承认双边协议（DIP_{ijt}）	两国签订学位、学历和文凭双边互认协议，将有助于促进两国学生相互学习、交流来往	＋	中国教育部官方网站 虚拟变量：签订取 1，否则取 0
	双方是否签订区域贸易协定（AGR_{ijt}）	区域贸易协定有助于减小国家之间贸易阻碍，促进双方服务贸易快速发展，助推高等教育相互交流	＋	世界贸易组织秘书处 虚拟变量：签订取 1，否则取 0

注：①两国文化距离是根据"Hofstede 文化理论"和"Kogut and Singh 文化距离指数"体系中的六个维度数据计算得到，计算公式为：$DCUL_{ij}=\frac{1}{6}\sum_{k=1}^{6}\frac{(I_{kj}-I_{ki})^2}{V_k}$，$I_{ki}$ 和 I_{kj} 分别代表中国和其他国家第 k 个维度的得分，V_k 为第 k 个维度上文化距离的方差。

②制度距离包括政治稳定与杜绝暴力及恐怖主义、监管质量、话语权和问责制、政府施政有效性、贪污控制和司法有效性六个维度，根据世界银行发布的全球治理指数计算而得。

③个别变量部分缺失数据采用插值法补齐。

④表格中"＋""－"分别代表正向效应与负向效应。

3. 模型的结果分析

将面板数据运用 Eviews 10 软件进行时变随机前沿引力模型拟合，并进行 F 检验和 Hausman 检验，通过广义最小二乘法回归估计。分析结果显示，非效率项的时变性效果显著，采用时变随机前沿技术进行拟合估计相对合理。根据检验结果，剔除模型拟合显著性未通过的变量，得到最优模型拟合结果，在 1%、5% 和 10% 水平上通过显著性检验的随机前沿函数变量有 $\ln TRADE_{it}$、$\ln ENROLL_{it}$、$\ln DGEO_{ijt}$、$\ln DCULL_{ijt}$、$\ln DECO_{ijt}$，非效率函数变量有 $\ln FREE_{it}$、DIP_{ijt}、AGR_{ijt}，具体系数及检验情况如表 3－2 所示。

表 3－2　面板模型估计结果

模型	变量名称	系数	t 值
效率函数	$\ln TRADE_{it}$	0.1079*	1.6825
	$\ln ENROLL_{it}$	0.2350**	2.5547
	$\ln DGEO_{ijt}$	－0.2792***	－3.9990
	$\ln DCUL_{ijt}$	－0.3769***	－4.0394
	$\ln DECO_{ijt}$	0.2638***	6.4713
非效率函数	$\ln FREE_{it}$	1.5106***	5.1325
	DIP_{ijt}	0.4492***	3.5978
	AGR_{ijt}	0.5010***	4.8388

注：①***、**、* 分别表示在 1%、5% 和 10% 水平上通过显著性检验。
②表中数据为模型估计结果所得。

模型拟合的结果基本与表 3－1 各影响因素的预期效应吻合，地理距离、文化距离呈现出与高等教育服务出口显著的负相关关系，即地理距离近、文化差异小的国家会产生更多的贸易量。对方国家更发达的服务贸易进出口与更高的高等教育水平将对我国的服务出口、服务贸易出口产生积极正向影响。而由于国家发展战略及经济政策原因，两国经济差距呈现出与高等教育服务贸易正相关的发展趋势。另外，一国贸易经济的自由度、是否签订学位文凭互认协议、是否签订区域贸易协定等都对我国高等教育服务出口产生显著的正向作用，而一国的 GDP 总额、高中生人数、两国制度距离、服务业增加值比重等因素的影响不显著。

（三）研究结论与政策启示

根据前文实证结果，对2005—2018年间12个国家的高等教育服务贸易效率和可能存在的贸易提升空间进行分析。由于篇幅限制，表3－3列出了2005—2006年、2011—2012年、2017—2018年各国高等教育服务出口实际值与效率值比对数据。可以看出，我国对"一带一路"沿线国家如巴基斯坦、印度、俄罗斯、哈萨克斯坦高等教育服务出口量在持续增长，且效率也在不断提升，保持着比较良好的发展态势；对泰国的高等教育服务出口量在增加，效率保持相对平稳状态；对蒙古国的高等教育服务出口总量在持续增长，效率也在逐步提升，出口效率还有较大的提升潜力；对印度尼西亚和越南的高等教育服务出口效率有所降低，尤其对越南近些年的出口量也出现略微的滑坡。另外，虽然我国对法国的高等教育服务出口量在缓慢增加，但持续保持在相对较低效率的水平，发展空间巨大；而对韩国、美国、日本的高等教育服务出口量和出口效率都出现大幅度下降，开始逐步往低效率水平发展，换言之，对其服务出口的潜力有较大提升空间。

表 3－3　高等教育服务出口效率对比

国家	年　份											
	2005 年		2006 年		2011 年		2012 年		2017 年		2018 年	
	实际值	效率	实际值	效率	实际值	效率	实际值	效率	实际值	效率	实际值	效率
韩国	54079	1. 84	57504	1. 85	62442	1. 18	63488	1. 20	57044	0. 59	50600	0. 51
泰国	3594	0. 57	5522	0. 84	14145	1. 42	16675	1. 18	22642	0. 99	28608	1. 17
巴基斯坦	1900	0. 66	3308	0. 67	8516	1. 14	9630	1. 19	18827	2. 25	28023	3. 14
印度	3295	0. 52	5634	0. 80	9370	0. 79	10237	0. 81	16718	1. 22	23198	1. 52
美国	10343	0. 48	11784	0. 53	23292	1. 05	24583	1. 13	22790	1. 03	20996	0. 92
俄罗斯	3535	0. 33	5035	0. 42	13340	0. 99	14971	1. 09	17105	1. 53	19239	1. 76
印度尼西亚	4616	1. 15	5652	1. 45	10957	0. 96	13144	1. 01	14097	0. 76	15050	0. 72
日本	18874	0. 73	18363	0. 71	17961	0. 63	21126	0. 76	17678	0. 71	14230	0. 54
哈萨克斯坦	781	0. 10	1825	0. 13	8287	0. 48	9565	0. 51	10675	0. 97	11784	1. 98
越南	5842	1. 45	7310	1. 66	13549	0. 72	13038	0. 67	12169	0. 52	11299	0. 46
法国	3105	0. 12	3857	0. 15	7592	0. 28	8386	0. 32	9541	0. 36	10695	0. 39
蒙古	1956	0. 25	2715	0. 34	7112	0. 69	8210	0. 72	9184	0. 70	10158	0. 71

注：①高等教育服务出口效率＝服务出口实际值/服务出口潜力；高等教育服务出口提升空间＝（服务出口潜力/服务出口实际值－1）×100%。

②表中数据为模型估计结果所得。

1

"教育可以被看作是外交政策的第四个维度。"因此，要充分发挥我国高等教育服务贸易本身的国际政治及经济作用，必须要从政治、文化层面以国家战略的高度认识其重要性，制定积极有效的来华留学生发展战略及执行策略，使得全球更多的国家、更多的学生认识到来中国留学的意义和价值，更好地将中华优秀传统文化传播到五湖四海。根据实证结果可以发现，当前"一带一路"沿线国家已成为我国高等教育服务贸易出口增长的主要动力，且各国家、各区域呈现出较大的异质性，部分国家和地区还蕴藏着巨大的教育需求和市场潜力。当前，我国可以紧抓部分重点市场，突出在我国留学学费低廉的优势，适当扩大经济贸易自由度，尝试把"教育"和"市场"相结合，优先向欠发达地区以及邻近国家宣传中华文化及高等教育服务。同时，要充分发挥高校的主体意识和作用，不断提升自身办学品质。积极借助"一带一路"建设契机，继续开拓我国与更多国家的学历、学位文凭互认协议签署范围，进一步提高我国高等教育的国际认可度，促进来华留学国家战略得以有效落实。

另外，在留学生考试招生方面，我国国家级标准化汉语水平考试（HSK）是外国留学生来华深造的重要途径，目前已形成了包含 HSK（基础）、HSK（初、中等）和 HSK（高等）三个层级的相对完整的测试考评体系。但总体看来，考试形式还比较单一，多元化考评能力尚不明显。今后可尝试根据不同的国际学生群体设计研发种类多样的水平测试产品，借助海外孔子学院、孔子学堂，以及社会培训机构等力量，不断提升汉语言文化的国际影响力，强化汉语水平考试的成熟度和权威性。同时，可加大对来华留学生中国政府奖学金的资助力度和名额，鼓励更多的地方政府和企业设立形式多样的奖学金，对内营造良好留学环境，对外持续开拓国际市场，不断增强我国高等教育服务出口的市场竞争力和竞争优势。

二、我国高等教育服务出口对经济增长的空间溢出效应研究

如今，世界正面临百年未有之大变局，我国国际关系及国际经济发展也经历着前所未有之考验。我国高等教育服务出口对区域经济增长产生积极影响，并对周边地区有显著的空间溢出效应。基于我国 2003—2018 年省级面板数据，通过空间杜宾模型实证分析来华留学生规模对经济增长的

溢出效应及作用机制。实证结果显示，我国高等教育服务出口具有明显的空间自相关性，对经济增长有较大的促进作用，且空间溢出效应显著。我国应充分结合地区发展优势，因地制宜地制定协同并进的高等教育服务贸易出口政策，扩大来华留学生规模，推进高等教育服务出口实现质的提升。各省市可构建区域国际教育联盟，充分发挥来华留学生规模的空间溢出效应，实现关键资源共享共用，推动区域经济实现协同发展。

高等教育服务贸易具有一般服务贸易的特征及功能，其贸易载体主要是国际学生。随着全球经济一体化和市场化的不断发展，高等教育服务贸易已经成为国际服务贸易的一种重要形式，其主要通过跨境支付、自然人流动、商业存在及服务出口四种形式提供，且服务出口所占比重最大。对我国而言，高等教育服务出口主要体现在外国留学生来华留学方面。2015—2016 学年，美国留学生在美创造了 328 亿美元的收入，间接提供工作岗位超过 40000 个；英国伦敦的留学生在 2013—2014 学年一年的学费、住宿费及其他消费大约 299 亿英镑；2011 年，澳大利亚的留学生经济贡献率高达 163 亿澳元；因此，留学教育或高等教育服务出口对于国家或地区的经济增长的促进作用一直备受关注。

根据中华人民共和国教育部对 2018 年来华留学的统计结果显示，有来自 196 个国家和地区的 492185 名外国留学生来到我国深造学习（数据不含港、澳、台地区），分布在全国 31 个省（区、市）的 1004 所高等院校，留学生数比 2017 年增长约 0.62%（增长 3013 人）。其中，接受学历教育的学生占 52.44%（258122 人），有约 12.81% 的 63041 名留学生获得中国政府奖学金。在国内，近年来华留学生规模一直位于前列的省市有北京、上海、江苏、浙江、辽宁、天津、广东、湖北、山东、福建，这 10 个省市 2018 年的来华留学生数量为 350547 人，占所有来华留学生总数的 70% 以上，且该占比还在持续增加。其中，北京、上海、江苏、浙江的来华留学生分别为 80786 人、61400 人、45778 人、38190 人。

如今，世界正面临百年未有之大变局，我国各方面发展正处于机遇与挑战并存的战略机遇期。我国的来华留学生教育多年来一直处于发展层次偏低、教育服务国际化程度不高的样态，且出国留学人数于 2010 年开始超过来华留学人数，出现贸易数量上的“逆差”，近年来，这个差距还不断增大。因此，新时期我国如何提升高等教育服务出口质量？各省市来华留学生教育是否对经济增长存在促进作用？省市之间的空间溢出效应如何？这些问题已成为学界研究的重点和热点。

（一）相关文献综述

当前，世界高等教育服务出口已成为国际教育服务贸易中开放程度最高的贸易形式，其主要由发达国家垄断，各国服务出口规模都在不断扩大，且竞争日益激烈（唐佳璐，2019）。作为世界公认的新兴产业，留学生教育成为世界经济发展与交流合作的重要增长点（刘冷馨，2019），高等教育服务出口也同时成为发达国家服务贸易的主要“出口商品”（周金凯，2019）。当前我国高等教育服务出口竞争力提升存在较多难点，任务依然艰巨，郭秀晶（2009）认为，应积极借鉴美国、英国、法国、德国等发达国家的成功经验，从而完善我国来华留学生教育的相关政策与制度。

张艳臣（2020）将新中国成立以来的来华留学生教育分为恢复发展时期、改革开放初期、规范发展时期以及全面发展时期四个阶段，从教育质量保障政策角度为我国来华留学生教育的长期发展提出建议。[①] 吕娜（2015）分析了我国来华留学生的整体规模和结构，认为其通过消费增长、FDI、对外贸易以及人力资本等路径促进了经济的增长与发展。魏浩等（2015）利用交易成本理论分析留学生对中国对外贸易的促进作用，发现不同区域留学生对其所在区域的技术商品贸易和非技术商品贸易影响存在一定的差异。[②] 杨洲等（2017）测算了来华留学生影响经济增长的弹性系数，其波动的主要原因是经济的波动和来华留学生规模的变化。

左勇华等（2017）基于柯布道格拉斯生产函数将江西省的高等教育与全国水平进行了对比，着重测算了其对全省经济增长的贡献率。[③] 黄海军等（2012）以高校研究生教育为分析对象，通过1996—2009年的省际面板数据定量论证了高校研究生培养对经济增长的促进作用，数据分析结果显示，高校研究生培养对GDP的年均拉动影响为0.46%。高杨

---

① 参见张艳臣《政策工具视角下来华留学生教育质量保障政策研究》，载《高教探索》2020年第9期，第107页。

② 参见魏浩、陈开军《国际人才流入对中国出口贸易影响的实证分析》，载《中国人口科学》2015年第4期，第72页。

③ 参见左勇华、黄吉焱《江西省高等教育与经济增长关系的实证检验》，载《统计与决策》2017年第10期，第104页。

（2017）研究了高校数量对于经济增长的作用，运用1987—2015年31个省份的高等教育统计数据分析了模型的空间溢出效应，模型结果显示，高校数量规模对邻近省市存在明显的空间溢出效应。

综上，当前学者对高等教育服务贸易的研究逐渐深入，整体研究颇多，但区域研究鲜见，且对于我国不同省市之间是否存在相互影响还需进一步探索。本研究以我国近些年来华留学生规模排名前列的10个省市为研究对象，通过空间自相关指数分析高等教育服务出口的空间自相关性，借助空间杜宾模型工具，构建五种不同的数理模型，对比分析我国不同省市来华留学生规模对于经济增长的推动作用及其对相邻省市的溢出效应。

（二）实证分析

1. 空间自相关指数分析

全局空间自相关指数（Global Moran's I）主要反映变量自身是否存在空间自相关性，计算公式为：

$$I = \frac{\sum_{i=1}^{n} \sum_{j=1}^{n} w_{ij}(x_i - \overline{X})(x_j - \overline{X})}{S^2 \sum_{i=1}^{n} \sum_{j=1}^{n} w_{ij}} \tag{7}$$

式中，$S^2 = \frac{1}{n}\sum_{i=1}^{n}(x_i - \overline{X})^2$，$\overline{X} = \frac{1}{n}\sum_{i=1}^{n} x_i$，$w_{ij}$的取值采取空间加权方法，设定如果地区$i$与地区$j$相邻，则$w_{ij}=1$，反之则为0。

表3-4　高等教育服务出口与各省市地区生产总值的全局空间自相关指数

年份	高等教育境外消费出口	省市地区生产总值	年份	高等教育境外消费出口	省市地区生产总值
2003	-0.0278	0.1522	2011	-0.1246	0.0815
2004	-0.0751	0.0500	2012	-0.1284	0.0821
2005	-0.0877	0.0568	2013	-0.0906	0.0841
2006	-0.1029	0.0630	2014	-0.0468	0.0877

续表3-4

年份	高等教育境外消费出口	省市地区生产总值	年份	高等教育境外消费出口	省市地区生产总值
2007	-0.1073	0.0614	2015	-0.0497	0.0847
2008	-0.1118	0.0616	2016	-0.0509	0.0865
2009	-0.1163	0.0827	2017	-0.0330	0.0868
2010	-0.1205	0.0794	2018	-0.0159	0.0915

注：来华留学生数据来自中华人民共和国教育部《来华留学生简明统计》，其他数据根据历年各省市地区统计年鉴整理而得。

通过表3-4可以看出，高等教育服务出口各年份的Global Moran's I都显著小于0，表明存在明显的空间负相关性，并且该值在2018年达到最大值-0.0159。而各省市地区生产总值的Global Moran's I都显著大于0，表明存在显著的正相关性，且在2003年为最大值0.1522。

局部空间自相关指数（Local Moran's I）主要展现研究变量的个体集聚特征，该值大于0表示高值与高值相邻或低值与低值相邻，若小于0则表示高值与低值相邻，计算公式为：

$$I_i = (x_i - \overline{X}) \sum_{j=1}^{n} w_{ij}(x_j - \overline{X}) / S^2 \tag{8}$$

表3-5　高等教育服务出口与各省市国民生产总值的局部空间自相关指数（2018年）

地区	高等教育境外消费出口	省市国民生产总值	地区	高等教育境外消费出口	省市国民生产总值
北京	-1.2047	0.9282	天津	-1.2047	0.9282
上海	0.8468	-1.3200	广东	0.7460	-0.7882
江苏	0.3359	0.9663	湖北	-3.1722×10^{-5}	-1.6258×10^{-5}
浙江	0.0898	0.1453	山东	-0.3975	1.3979
辽宁	-1.6636×10^{-5}	-3.5261×10^{-5}	福建	0.5665	-0.9765

注：来华留学生数据来自中华人民共和国教育部《来华留学生简明统计》，其他数据根据历年各省市地区统计年鉴整理而得。

从表3－5可以看出，我国高等教育服务出口表现出较为显著的正向空间自相关性，即拥有较大高等教育服务出口的省市，其相邻的省市服务出口量也较大。同理可以判断，如果高等教育服务出口对经济增长存在促进作用，那么其对相邻省市的经济发展也存在一定的正向影响。

2. 空间杜宾模型简介

空间杜宾模型（Spatial Dubin Model）侧重分析变量之间的空间效应及影响，构建某地区的被解释变量与其相邻地区自变量之间的关联函数：

$$Y = \eta_0 + \eta_1 X + \eta_2 WX + \varepsilon \tag{9}$$

式中，$\eta_2 WX$ 表示来自相邻地区自变量 X 的影响，η_2 为相应的系数向量。而当 $\eta_2 = 0$ 时，则方程（9）简化为一般的线性回归模型。

在现实的经济研究当中，经常发现部分变量内部存在空间的自相关性，而如果将杜宾模型与空间自回归模型相结合，即假设相邻地区的被解释变量一定程度地影响着本地区的被解释变量，则可得到如下模型结构：

$$Y = \eta_0 + \eta_1 WY + \eta_2 X + \eta_3 WX + \varepsilon \tag{10}$$

因此，方程（10）也被称之为空间杜宾模型。

3. 模型的设定与效果含义

根据新古典经济增长模型，柯布－道格拉斯生产函数具体形式如下所示：

$$Y = AK^{\alpha} L^{\beta} \tag{11}$$

其中，Y、A、K、L 分别代表产出、技术变化、物质资本及劳动力。为了保持模型数据分析的稳定性，模型两边分别取对数，如下所示：

$$\ln Y = \ln A + \alpha \ln K + \beta \ln L \tag{12}$$

因此，基于变量的经济学含义以及数据的可获得性，分别选取2003—2018年10个近年来高等教育服务出口排名前列的省市生产总值

(*gdp*)、教育财政支出（*edf*）、总就业人数（*lab*）、高等教育在学人数（*hig*）以及来华留学生人数（*fst*）等数据进行分析，构建普通面板、静态面板、动态面板数据模型如式（13）、式（14）、式（15）所示：

$$\ln gdp = \delta_0 + \delta_1 \ln edf + \delta_2 \ln lab + \delta_3 \ln hig + \delta_4 \ln fst + \xi \tag{13}$$

普通面板数据模型着重构建被解释变量 *l_gdp* 与解释变量 *l_edf*、*l_lab*、*l_hig*、*l_fst* 之间的基础关联函数。[①] 在此基础上，运用空间邻接权重方法加入相邻区域的被解释变量与解释变量因素，则构建如式（14）的空间杜宾模型结构。

$$\begin{aligned}\ln gdp = {} & \varphi_0 + \varphi_1 W_n \ln gdp + \varphi_2 \ln edf + \varphi_3 W_n \ln edf + \varphi_4 \ln lab + \varphi_5 W_n \ln lab \\ & + \varphi_6 \ln hig + \varphi_7 W_n \ln hig + \varphi_8 \ln fst + \varphi_9 W_n \ln fst + \upsilon \end{aligned} \tag{14}$$

式中，W_n 为空间权重矩阵，若地区 i 与地区 j 相邻，则 $w_{ij}=1$，反之则为0。

为进一步分析时间因素的影响作用，在式（13）的基础上加入变量*l_gdp*（-1），则模型为：

$$\ln gdp_t = \lambda_0 + \lambda_1 \ln gdp_{t-1} + \lambda_2 \ln edf + \lambda_3 \ln lab + \lambda_4 \ln hig + \lambda_5 \ln fst + u \tag{15}$$

4．模型的结果分析

基于以上对普通面板数据模型、静态面板数据模型、动态面板数据模型的分析，分别构建五个模型进行对比分析。

模型Ⅰ：被解释变量 *l_gdp* 与解释变量 *l_edf*、*l_lab*、*l_hig*、*l_fst* 构建回归函数。

模型Ⅱ：在模型Ⅰ的基础上加入空间滞后项 $W \times l\_gdp$、$W \times l\_edf$、$W \times l\_lab$、$W \times l\_hig$、$W \times l\_fst$ 构建回归函数。

---

① 为了方便表述且区辨对数变量名与对数变量值，变量名用“*l_***”的方式表式，变量值则使用“ln **”表示，下同。

模型Ⅲ：在模型Ⅱ的基础上剔除不显著变量 $W \times l\_edf$ 后，构建回归函数。

模型Ⅳ：在模型Ⅰ的基础上加入时间滞后项 l_gdp（-1），构建回归函数。

模型Ⅴ：在模型Ⅳ的基础上加入 $W \times l\_gdp$、$W \times l\_edf$、$W \times l\_lab$、$W \times l\_hig$、$W \times l\_fst$ 构建回归函数。

综合对比几种模型分析结果可以看到，所有模型的 R^2 检验值都大于 0.95，拟合优度都较高。但从每个变量的 t 统计量及概率检验 p 值来看，模型Ⅲ显得相对合理，即在本研究讨论中，使用静态空间杜宾模型进行实证分析。

表 3-6 几种模型估计结果对比

变量	模型Ⅰ	模型Ⅱ	模型Ⅲ	模型Ⅳ	模型Ⅴ
	pool	fix_durbin_1	fix_durbin_2	dyn_durbin_1	dyn_durbin_2
l_gdp (-1)	—	—	—	0.9448*** (35.89)	0.8818*** (27.74)
$W \times l\_gdp$	—	-0.2121* (-1.96)	-0.2231*** (-4.07)	—	-0.0074 (-0.18)
l_edf	0.5589*** (17.58)	0.5530*** (15.90)	0.5524*** (16.11)	-0.0329* (-1.66)	0.0078** (0.33)
$W \times l\_edf$	—	-0.0088 (-0.12)	—	—	-0.0220 (-0.78)
l_lab	0.3315*** (5.20)	0.3990*** (5.53)	0.3992*** (5.56)	0.0638*** (3.02)	0.0923*** (2.88)
$W \times l\_lab$	—	0.3430*** (4.31)	0.3410*** (4.40)	—	0.0489 (1.37)
l_hig	0.1696*** (3.58)	0.0923* (1.66)	0.0924* (1.67)	0.0111 (0.71)	0.0092 (0.40)

续表 3-6

变量	模型Ⅰ	模型Ⅱ	模型Ⅲ	模型Ⅳ	模型Ⅴ
$W \times l\_hig$	—	-0.1544** (-2.33)	-0.1480*** (-3.90)	—	-0.0346 (-1.29)
l_fst	0.1631*** (4.91)	0.2136*** (5.70)	0.2136*** (5.71)	0.0232** (2.08)	0.0388** (2.26)
$W \times l\_fst$	—	0.1718*** (4.05)	0.1701*** (4.28)	—	0.0323* (1.66)
R^2	0.9573	0.9725	0.9724	0.9956	0.9957

注：①***、**、*分别表示模型估计结果在1%、5%和10%的水平上显著；括号中为 t 统计量值。

②表中数据为模型估计结果所得。

从模型Ⅲ的估计结果可以看出，教育财政支出、总就业人数、技术变化情况，以及来华留学生人数等对区域经济的增长存在显著的正向推动作用。其中，来华留学生规模每增加1%，地区生产总值将提升0.2136%。而在各空间变量指标中，$W \times l\_gdp$ 的系数为负值，且在1%的水平下通过检验，表明相邻省市经济增长对本省市的经济发展存在一定的阻滞作用，即存在虹吸效应。$W \times l\_edf$ 的回归结果未通过检验，但 l_edf 的系数为正且在1%水平下通过检验，即表示一个地区教育经费的投入对其当地的经济发展有较大的促进作用，但对于相邻区域的经济发展影响不明显。变量 $W \times l\_lab$、$W \times l\_fst$ 的系数分别为0.3410、0.1701，且都在1%的水平下通过检验，表明在劳动人口和来华留学生方面，相邻省市的规模对本省市经济的发展存在推动作用，这与前文的论证结果相契合。同时也可以看到，$W \times l\_hig$ 的系数为-0.1544，l_hig 的系数为0.0924，技术进步发展对本地区的经济发展有促进作用，但若相邻地区的技术发展水平提升，会在一定程度上吸纳本地经济资源，对本地经济发展存在一定的阻滞影响。

（三）研究结论与政策启示

根据实证分析结果可知，我国高等教育服务出口具有显著的空间自相关性，其对区域经济增长存在较大的促进作用，且对相邻省市经济发展的空间溢出效应明显。[①] 教育经费、人力资本投入对经济发展的正向影响显著，同时也会对相邻地区的经济发展起到促进作用。[②] 而相邻地区的技术进步会对本地区的经济发展有一定的阻滞影响，即有虹吸效应的产生。

因此，我国高等教育服务出口应充分结合地区发展优势，因地制宜地制定协同并进的高等教育服务贸易出口政策，不断完善国际教育质量保障体系，在严格把关国际学生录取、培养、毕业标准的同时，扩大来华留学生规模，推动高等教育服务出口实现质的提升。同时需要关注留学奖学金的引智作用，除加大中央拨款外，各级地方政府应鼓励社会团体、企业通过形式多样的奖学资助项目吸引更多的国外学生来华留学，扩大留学生奖学金覆盖面，强化基础教育设施设备投入。

各省市针对来华留学生要制定相对灵活的就业政策，鼓励留学生们不仅能够走进来，还要能够留下来，立足区域发展实际，从制度、生活、工作、学习等多角度提供切实的支持与保障。可借鉴加拿大、澳大利亚等国家的留学及居留政策，适当为硕士、博士等高层次留学生放开在华就业、居留甚至移民的绿色通道。另外，各省市可尝试构建区域国际教育联盟，定期对招收留学生的高校师资、教材、课程等进行专业评估，设定相应的评价标准，不断提升高等教育服务贸易出口质量。在周边国家的临近省份建立留学基地，推进留学生之间的民间交流与民间互动，充分发挥高等教育服务出口的空间溢出效应，实现关键资源共享共用，促进经济发展共同体的形成，从而推动区域经济实现协同发展。

三、外商直接投资对我国高等教育服务出口竞争力的影响研究

如今，国际政治及环境经历着前所未有之变局及考验。作为国际交流合作的重要手段之一，长期以来，我国高等教育服务出口竞争力偏弱，如何强化品质、提升自身竞争力成为破解困境的关键。运用 VAR 模型分析

---

① 参见樊星、马树才《中国区域高等教育对经济增长贡献率的时空特征研究——基于中国省域面板数据的实证分析》，载《中国高教研究》2017 年第 8 期，第 74 页。

② 参见谷媛媛、邱斌《来华留学教育与中国对外直接投资——基于“一带一路”沿线国家数据的实证研》，载《国际贸易问题》2017 年第 4 期，第 83 页。

2005—2018年我国高等教育服务出口竞争力关联数据，通过Granger Gausality因果关系检验确定变量之间的互动关系，根据Impulse Response Function脉冲响应分析及方差分解等工具估算解释变量的影响程度。结果显示，外商直接投资（FDI）与居民消费价格指数（CPI）对我国高等教育服务出口竞争力有显著影响，FDI的正向作用和CPI的负向影响这二者占比相近。FDI和CPI都会从变动的第一年开始就能明显影响高等教育服务出口的竞争力，持续显著作用近五年，一般在第三年达到峰值，且各自影响长期存在。

高等教育服务出口是我国高等教育服务贸易的重要类型，主要表现为外国人员来华留学或我国国民出国留学等形式。近年，来华留学生规模逐年增长，生源结构呈现不断优化的发展态势。2019年，来自202个国家的各类外国来华留学人数达39.76万，且国内接收留学生的高等学校、科研院所也增至811个，增幅约为4.65%。在所有来华留学生当中，有10.21%的人员享受中国政府奖学金，其中学历生占比89.38%，奖学金对周边国家生源的吸引力逐渐增强。另外，我国全方位、多层次、宽领域的教育对外开放格局正在促使与更多国家实现教育合作与交流的深化发展，现已与188个国家和地区建立了教育友好合作与交流关系，且签署高等教育学历学位互认协议的国家也增至54个。

当前，世界正经历百年未有之大变局，国际政治与经济环境也随之变得更加复杂，尤其在新冠病毒疫情全球爆发的情势之下，世界格局及宏观形势都受到较大程度地影响，“一带一路”沿线国家成为我国高等教育服务出口规模扩大的重要发力点。2019年，印度、哈萨克斯坦和巴基斯坦等沿线国家生源同比增长10%以上。整体看来，近年我国高等教育国际交流合作呈现良好的发展态势，但与国民经济整体发展水平相比依然滞后，高等教育服务出口竞争力一直处于较低的发展水平。因此，如何提升我国高等教育服务出口竞争力、进一步加强国际教育发展水平及质量成为我国未来国际教育交流合作发展的重要议题。

（一）相关文献综述

高等教育服务出口具有产业化和开放性等特征，且该种服务贸易类型基本由发达国家垄断。发展中国家要进一步推动高等教育服务出口，需通过多渠道扩大服务出口供给，多举措消除服务出口壁垒，保障服务出口产品质量。新中国成立以来，我国的来华留学生教育经历了恢复发展时期、改革开放初期、规范发展时期以及全面发展时期四个阶段，而相比于发达国家而言，我国高等教育服务出口层次偏低，教育服务国际化程度还有待提升，这与我国快速飞跃的经济社会发展不相吻合。因此，在当前“一带一路”教育共同体图景之下，我国来华留学生的教育培养应走法治化模式，通过“留学中国”品牌打造，提升我国参与全球教育治理的影响力。

对于高等教育服务出口政策的变化及来华留学生对我国经济发展的影响，学者也从多个角度展开研究。郭秀晶（2013）运用双层博弈工具分析了出口政策的形成机制及其影响因素，认为拓展服务出口除了国内政府、高校及公众等主体的权力博弈之外，还要通过国际博弈的方式才能实现本国利益的最大化。仇怡等（2020）运用2004—2016年我国129个城市的来华留学生数据进行实证分析，认为来华留学生显著提升了我国城市的创新能力，该作用在大、中城市表现得相对显著，且对东、西部地区的促进效应要明显大于中部地区。为进一步推动我国高等教育服务出口，政府应通过双边协议或多边协议形式建立与更多国家和地区的教育合作关系，同时也要加强留学法律法规建设，减少出国留学的经济及安全风险。

在国际贸易影响因素方面，FDI一直是学者关注及研究的重点。FDI相关理论早先常见于传统制造业发展研究，近年学者也开始逐步将其引入服务业等其他领域，以此来进一步研究服务国际化、教育国际化背景下的经济发展模式。外商直接投资是推动中国经济增长的重要因素之一，而不同地区要因地制宜地侧重引进具有不同质量特征的FDI，才能更好地促进经济高速高质量发展。熊文渊（2013）分析了FDI、财政性教育经费支出以及国内生产总值之间的关系，认为FDI、公共教育投资与经济增长存在相互促进关系，而FDI与公共教育投资之间存在负相关关系。[①] 王云凤（2013）认为，FDI在短期内改善了服务业的资本质量，但由于流入量较少，使其对中国服务贸易竞争力的影响相对有限。而从长期的视角来看，

---

① 参见熊文渊《我国FDI、公共教育投资与经济增长关系的实证研究（1985—2012）》，载《学术论坛》2013年第4期，第137页。

FDI 会一定程度地带来服务业和制造业的比例失调。①

综上，学者近年对我国高等教育服务出口的研究兴趣及关注度逐渐提升，但目前对其研究的定性分析偏多、缺乏定量建模测算，对高等教育服务出口竞争力的量化对比更为鲜见。本研究基于 2005—2018 年我国高等教育服务出口关联数据，运用 VAR 模型分析 FDI 及相关因素对其出口竞争力的影响大小和作用程度，以期为进一步提升我国高等教育服务出口竞争力提供对策建议。

（二）实证分析

1. VAR 模型简介

VAR（Vector Auto – regression Mode）矢量自回归模型最早于 1980 年由计量经济学家 Sims 将其推广运用至经济金融分析领域。VAR 模型利用时间序列数据的统计学性质，以多方程模型的方式，构建外生变量与其他所有内生变量滞后值之间的回归函数关系。在 VAR 模型的各种统计分析结果中，系数矩阵的分析相对复杂，通常运用 Granger Gausality 格兰杰因果关系检验方法对不同变量之间的决定关系进行判定，同时在此基础上，使用 Impulse Response Function 脉冲响应函数工具以及方差分解工具等，将各变量相互之间的动态影响及方差分解到各个扰动项上，以深入分析内生变量的所有滞后项对其他变量值的冲击影响。VAR 模型的一般形式如下：

$$Y_t = A_1 Y_{t-1} + A_2 Y_{t-2} + \cdots + A_p Y_{t-p} + \xi_t \tag{16}$$

其中，Y 表示由各内生变量构成的矢量，A 为系数矩阵，P 为变量滞后的阶数。一般情况下，需要运用特征根检验的方法判断所构建模型的稳定性，即如果模型特征根倒数的模等于 1，表示该模型不平稳；反之，如果结果小于 1，则表示构建的模型相对平稳，可做进一步深入分析。

2. 模型的设定

本研究的时间阶段为 2005—2018 年。采用贸易竞争力指数 TC 来衡量

① 参见王云凤等《FDI 对中国服务贸易竞争力的影响》，载《当代经济研究》2013 年第 9 期，第 83 页。

我国高等教育服务出口的竞争力变化，如表 3－7 所示，该指数越接近于 1，意味着竞争力越大；相反，如果值越接近于 －1，则表示竞争力越弱。

表 3－7　我国高等教育服务出口竞争力变化

年份	2005	2006	2007	2008	2009	2010	2011
TC 指数	0.09	0.10	0.15	0.11	0.02	－0.04	－0.07
年份	2012	2013	2014	2015	2016	2017	2018
TC 指数	－0.10	－0.07	－0.10	－0.14	－0.10	－0.11	－0.15

注：数据来源于《中国统计年鉴》。

FDI 通过教育行业外商直接投资实际使用额与各年度教育经费的比值来作为衡量指标。另外，CPI 对于留学生来华之后的生活消费有着直接影响，所以也将其设定为高等教育服务出口竞争力的作用指标。因此，本研究选取高等教育服务出口量（我国来华留学生总人数）、高等教育服务出口进口量（我国出国留学生总人数）、教育行业外商直接投资实际使用额、我国高等教育经费总额、居民消费价格指数作为研究变量。数据来源于中国教育部网站、《中国统计年鉴》等。

3. 模型的结果分析

基于对变量 *TC*、*FDI* 以及 *CPI* 构建 VAR 模型的 OLS 回归结果，根据 AIC 最小准则可以判定，模型的最佳滞后期选择应为 2 期，具体回归结果为：

$$Yt = \begin{bmatrix} 0.0477 & 391.1932 & -0.2027 \\ -0.0008 & 0.4891 & -0.0002 \\ 0.3715 & -409.8689 & 0.5601 \end{bmatrix} Y_{t-1} + \begin{bmatrix} -0.3517 & 152.3720 & 0.0304 \\ -0.0009 & 0.6713 & -9.40E-06 \\ -1.6316 & 217.3708 & 0.1499 \end{bmatrix} Y_{t-2} + \xi_t;$$

$$Y_t = \begin{bmatrix} TC \\ FDI \\ CPI \end{bmatrix} \tag{17}$$

通过 R^2 方检验、残差分析以及 F 统计量结果对比可以看出，模型整体平稳，通过检验。而就 R^2 方检验结果而言，TC 方程和 CPI 方程的拟合优度分别为 0.9776、0.9873，要稍微优于 FDI 方程的拟合优度。该 VAR 模型所有的特征根倒数的模小于 1，表示当前构建的 VAR 模型具有较强的稳定性。

基于 Granger Gausality 检验结果可以发现，TC 方程的联合统计量值为 27.8593 且在 1% 的水平（概率值为 0.0000）上通过检验，说明解释变量 *FDI* 和 *CPI* 构成对被解释变量 *TC* 之间存在格兰杰因果关系；同时，*FDI* 和 *CPI* 也分别在 5% 和 1% 的水平上通过检验。但是在 FDI 方程和 CPI 方程中，联合统计概率值分别为 0.2949、0.3964，因此不构成对 *FDI* 和 *CPI* 的格兰杰因果关系。

根据脉冲响应函数结果分析，在变量 *TC* 受到来自自身的一个冲击后，在第 1 期内会保持相对稳定的状态，但从第 2 期开始呈现下降趋势，直到第 4 期其作用变为 0。可以看出，变量 *FDI* 对变量 *TC* 有明显的正向冲击作用，当变量 *TC* 受到来自变量 *FDI* 的一个冲击后，从第 1 期就开始呈现上升的趋势，直到第 5 期该作用趋近于 0，但正向冲击作用会长期存在。而变量 *CPI* 对变量 *TC* 具有显著的负向影响，当变量 *TC* 受到来自 *CPI* 变量的一个冲击后，从第 1 期开始就出现下降变化，到第 2 期达到极值。同样，该冲击作用持续到第 5 期，而往后这种负向冲击作用也会长期存在。

从方差分解的结果可以发现，前 3 期各变量产生的扰动都在逐渐地变化，变量 *TC* 的变动方差中由自身解释的部分逐渐下降，直到 60% 左右的水平后保持相对稳定，而分别由变量 *FDI* 和变量 *CPI* 解释的部分也在第 3 期达到峰值，稳定状态时各自所占比例约为 20%。

（三）研究结论与政策启示

基于以上实证分析结果发现，我国高等教育服务出口竞争力较弱，且还在持续降低，FDI 与 CPI 对其竞争力有显著影响，其中，FDI 对其有直接的正向作用，而 CPI 有直接的负向作用。FDI 一般从投入的第一年开始就能显著提升服务出口的竞争力，能持续近五年，但其正向影响作用会长期存在。CPI 也是从变化的第一年开始就会对服务出口的竞争力产生影响，一般到第二年对其竞争力刺激最为明显。同样，CPI 对服务出口的竞争力影响也会持续约五年，其负向作用也将会长期存在。从整体来看，FDI 和 CPI 对我国高等教育服务出口竞争力的影响相当，各占总体变动影响的 20%，且其综合影响在第三年达到峰值。

综上，当前我国应积极借助国际经济合作发展之势，充分结合“一带一路”发展契机，通过多渠道拓展高等教育服务出口的供给，扩大出口供给主体范围及数量。持续强化高等教育国际交流与合作，多手段、多路径加强国际教育招商引资力度，创新高等教育外商来华投资模式。通过推进高等教育服务出口产品的多样化，保持来华留学生选择的多样性，拓展与更多国家和地区的高校、机构签订校际交流合作协议，适当简化入境签证手续，逐渐放开语言限制，提高留学申请工作效率。持续扩大留学奖学金的覆盖范围，鼓励地方政府积极设立多样化的奖学助学体系，减轻留学生在华留学期间的生活消费压力。还要积极制定与完善国际教育相关法律法规，提升我国国际教育综合治理能力。尝试放松对留学生打工、就业及居留等方面的管制，尽量减少外国留学生居留许可及入学方面的障碍，降低其经济担保的相关费用。另外，在不断加大高等教育服务出口规模的同时，务必要注意保证教育研究及教育产品的质量，建立、健全相应的附加服务体系，消除服务出口壁垒，促使我国高等教育服务出口竞争力得到有效提升。

第三节　高校辅导员讲好中国故事的使命与担当

新时代，要促进来华留学生了解中国，可以从“讲好中国故事”“传播好中国声音”两个层面着手，不断强化对来华留学生的教育。高校应努力做到在思政课程中、在实践育人中、在趋同管理中讲好中国故事，同时采用分类传播方式、拓展新型传播载体、涵养来华留学生骨干等方式传播好中国声音。以 H 大学为例，通过加强来华留学生教育培养队伍建设，建构来华留学生教育培养话语体系，完善来华留学生教育培养保障机制等路径，增强来华留学生的满意度和获得感，进而增进对高校师生和中国社会的情谊，为推动构建人类命运共同体贡献力量。习近平总书记给北京科技大学全体巴基斯坦留学生回信中提到，“中国欢迎各国优秀青年来华学习深造，也希望大家多了解中国、多向世界讲讲你们所看到的中国”。在构建人类命运共同体的新时代，促进来华留学生了解中国、增进对中国的情感已成为高校人才培养的重要课题。因此，要不断加强对来华留学生的教育培养，将其培养成为促进中外文化交流，“知华、友华、爱华、助华”的友好使者。

一、讲好中国故事：来华留学生了解中国的有效途径

中国故事，是指蕴涵着中华优秀传统文化、革命文化和社会主义先进文化，充分反映中国人民的实践创造、精神风貌和核心价值，生动展现中国共产党领导中国革命、建设、改革的历程及成就的各种真实事例。讲好中国故事，有助于来华留学生形成良好的中国印象，是了解中国的有效途径。

（一）在课程思政中讲好中国故事

当前，大部分高校并未对来华留学生开设专门的思想政治理论课。因此，在其他课程中挖掘思想政治教育元素，发挥课堂教学主阵地作用，向来华留学生讲好中国故事显得尤为重要。此外，在建设课程思政过程中，还要充分考虑来华留学生的受教育背景、学习基础等特点，在课程思政建设中要把握重点课程，逐步试点推进。一是要加强华文教育课程思政建设。华文教育专业是招收来华留学生学习中国汉语言等知识，毕业后返回住在国传播中华文化的专业，是暨南大学、华侨大学等侨校的特色专业，也是留学生就读人数最多的专业之一。以 H 大学为例，目前华文教育专业留学生近 1000 人，主要授课内容包括汉语听说读写等专业基础课，现代汉语词汇语法、汉语教学法、教育心理学等专业核心课，中国琴棋书画等专业选修课，中国历史、地理等通识教育必修课，电影赏析、民俗文化等通识教育选修课和社会实践等。可见，汉语知识及教学方法论的课程内容占较大比重，中国历史地理等文化常识性介绍比重较小，今后应在汉语知识传授的基础上，加强对中华优秀传统文化的价值引领，讲述汉语、汉字文化蕴含的中国故事。二是要重视民族传统体育课程思政建设。民族传统体育在长期的历史演变中，不仅具有健身性、竞技性等体育项目的一般特征，还具有浓厚的民族性和文化性，已经成为中华优秀传统文化的重要

组成部分。以教育部发起实施的“留动中国”来华留学生阳光运动文化之旅赛事为例，民族传统体育项目所占的比重较大，得到了全国高校来华留学生的积极响应和广泛参与。高校应在公共体育教学中，为来华留学生重点开设民族传统体育课程，如开设武术、舞龙舞狮、鼓乐等项目，阐述蕴含其中的民俗、节庆文化。三是要加强当代世界与中国等国际关系类课程思政建设。中国故事需要世界舞台，讲好中国故事不可回避的是国际关系，特别是中国与来华留学生住在国的关系。因此，建议有学科基础的高校，应开设当代世界与中国相关方向的国际关系类课程，并积极推进课程思政教育教学改革。也可以考虑将“形势与政策”课作为来华留学生的必修课程，引导来华留学生正确认识中国的外交政策，了解中国作为负责任大国的使命担当，自觉抵制“中国威胁论”等不当言论的思想侵蚀。

（二）在实践育人中讲好中国故事

在实践教学、校园文化活动中，要引导来华留学生深刻领会中国故事的丰富内涵。一是实践内容要聚焦中国好故事。习近平总书记指出，要讲好中国特色社会主义的故事，讲好中国梦的故事，讲好中国人的故事，讲好中华优秀传统文化的故事，讲好中国和平发展的故事。因此，来华留学生的实践育人内容要紧扣“讲好五个中国故事”，深入挖掘这五个方面的中国好故事，促进来华留学生在中国的日常生活和专项实践活动中，认识和感悟中国从站起来、富起来到强起来的好故事。二是实践方法要彰显知行合一。当前大部分高校均会利用节假日组织来华留学生赴中国名山大川或学校周边自然文化景观开展实践考察活动，以增强来华留学生对中国历史文化和现实发展的了解，活动取得了积极的成效。但也存在观光旅游色彩浓厚、深度学习不足、研习成果评价机制不完善等问题。针对上述问题，H 大学总结凝练了“三会一集”的实践育人方法，即研习活动要做到“行前有培训会、途中有汇报会、散团有总结会、活动有图文集”。行前培训会应从常规的安全主题教育拓展为安全、文化、朋辈等方面的交流学习。途中汇报会要有保障、有场所、有时间、有指导。散团总结会包括指导服务单位述职会议、实践导师分享会和学生营员总结会。活动有图文集，个人有研习心得，团队有调研报告。图文集重研习场景，避免简单摆拍；研习心得重真情实感，避免记流水账；调研报告要求问题导向，有的放矢，避免千篇一律，泛泛而谈。在“三会一集”社会实践方法指引下，

H 大学相关实践育人活动荣获教育部首批高校思想政治教育精品项目等多项荣誉，有效促进了来华留学生对中国的了解和认同。三是实践成果评价要有获得感。一方面，H 大学在人才培养方案改革中，对于来华留学生实践教学评价指标做出调整，提高实践环节在课程考核中的比重；另一方面，H 大学专门开设“中国文化之旅”通识教育选修课等，将日常的来华留学生实践考察活动纳入课程内容，创新实践活动的学分转化机制。该课程已获 F 省“课程思政”教育教学改革精品项目和省级一流社会实践课程等，增强了来华留学生参与实践活动的积极性和获得感。

（三）在趋同管理中讲好中国故事

根据教育部来华留学生统计数据显示，目前我国来华留学生已超 49 万人。同时，来华留学生在教育管理中出现“超国民待遇”问题频见报端，引起社会关注和质疑。要求加强来华留学生教育培养，落实趋同管理的呼声越来越高。在趋同管理的大背景下，对来华留学生讲好中国故事可以从以下三个路径进行探索：一是政府层面要进一步扩大高校办学自主权，部分来华留学生深谙中国“外事无小事”的工作原则，遇到相关困惑与不满，常向住在国驻华使领馆寻求帮助。我国政府有关部门接报后则去函高校了解情况，此种工作流程虽有利于增强高校处理涉外工作的政治意识，但也给高校处理来华留学生教育管理带来较大压力。部分高校本着“外事无小事”的工作原则，往往大事化小、小事化了，久而久之促使了部分来华留学生遵纪守法意识淡薄。二是高校层面要加强制度建设，树立管理育人理念，建立管理自信。一方面要关心来华留学生的学习生活情况，另一方面要有依法治校的意识和机制，对于违规违纪的来华留学生要精准惩戒，在日常教育管理中，培养来华留学生遵纪守法的观念，讲好中国高校依法治校、按章办事的好故事。三是学生层面要促进来华留学生与中国学生的交流融合。如 H 大学面向来华留学生举办“走进中国家庭”家风体验活动，在节假日由同班级、同性别的中国学生邀请来华留学生，到自己家中生活学习，实现同吃、同住、同研习，用优良的家风引领来华留学生，帮助来华留学生克服文化障碍，讲好中国家风的好故事。

二、传播好中国声音：来华留学生了解中国的价值追求

促进来华留学生了解中国，其出发点和落脚点在于希望来华留学生能够在了解中国的基础上，传播好中国声音。来华留学生在传播好中国声音的过程中，本身也是对中国故事的二次创作，进一步增强对中国的了解。同时，对中国声音的“他方”讲述与传播，更有利于增强来华留学生融入中国的主体意识，提高作为中外文化交流的友好使者的责任感与使命感。

（一）传播好中国声音，需要涵养来华留学生骨干

为了构建人类命运共同体，涵养知华、友华的来华留学生骨干对我国大国外交战略具有的重要意义。应立足传播学理论视角，在西方的话语传统中，更倾向于用“意见领袖”来称谓留学生骨干。“意见领袖”对大众传播效果有着重要影响，而在中国的话语体系中，宜使用“文化使者”来定位来华留学生骨干。“意见领袖”侧重于批判性，“文化使者”侧重于建设性；“意见领袖”容易受到民意裹挟，“文化使者”则便于调和民意；“意见领袖”传播信息易陷入个人主义的窠臼，“文化使者”有助于形成共享叙事观。这既不是突出中国价值观，也不是强调西方价值观，更不是追捧“普世”价值观，而是追求能够平等对话的人类共享价值观，如“共建人类命运共同体”价值观。因此，各高校应按照“文化使者”的人才培养目标定位涵养来华留学生骨干，将来华留学生骨干培养成为具有国际视野、中国情怀的友好使者，推动中外文化交流。

（二）传播好中国声音，需要采用分类传播方式

中国故事的国际传播效果主要是由国际公众的接受情况决定。虽然，通过来华留学生的“他方”讲述和传播更有利于国际公众的理解与接纳。但是，来华留学生同样存在不同国别、不同宗教信仰、不同话语范式等区别。这就需要在传播中国声音时，要采用分类传播的方式。就高校来华留学生培养而言，并不要求高校要招收更多国别的留学生，而是要求高校在趋同管理的思路下，加强分类培养。如欧美、非洲的学生较之东南亚华文

基础较好的来华留学生，在语言教学深度和方式上应有所区别，在日常朋辈交流方面也要进行有针对性的帮扶指导。分类培养是分类传播的基础，传播好中国故事不仅需要“文化使者”的“他方”讲述，更需要“文化使者”间的交流互鉴和精准传播。即使是面对同一国别的不同社会阶层受众，也应该引导来华留学生采用不同的传播方式，避免统一的国家叙事观，宜用发生在身边的“微叙事”来传播好中国声音。

（三）传播好中国声音，需要拓展新型传播载体

近年来，外交部等相关部门和部分主流媒体均开通 Facebook 和 Twitter 等，并更加重视国家对外宣传媒体的平台建设。虽然来华留学生对在中国无法顺畅使用 Facebook 等 App 颇有微词，但他们均已熟练使用微信、抖音等社交软件，对中国言论自由的观感正日渐改观。对内而言，我国已经借助新媒体即时性强、覆盖面广等平台优势向来华留学生讲述中国故事。对外而言，就亟须拓展更为有序、多元、开放的新型媒体平台，为来华留学生传播中国故事提供平台支持。同时，可以鼓励和支持来华留学生积极参与中外媒体交流，邀请各高校来华留学生代表参加外交部例行记者会或专题报告会等。鼓励来华留学生在正式网络平台开设专栏等形式，动态分享来华留学生在中国的学习生活情况，甚至可以用“现身说法”的可视化方式传播好中国故事。此外，鼓励和支持讲好中国故事的优质影视传媒资源的推广，如参与影视作品的字幕翻译、参加录制关于留学中国的相关专题纪录片等，打造来华留学生传播好中国故事的融媒体平台和载体。

三、培养好来华留学生：新时代中国高校的使命担当

人才培养和促进国际交流与合作是大学的应有之义，培养好来华留学生是新时代中国高校肩负的崇高责任。来华留学生的人才培养过程，本就是中国高校育人故事的优质元素，可以促进来华留学生学有所成，有利于增强学生的满意度和获得感，进而增进其对高校师生和中国社会的情谊。

（一）加强来华留学生教育培养队伍建设

来华留学生教育培养队伍包括专业教师、辅导员、学校涉外服务部门人员、物业楼管等日常管理服务人员等。要形成“教育自觉、管理自信、服务自助”的工作理念，不断提升教育培养水平，协同做好人才培养工作。一是政治关。要提高教育培养队伍的政治意识和站位，从构建人类命运共同体的战略高度，充分重视来华留学生教育培养工作；从讲好中国故事、传播好中国声音的实践路径，引导来华留学生将专业学习与感知中国相结合，着力培养促进中外文化交流的友好使者。二是语言关。要提高教育培养队伍的涉外交流能力。一方面，要坚持用汉语教学和日常交流，应减少全英文教学等课程，既然来中国留学，宜以中国通用语言为主。另一方面，要加强教育培养队伍自身英语及其他世界通用语言的学习与运用，主要是为加强来华留学生的家校联络和突发事件应急处置能力等，双管齐下更好地促进来华留学生与高校教师和管理服务人员的交流。三是法治关。要提高教育培养队伍依法治校、依法治学的意志和能力，来华留学教育培养是一个政策性较强的系统工程，要求教育培养队伍熟知各项管理规定，学法懂法，进而引导留学生遵纪守法，讲好中国依法治国的生动故事。

（二）建构来华留学生教育培养话语体系

教育部印发的《来华留学生高等教育质量规范（试行）》将“对中国的认识和理解”作为来华留学生人才培养目标要求之一。如何向来华留学生讲好中国故事，并让来华留学生传播好中国声音，成为高校来华留学生教育培养的重点和难点。而破题的关键在于高校要建构来华留学生教育培养话语体系。习近平总书记指出，话语的背后是思想，是“道”。要把“道”贯通于故事之中，要加强话语体系建设，更加鲜明地展现中国思想，更加响亮地提出中国主张。对此，应从理论、历史和实践三个逻辑维度入手，建构来华留学生教育培养话语体系。一是理论逻辑。要坚持马克思主义的指导地位，充分发挥哲学社会科学作用，用马克思主义的观点和立场，加强对中国故事的理论分析，建立理论自信，以理服人。二是历史逻辑。要坚持传承和弘扬中华优秀传统文化，在宽广的历史视野下阐发中国经济社会发展的客观规律，阐述中外友好交流的历史经验与成果，建立文化自信，以史为鉴。三是实践逻辑。要坚持理论联系实践，在生动的实践中，讲述鲜活的中国故事。在实践中不断发展中国的话语体系，如脱贫攻坚、全面小康等富有中国色彩的语言范式，只有在改革开放的实践中才能深刻领会其精神内涵和时代价值。因此，要引导来华留学生多参与学习实践，切身感受“空谈误国，实干兴邦”，正确认识“实践是检验真理的唯一标准”，建立道路自信，将中国的实践发展优势转化成为话语体系优势。

（三）完善来华留学生教育培养保障机制

首先，建立协同化的人才培养机制。以 H 大学为例，在学校层面，成立“大学生教育培养工作委员会”，由校长担任主任，分管校领导担任副主任，24 个相关部处、学院为成员单位，统筹全校华裔留学生教育培养工作。在职能部门层面，招生处、教务处、学生处、国际交流合作处、校友工作办公室等部门设有专门管理岗位，各司其职做好不同培养环节教育、管理、服务和保障工作，加强培养过程衔接配合，保障人才培养目标的实现。在培养单位层面，各学院按照学校统一部署，落实培养任务，创新人才培养方式，促进中外两类学生融合互动，形成了一套“大学生导师制”“学长制”等服务学习的典型经验，基本形成“学校统一领导、党政工团齐抓共管、教职员工共同培育、广大学生自我教育”的协同育人机制。其次，建立立体化的人才培养体系。经过长期实践探索，H 大学形成了“根在中国、学在中国、爱在中国、梦在中国”四位一体的来华留学生培养体系，基本实现了来华留学生教育培养第一课堂和第二课堂有机结合、专业教学和实践教学有效衔接、通识教育和创新创业教育有力创新。换言之，该体系就是将中华优秀传统文化教育贯穿来华留学生各专业教育。在人才培养目标的指引下，促进来华留学生“知华、友华、爱华、助华”，从文化寻根到专业求学，从热爱中国到推介中国的良性循环。最后，推动建立科学化的教育质量评价体系。对标《来华留学生高等教育质量规范（试行)》，从招生录取、教育教学、管理服务、安全保障、权益维护和校友联络等方面设立相应定量、定性相结合，师生、家长相联动，国家、高校相配套的评价指标。加强对来华留学生教育质量评价，改进教育教学方法，提高人才培养质量，培养更多优秀的来华留学生，让留学中国的好故事、好声音更具说服力和影响力。

第四章　高校辅导员职业生涯高原与生涯复原力培养

习近平总书记在全国教育大会上指出，“教师是人类灵魂的工程师，是人类文明的传承者”，要“坚持把教师队伍建设作为基础工作”。高校辅导员是开展大学生思想教育的骨干力量，承担着培养社会主义建设者和接班人的根本任务和重要使命。

第一节　高校辅导员职业生涯高原的境遇与破解

学生的核心素养涉及学生知识、技能、情感态度价值观等多方面的能力要求，是个体能够适应未来社会、促进终身学习、实现全面发展的基本保障（辛涛，2013）。《中国学生发展核心素养》列出社会责任、国家认同、国际理解等九大综合素养，为我国“要培养什么样的人”做出了具体的回应（孙思雨，2016）。新工科以立德树人为引领，着力培养未来多元化和创新型卓越工程人才（钟登华，2017），是“卓越工程师教育培养计划”的2.0版（林健，2017）。新工科建设要围绕国家从大国到强国的伟大战略，围绕国家科技发展的重大战略来展开（郑志明，2017），应具备“双五重点”：五项内核研究重点——新理念、新结构、新模式、新质量、新体系，五项外延研究重点——组织方式、协调机制、管理改革、评价改革、政策支持（张大良，2018）。在新工科教育过程中，要促使学生了解政策、哲学、历史和世界，除了要掌握知识和技能之外，还需要具备综合能力、分析能力、批判性思维、合作能力，要懂得社会、懂得世界（Thomas Kenny，2016；王建祥，2017）。

高校辅导员肩负高校教育和管理的双重任务，是高校思想工作队伍的重要组成部分。由于部分高校辅导员工作中存在自身能力与动机障碍、职业目标建设的偏差、职业工作内容的游离等问题，从而产生职业生涯高原，一定程度地影响了高校辅导员队伍的整体建设与发展。高校应着重培育高校辅导员思想素养、职业能力素养、学习与科学研究素养，通过树立职业生涯发展的主体意识、强化职业生涯必备的核心素养、确立职业生涯成功的科学标准以及适应无边界职业生涯发展趋势等途径，缓和并破解高校辅导员的职业生涯高原，为高校辅导员队伍的可持续稳定发展奠定基础。

随着时代的发展以及“00后”步入校园，对于高校辅导员工作的精细化和专业化程度要求不断提高，高校辅导员的工作职责及工作压力也随之加大。部分高年资高校辅导员在职业发展过程中，容易因职位晋升或岗位轮动的暂时停滞而出现职业认同淡化、职业角色模糊甚至职业情感萎缩等职业生涯高原，这直接影响着高校思想工作队伍的健康长远发展，必须要得到重视并需通过多种途径加以缓和与破解。高校辅导员核心素养是高校辅导员在职业生涯成长与发展过程中形成的、对高校辅导员的工作需求和自身发展起决定性作用的关键品质和必备能力。通过高校辅导员核心素养的强化培育，可有助于协助处于职业生涯高原状态的高校辅导员找回职业初心、激发职业热情、增强职业生涯韧性、提升职业发展竞争力，对高校建设打造可持续发展的内涵式思想工作队伍具有重要的现实意义。

一、高校辅导员产生职业生涯高原的归因解析

职业高原问题最早是由美国职业心理学家T. E. 菲伦斯引入职业生涯领域并做初步探索，其主要用于描述个体因生涯发展停滞而引发的低效能感、失败感、疏离感等生涯认同危机。之后，J. F. 费戈和D. C. 菲尔德曼又从晋升（垂直发展）、轮动（横向流动）、责任（工作职责）等角度对职业生涯高原进行了内容的界定与补充。高校辅导员职业生涯高原一般出现在职业发展的维持阶段，主要表现为个体职业发展和轮动机会的缺失，或进一步增加责任和挑战的机会不足，由此而产生的一系列心理或行为状态。① 而根据巴德温对职业高原的影响因素研究来看，职业生涯高原的类型可分为三种：由组织结构不合理导致的结构高原；因进一步发展知识和技能的机会缺失而导致的内容高原；由于自身缺乏职业发展规划、方向和

① 参见龚伟《高校辅导员职业认同机制建构——基于施恩职业发展运动形式理论的视角》，载《思想理论教育》2017年第2期，第101页。

动力而出现的个人高原。当高校辅导员处于职业生涯高原期时，其对工作的信心和热情开始减退，变得怀疑自我、悲观失望、精神不振，并且时常处在内心压抑空虚、意志持续消沉、对未来感到忧虑慌乱的状态。

从高校辅导员队伍建设本身来看，一方面，高校辅导员的专业多样化为其实现多元发展、多种思维碰撞提供了可能，但也正因此，思想教育学科、心理学、教育学等专业素质与能力的不足，往往会使很多高校辅导员在日常的教育管理中倍感无力和焦虑，导致工作疲于应付或产生职业倦怠。另一方面，在具体的工作实际当中，由于高校辅导员岗位职责不断增加，部分高校政策落实的不到位，以及保障机制的不健全等外在环境因素都会消损高校辅导员工作的热情和积极性，影响高校辅导员队伍的整体稳定。

（一）高校辅导员自身能力与动机障碍

基于人力资本理论、菲尔德曼和威茨的职业高原动态发展模型可以看出，员工的内外部动机、角色直觉及个人能力等个体因素直接或间接地影响着员工的工作绩效及担负更多责任的机会。因此，高校辅导员的个人职业生涯的发展与其能力、品质和动机有着密切的关联。一般情况下，刚入职阶段是个体学习能力提升的快速期，部分高校辅导员错过了生涯探索的良好时机，未能养成合理的学习和工作习惯。而进入平台期后，研究学习的动力和积极性明显欠缺，开拓进取精神缺乏，或成就事业的动机不足等，制约了个人技能和能力的有效提升。加上当前高校管理体制的重心下移，矩阵化和扁平化的发展趋势也使得高阶层的行政岗位逐渐变少，岗位晋升机会不足。另外，高校辅导员平时日常事务繁多，无暇顾及自身教学科研方面的能力提升，职称评定力不从心，最终导致职业生涯高原的产生。

（二）高校辅导员职业目标建设的偏差

高校辅导员岗位从最早的党政干部编制，到“教师队伍的组成部分”，再到“双重身份”“双重管理”的变化，为高校辅导员队伍的成长与发展提供了更多的空间和可能。而在此过程中，部分高校辅导员未能正确地树立职业发展目标，却将“优出”作为个人坚持的工作动力，并开始怀疑高校辅导员职业本身的合理性和重要性，忽视了高校辅导员存在的本质价值。另外，当前高校学生工作在时间和空间上不断扩张，逐渐呈现出无边界性、不可测性等特征，由此给高校辅导员的压力和负担也在不断增加。职业目标的偏差必然会带来工作职能的错位和角色的缺失，工作中缺乏事业牵引力，容易导致其工作重心和思想教育方向发生偏离，产生价值认同危机，削弱高校辅导员队伍整体的向心力和稳定性。

（三）高校辅导员职业工作内容的游离

随着我国高等教育理念从“以知识为本”向“以人为本”的转变，高校也开始注重从价值观引领、知识技能以及过程方法等维度探索全方位的人才培养模式。经此，高校辅导员才能真正做到融入高校人才培养的大工程。但由于高等教育的快速发展及工作岗位的动态缺编，高校辅导员承担了思想教育、心理健康教育、就业与创业指导等众多岗位职责，“面面俱到、学而不精”成为部分高校辅导员要重点克服并努力改变的工作状态，若处理失当则容易使其职业生涯高原反应愈发明显。

二、高校辅导员核心素养的内涵及特征

高校辅导员是高校思想工作队伍的主要构成部分，要坚决贯彻落实高校立德树人的教育使命，掌握思想工作的主导权，引导学生树立正确的世界观、人生观和价值观。教育部令第 43 号《普通高等学校高校辅导员队伍建设规定》（以下简称《规定》）明确指出了高校辅导员工作的职责内容，对思想素养、职业能力素养、学习与科学研究素养等核心素养进行了概述。这意味着高校辅导员除了要做好本职的思想教育及价值引领工作外，还要处理与学生成长发展相关的各类事务性工作，要努力成为学生的人生导师和知心朋友。但需要特别说明的是，高校辅导员核心素养具有独特性、可发展性以及非全面性等特征，也就是说，核心素养本身具备理论与实践相结合的特殊属性，且通过系统教育和培训能够习得并得到发展，最重要的是其并不等同于“全面素养”，而是能够起到核心作用的关键素养。

（一）职业基石：思想素养

高校辅导员的思想素养是其最基本也是最重要的核心素养。习近平总

书记明确指出，“有理想信念”是“四有”好教师的首位标准，这充分体现了理想信念和价值观对高校教师的重要性。在新形势下，高校辅导员要引导大学生深刻领悟新时代中国特色社会主义思想，牢固树立四个自信，培育践行社会主义核心价值观。因此，高校辅导员自身必须具备扎实的思想理论水平，要具备实事求是、辩证看待问题的理性思维，而且只有时刻做到与党中央保持高度一致，不断强化自身党性修养，才能系统科学地运用政治理论教育引导学生，帮助学生成长成才。

（二）工作标准：职业能力素养

高校辅导员是履行高校学生工作职责的专业人员，要严格要求其本身必须具备良好的职业道德。《规定》明确指出，高校辅导员应具有思想理论教育、校园危机事件应对、职业规划与就业创业指导、网络思想教育、心理健康教育与咨询等九大工作职责。因此，高校辅导员职业素养包括爱岗、敬业、爱生等职业道德，以及完成学生工作所需的如人际沟通、组织协调、创新发展等必备能力，这是实现个人职业生涯发展的必要基础，是高校辅导员队伍建设走向专业化、职业化的必然要求，同时也是高校人才培养、质量保障的重要砝码。

（三）内在驱动：学习与科学研究素养

高校辅导员岗位需要具备教育教学、组织管理及学习科研等必备能力，这些构成了高校辅导员职业生涯的强大内驱力，也着实要求高校辅导员必须养成终身学习、悉心科研的良好习惯。尤其大学生思想教育工作必须要求高校辅导员具备扎实宽广的专业知识和专业能力，既要能够读懂并理解马克思主义中国化最新理论成果，还要习得扎实的心理学、管理学及社会学知识，在引领学生思想发展的同时，还要能全面地掌握学生的心理状况，及时察觉学生心理异常并做好专业疏导，为学生实现成长成才清障铺路。

三、提升核心素养破解高校辅导员职业生涯高原的现实路径

习近平总书记在全国高校思想工作会议上指出，长期以来，高校思想

工作队伍兢兢业业、甘于奉献、奋发有为，为高等教育事业发展做出了重要贡献。作为大学生思想教育的组织者、实施者和引导者，高校辅导员要再接再厉、努力奋斗，积极探索寻找个人职业诉求与高校发展期望间的平衡点，通过提升个人核心素养，控制或破解职业生涯中可能或已经出现的“高原反应”，以良好的职业状态应对工作中的各项困难与挑战。

（一）转变个人观念，树立职业生涯发展的主体意识

对于高校辅导员本身而言，清晰的角色定位和认知以及合理的职业生涯规划是破解职业生涯高原、实现人生目标的重要步骤。要能够根据自己的性格特点、职业兴趣、专业技能、能力倾向以及内外部环境等因素，具体确定实现自我价值的正确定位。从高校辅导员长期的职业生涯发展来看，入职探索、职业适应、职业生涯高原、破解困境、深层发展基本是每位高校辅导员必经的磨砺之路，所以制定科学的应对策略和有效的预防机制是高校辅导员队伍建设的应有之义。因此，在日常工作中，高校辅导员要坚定职业信念、强化职业认同、勇担职业重任，正确认识和看待职业生涯高原，改变传统的态度和观念，调适自身压力，做到对自身的内在潜能和职业现状进行全面科学分析，努力争取更多的职业发展机遇和主动性。

（二）坚持研究学习，强化职业生涯必备的核心素养

高校辅导员核心素养着重体现了高校辅导员职业的特殊性及重要性，是影响高校辅导员个人发展与成就的关键因素，在高校辅导员和学生相互影响的过程中形成了学生成长成才、高校辅导员个人职业发展的双向互动模式。高校辅导员队伍职业化发展趋势不仅要求其能胜任本职的思想教育工作，还要求其能开展卓有成效的生涯规划教育、心理健康教育、学生组织能力培养等，以满足学生日益扩大的发展需求，这就必须要求高校辅导员要坚持研究学习，不断扩充自身知识储备，强化生涯发展必备的核心素养，以实现高校辅导员的职业化、专业化及专家化。高校要重视高校辅导员的学习提升，鼓励并支持有条件的高校辅导员继续深造学习，攻读硕（博）士学位，提升工作的专业水平；设立专项工作经费，补充完善三级培训体系，为高校辅导员队伍设计系统化的培训方案，按照入职时间及表现情况等实行全覆盖、分层次的专业培训；另外还可以通过高校辅导员职业技能大赛、高校辅导员沙龙、工作研讨会的形式，树典型、学先进，推

动高校辅导员自我展示、相互沟通交流，实现“以赛促思、以赛促学、以赛促建”的良性互动机制。

（三）调整工作目标，确立职业生涯成功的科学标准

职业生涯的成功标准反映了社会的整体价值观念，也是个人坚持追求的职业发展目标，对从业者的思想和行为有着显著的激励和导向作用。根据评价主体的不同，一般分为客观成功和主观成功，前者主要注重外在职业生涯的结果指标，体现社会对职业生涯的普遍理解；而后者则倾向于个体内心对于职业生涯的感受过程，重在遵循个人主观的意愿和想法。[①] 当前形势下，推动高校辅导员队伍的专业化、职业化发展，明确高校辅导员的职责分工、工作目标及具体要求，有针对性地提升和强化高校辅导员的思想素养、职业能力素养以及学习与科学研究素养是破解职业生涯高原的必经之路。而对于高校辅导员职业成功的评判标准不应局限于副教授、教授的职称是否评定或副处级、正处级的岗位是否晋升，而应将其着眼于高校辅导员育人效果方面，如在面对不同层次、不同地域、不同专业的学生时，高校辅导员是否具有很强的市场竞争力或可雇用能力，或者在教师和学生中间，高校辅导员能否具有很高的认可度，是否能够获得更多的社会感知和工作满意度等。只有在这样的工作目标和标准指引下，才能真正激发高校辅导员内在发展的持续动力，即使在其职业生涯处于高原期，也会相对从容地及时做出反应并予以解除。

（四）着眼长远未来，适应无边界职业生涯发展趋势

无边界职业生涯的意义在于，即使组织内部职业路径逐渐消解，但个体工作的机会并未减少，甚至还有其他跨越单一组织边界的工作机遇可以获得。在这个柔性的工作框架下，职业生涯具有多重的属性及意义，尽管环境因素对高校辅导员的职业生涯发展影响依然较大，但个体都是环境中的能动者，具有很强的灵活性和可选性，因此要着眼职业长远发展，依靠全面发展的能力促进实现全面发展的可能，跨越不同组织，选择适合自己的职业生涯发展道路，定义自己特有的生涯成功标准。当然，想要突破职

---

① 参见张雪磊《“互联网＋”背景下高校青年教师的职业发展》，载《中国成人教育》2017年第20期，第140页。

业生涯高原，还需要得到组织的特殊关怀，推动并落实相关实践措施，重塑组织文化，强化职业认同。另外，还要注重建立健全高校辅导员队伍的激励保障机制，在职务晋升、职称评聘方面能够关注考察其工作业绩及育人实效，结合工作性质与实际，将高校辅导员的思想素养、职业能力、教学情况及科研成果纳入考核范围，制定合理的评价指标体系，做到单列计划、单设标准并单独评审。通过完善的激励机制激发高校辅导员核心素养的内在需求，促使高校辅导员将个人职业发展、学生成长成才及学校长远规划相结合，推动实现共同进步、互促互进、快乐成长的共赢局面。

第二节　高校辅导员职业生涯复原力培养的困境与建构

高校辅导员是高校教师队伍的重要组成部分，肩负着对大学生进行思想教育的工作职责与使命。专业化的业务能力及素质标准，要求高校辅导员必须做好个人的职业生涯规划与管理，强化职业生涯韧性，提升职业生涯复原力。受到各种原因影响，高校辅导员会经历个人因素、家庭因素、组织因素等构成的多种现实困境，需要通过强化高校辅导员职业生涯自我规划、健全生涯外在体制等，解构复原力提升的困境难题。要以健全完善的制度体系强化高校辅导员的身份认同感、以公平进取的团建氛围激励高校辅导员的生涯发展力、以和谐温馨的组织关怀保持高校辅导员的幸福依靠感、以多元维度的帮扶激励提高高校辅导员的组织支持感，为高校辅导员的快乐成长及学生工作的健康运行提供保障。

习近平总书记在全国教育大会上指出：教师是人类灵魂的工程师，是人类文明的传承者，承载着传播知识、传播思想、传播真理，塑造灵魂、塑造生命、塑造新人的时代重任。思想工作是学校各项工作的生命线，高校辅导员负责组织、实施和指导学生的思想教育与管理工作，是对大学生开展思想工作的骨干力量。

因此，重视高校辅导员的身心健康，促使高校辅导员在日常工作中实现快乐成长，是高校思想工作不可或缺的重要环节。对于高校辅导员的职业生涯发展，要逐渐将注意力从关注其遇到的压力、挫折与逆境转为其职业生涯的复原力增长及发展情况，帮助其在逆境中依靠自身特质、个人能力、社会网络支持与互动，实现高校辅导员个人的心理复原或复原力的提升，这对高校辅导员的个人成长发展和高校学生工作的长效机制构建等都至关重要。

一、职业生涯复原力的内涵及影响因素

早期的复原力概念以 Rutter（1985）提出的“特质论”研究为代表，认为复原力是在潜在危险中仍能反弹或成功应对的能力，是个人具备的一种能力或特质。[①] 复原力是指个人在克服自身弱点或环境压力时，能够迅速恢复并保持良好状态的能力，它与环境事件相互影响，只有在其超越个人所能承受的压力时才会被激活和培育。目前，对于复原力的认识基础主要有心理建构说和社会建构说两种。心理建构说认为复原力的本质是个人的心理品质，其主要动力源是自身积极的情感或心理因素，这不仅能够促使个人开展创造性工作，与社会加强沟通与联系，还能促使其保持较高的工作热情和自我效能。社会建构说则主张复原力是一个多元化、受各种社会关系影响的动态概念，是个人与环境相互作用的结果，表现为一个多面的、发展的结构。职业生涯复原力包含个体特征、情境状况、生涯抉择与行为三个变量，共同影响组织员工及管理者的职业生涯动机，且职业生涯复原力对职业生涯满意度具有显著的正向作用。因此，综合来看，高校辅导员职业生涯复原力可定义为：在高校辅导员工作和生活环境等各种关系影响下的一种不断变化且可习得的能力，它能够使高校辅导员成功应对并适应工作中遇到的压力、挑战、逆境、创伤等，并使自己逐渐恢复至最佳状态，职业生涯复原力的强弱决定了个人状态恢复的快慢与好坏。

由于职业生涯复原力本身受到心理变化、教育信仰、社会经济、工作生活等各种关系的影响，是可建构、可习得的，但并非一劳永逸的一成不变，所以具有明显的过程性和非先天性。另外，由于高校辅导员工作中遇到的挑战与压力经常来源于特定的情境，有可能随时发生并受到持续影响，表现为高校辅导员在追求个人或职业的价值、目标过程中所锻炼提升的能力，因此，情境性、职业性、日常性是高校辅导员职业生涯复原力所特有的属性。

一般而言，高校辅导员职业生涯复原力由内在保护因子和外在保护因

---

① 参见陈玉华《教师复原力研究的现状》，载《全球教育展望》2014 年第 10 期，第 71 页。

子两部分构成，这些保护因子可以降低问题行为的发生率、调节或缓和暴露在危机中的影响、促进高校辅导员成功地适应变化。内在保护因子分为生物及生理因素、心理因素，其中大多属于个人的人格特质、生活态度或心理能力，主要使高校辅导员可以获得情感支持、沟通、认同及安全感等，如积极性倾向、宗教信仰、自我认同、未来导向、社交能力、学习潜能、个人专长、幽默感、信任、独立等。外在保护因子是高校辅导员自身以外的环境所具有的促进个人成功调适并改善不良适应结果的外在资源，包括家庭保护因子、学校、小区及同伴保护因子，如和谐的同事和上下级关系、师生关系，以及在学校经历的成功快乐经验、支持性家庭环境、加强家庭凝聚力等。

高校辅导员职业生涯复原力培养提升的另一个重要影响因素是个体的职业生涯规划。高校辅导员从刚参加工作开始，就应该深刻思考"我真正想做什么？为什么做？正在做什么？为什么这么做？"等认识性问题，通过对个人的需求、能力、气质、性格与兴趣等进行剖析，以确定自己的工作发展方向及职业生涯路线；而在职业发展过程中，随着工作经验及年限的增长，要逐步考虑"我希望往哪条路线发展？适合哪条路线？可以往哪条路线发展？"等规划性议题，从而对职业生涯目标做出最佳选择；而后，要使生涯设计成为现实，就必须把目标设定转化为具体的行动方案，通过做好自身理论实践学习及工作总结反思，做到"向书本学习、向同事学习、向工作实践学习"，不断提升自己的理论水平和业务能力，同时还要时刻审视内外环境变化，不断修正职业生涯发展策略，锻炼提升职业生涯复原力，促进实现自身发展的职业化、专业化、专家化。

二、高校辅导员职业生涯复原力培养的现实困境与解构

高校辅导员肩负着立德树人的重要使命，要做好思想工作，就必须要做到因事而化、因时而进、因势而新。同时，高校辅导员本身也需要有自由而全面的发展环境，对职业的追求要做到持续开发和终身学习，要更看重生涯管理的过程和获得，追求一种理性的组合式人生。在不断地实现与被实现经历过程中，高校辅导员不仅要具备较强的政治理论水平和业务工作素质，还要有合理的职业生涯规划与管理，在遇到各种逆境、问题和挫

折时，能够有较好的职业生涯韧性及复原力，帮助其及时应对处理并快速适应恢复。

（一）职业生涯复原力培养的现实困境

高校辅导员是集教育者、管理者、服务者、研究者等于一体的综合角色，需要在做好基本思想工作的同时，不断学习和自我提升，增强自身理论及业务水平，从容合理地应对和处理各种突发情况和事件。这往往容易使高校辅导员将重心过多地放在日常业务工作上，而忽视了对职业生涯的规划与管理，忽略了对个人职业生涯复原力的培养，逐渐缺乏职业归属感，有的甚至会出现职业倦怠、职业枯竭感或职业生涯高原现象等，这在很大程度上影响了高校辅导员的队伍建设与发展。综合来看，影响高校辅导员职业生涯发展及复原力培养的困境主要有：职业进步机会缺失、职业压力持续加大、职业声望未达预期以及高校辅导员自身和家庭因素影响等。

一般而言，高校辅导员个人职业生涯的不断发展是获得成就感、价值感及自我实现的重要来源。在面对大量日常繁重、琐碎的事务性工作时，很多高校辅导员容易产生职业认知钝化、成就感不足、对待工作消极倦怠的情况，严重影响学生工作的正常开展。另外，由工作中各种原因导致的进步机会缺失、职称评定困难、职业生涯停滞等逆境，往往会使高校辅导员不断累积挫折感和失败感，导致组织效率和效能持续下降、个人压力感和无助感逐渐增大，开始对工作不求上进、缺乏热情、责任心下降、自我挑战意识逐渐淡薄，甚至会有职业情感萎缩、职业角色模糊、职业认同危机等现象出现，使高校辅导员无意于规划与管理自身的职业生涯发展；同时，职业生涯复原力也随之减弱。

另外，高校辅导员个人的生命周期对职业生涯发展与复原力的影响也很重要。和谐的家庭幸福感、配偶理想的工作情况可以使高校辅导员将生活的愉悦感带到工作中，从而对工作产生强大的推动力，可在一定程度上抑制不良心理状态的产生；同样，对工作中出现的挫折、困难、逆境的处理及适应能力也会得到弥补和强化，职业生涯复原力逐渐提升。相反，过多的家庭烦恼、沉重的经济负担以及生活中的各种突发情境等，会占据个人较多的时间与精力，工作中也难以创造出更多的成绩，使高校辅导员对学生工作及个人职业生涯逐渐失去雄心与动力，趋于追求安稳平和的工作状态，有的甚至产生职业高原现象。这既会影响个人职业生涯复原力的培养及生涯规划，也不利于高校学生工作的健康稳定发展。

（二）职业生涯复原力提升的困境解构

对于高校辅导员职业生涯复原力培养的困境，要引起高校相关部门的足够重视。要能够深入调查并了解其产生的原因，通过强化高校辅导员的职业生涯自我规划、健全高校辅导员的生涯外在体制等途径进行困境解构，引导高校辅导员进行正确的自我认识，科学合理地开展职业生涯规划与管理，确立职业生涯目标并为之而努力。另外，高校要充分考虑高校辅导员岗位职责的特殊性，在岗位晋升、职称评定等方面予以支持，不断提升高校辅导员的组织归属感和幸福感，为高校辅导员职业生涯发展与复原力的提升提供更多的可能。

1. 强化高校辅导员职业生涯的自我规划

职业生涯规划将有助于强化高校辅导员队伍的稳定性和专业化。合理地规划与管理生涯可以促使高校辅导员朝着职业角色方向进一步发展，以实现专业化、专家化的职业目标。同时，通过系统设计指导高校辅导员职业发展阶段，详细了解高校辅导员的实际需求，不仅可以合理地配置学校的人力资源，还能充分调动高校辅导员工作的积极性，挖掘并发挥其个人潜力，增强职业认同感与成就感。另外，高校应加强高校辅导员职业生涯规划宣传，促使其了解学校的短期发展目标与长远战略规划，把个人发展与学校人才培养定位相结合，将有助于高校辅导员职业生涯的长远发展。

2. 健全高校辅导员职业生涯的外在体制

高校辅导员不仅要对学生事务进行日常管理，还要对学生进行思想教育、心理咨询、就业指导和生活帮扶等，需要投入大量的时间和精力。所以高校在督促高校辅导员个人进行职业生涯规划的同时，也要从制度方面为其规划管理提供条件和帮助。①要在制度设计上保障队伍建设的专家化发展。主要体现在技术职业序列和行政管理序列两个方向：一方面，高校辅导员可围绕自己所擅长的技术能力或职能工作，不断完善专业知识，提高教学质量，开展专业研究，努力在教学科研方面有所突破；另一方面，高校辅导员除了负责党团建设、奖勤助贷、年级管理、社团指导等工作，还可通过个人努力有机会逐步承担全面管理职责的职位。① ②要在职称评聘上考虑工作任务的特殊化使命。由于工作内容和工作任务的特殊性，高校辅导员只能把除学生事务以外的部分时间安排在教学科研方面，所以需要有与之相对应的岗位职称评价标准，以保证高校辅导员队伍的良性循环发展。③要在条件保障上明确职能部门的分工与职责。除了高校辅导员本人需要根据自己的职业生涯发展方向努力工作，并争取良好的业绩，有效的高校辅导员职业生涯管理体系还需要学校党委、组织部、人事处、学生处、各学院等多个部门的支持与共同努力，这样才能为高校辅导员的职业生涯发展铺开明路，同时也为高校辅导员职业生涯复原力的提升提供便利和可能。

三、高校辅导员职业生涯复原力建构的应然路向

高校辅导员是高校教师队伍的重要组成部分，是大学生健康成长的指导者和引路人。高校辅导员要加强自身的职业生涯管理意识，将职业发展与自我实现的需求相结合，不断提高个人竞争力，在职业生涯目标设定、生涯规划管理过程中，要坚持做到个体性与组织性相兼顾、前瞻性与现实性相统一、职业稳定性与适时流动性相结合的原则，通过多种途径强化自己的职业生涯韧性，提升职业生涯复原力，以为完成高校人才培养等使命与任务奠定基础。

（一）以健全完善的制度体系强化高校辅导员的身份认同感

高校辅导员在从事大学生思想教育的同时，还要完成党建、团建、就业指导、心理教育等业务性工作，这些工作针对性和灵活性较强，对个人素质要求高。高校应从学生工作在学生培养中的定位和作用出发，明确高校辅导员从业的基本素质要求，强化高校辅导员的职业身份认同感，结合专家型和实务性的工作基本要求，推进相关学科的专业化培训及认证体系构建。如建立以思想教育学科为主体的专业能力培养体系，构建包括入职培训、常规培训、职能培训等分层次、分阶段、多样化的教育培训体系，

① 参见张雪磊《“互联网＋”背景下高校青年教师的职业发展》，载《中国成人教育》2017 年第 20 期，第 140 页。

指导高校辅导员进行科学合理的职业生涯规划与管理，强化高校辅导员应对各项突发事件或逆境的处理能力，锻炼强化其个人职业生涯复原力，不断提升其职业生涯成就感和满意度，促进其实现职业化、专家化的职业生涯发展目标。

（二）以公平进取的团建氛围激励高校辅导员的生涯发展力

一般而言，个人职业生涯发展的顺畅与否、职业满意度高低等因素在很大程度上影响着其对工作的热情和积极性。霍兰德的“人格类型论”将大多数人格分为实际型、研究型、艺术型、社会型、企业型和传统型六种类型，合理地解释了个人性格与工作类型之间的匹配程度，可为高校辅导员的职业生涯探索和选择提供指引。高校应结合各个高校辅导员所处的不同职业生涯发展阶段及个人特点，建立丰富多元的职业发展族群，营造公平进取的组织环境及团建氛围，充分发挥高校辅导员个体的工作能动性，从体系化、制度化方面为其提供更为开阔的发展空间。另外，高校还要及时关注部分高校辅导员是否处于职业生涯高原状态，帮助其调整自身情绪和心态，学会调适自身压力源，主动改善并适应各种可能会出现的职业不确定性，不断补充并强化职业生涯发展力，提升职业生涯复原力。

（三）以和谐温馨的组织关怀保持高校辅导员的幸福依靠感

职业生涯复原力建构的重要策略在于帮助高校辅导员克服困难，使其获得新的、能够降低未来可能出现的压力或挑战的方法途径。高校应着力构建支持性的校园文化、和谐的师生和同事关系等，为高校辅导员提供积极正向的情感和教学实践支持。① 工作之余，高校还可通过适当的家庭走访、联谊聚会等形式加强交流，增进家庭成员对高校辅导员工作的理解与支持，增强高校辅导员的组织依靠感和幸福感。另外，高校辅导员自身也要学会通过自我更新、寻求帮助等方式释放自我，使身心得以放松，以保持工作激情和良好心态。高校辅导员要善于平衡个人生活和工作之间的关系，扩展个人的交际圈、娱乐圈，积极参与兴趣培训班、志愿服务等社交活动，促使身心在短时间内可以恢复至最佳状态。

---

① 参见薛建平《我国特岗教师职业认同研究回顾与展望》，载《教育理论与实践》2018 年第 22 期，第 36 页。

（四）以多元维度的帮扶提高高校辅导员的组织支持感

科学规范的考核评价体系是高校辅导员职业生涯复原力保护的激励因素，具有针对性和差异化的职称、职务考评机制，对高校辅导员的职业生涯规划与管理具有重要的指导和引领作用。高校应响应高校辅导员专业化的工作要求，推动落实序列单列、指标单列、评审单列的职称评定制度，进一步修订完善岗位工作职责，建立目标明确、责任清晰、考评有据、晋升有路的职业生涯发展机制，要将工作考评结果与激励制度相结合，并与职称评定、津贴发放、评优评先等挂钩，增强高校辅导员的组织支持感和信任感。工作中，即便高校辅导员身处逆境或经历挫折，其也可以通过其他途径进行弥补或克服。当高校辅导员在职业信心和心理支持方面有保障，职业生涯复原力会随之强化和提升，职业竞争力也会得到提高和改善。

第三节　基于 CGLC 模式的高校辅导员职业生涯韧性强化

高校辅导员是高校学生工作的组织者、实施者和指导者，是开展思想工作的中坚骨干力量。强化高校辅导员的职业生涯韧性，不仅可以促使高校辅导员积极做好自身职业生涯规划与管理，而且也对所带学生的职业生涯发展起表率作用。高校可基于 CGLC（cognizance，认识；goal，目标；ladder，阶梯；cohesion，结合）模式，通过强化高校辅导员职业生涯发展意识，督促高校辅导员形成正确的角色认知，协助高校辅导员确立合理的职业锚，加强高校辅导员队伍的教育与培训，完善高校辅导员工作评价激励机制等路径，多角度提升高校辅导员职业生涯自我效能，增强高校辅导员职业生涯复原力，避免产生高校辅导员职业生涯高原，促进高校辅导员与高校在短期工作目标与长远发展规划等方面实现相互促进、共同发展。高校是开展思想工作的前沿阵地，肩负着为社会主义事业培养建设者和接班人的重要使命。高校辅导员是大学生教育管理的组织者和指导者，是进行思想教育的中坚骨干力量。在日常工作中，高校辅导员不仅要从事学生事务的协调管理，还要为学生提供生活指导、就业服务、心理健康咨询等，这就对高校辅导员自身的素质和职业生涯管理等提出了更高的要求。因此，高校辅导员必须具备较强的职业生涯韧性，主动做好自己的职业规划并起表率作用，才能为学生的健康发展创造良好条件、提供强力依托和支撑。

一、高校辅导员职业生涯韧性的内涵及重要性

韧性是一种正向的心理能力，是可度量的社会文化建构和范式，主要指个体在面对困境或困难时能够生成恢复能量并使个体逐步适应压力的冲击。关于韧性的解释主要集中于主动适应性、被动恢复性和综合性三种视角，是人们与外界环境之间互动的结果。因此，拥有较强的职业生涯韧性可以使人从容面对不断变化的工作情境和事件，强化自身自觉与专业角色塑造，同时与他人建立良好的互动关系，最终顺利完成阶段性任务并获得成功。

（一）影响职业生涯韧性的相关维度

职业生涯韧性是以个体生理条件和知识经验为基础，通过主体和内外刺激的不断交互作用，转化为基本的、稳定的内在品质，促使个人在追求职业生涯自立（自我依赖）过程中积极应对。职业生涯韧性包含自我效能、风险承担、独立三个维度，分别体现于自尊、适应性、创造力、成就需要、冒险倾向、安全需要、对于不确定性因素的处理及忍受、生涯独立、上级或同事的认可需要等方面。① 同时，与职业生涯韧性密切相关且存在相互影响的因素还有职业生涯满意度、职业生涯自我效能、职业生涯复原力及职业生涯高原等。

职业生涯自我效能主要反映个人基于以往的经验，相信自己能有效完成某种行为或工作的主观性判断。一般情况下，职业生涯自我效能感知程度越高，对于职业的信心就会越强，在职业发展过程中就会具备较强的韧性，从而产生较高的职业生涯满意度，即职业生涯自我效能与职业生涯满意度存在显著的正向关系。职业生涯自我效能会受到个人在工作中的表

① 参见林伟毅《高校辅导员职业能力的现状及提升路径》，载《思想理论教育导刊》2017年第1期，第134页。

现、语言说服、情绪变化等多种因素的影响，使其在生涯抉择、生涯表现和生涯持续等方面有着不同的结果，对职业生涯的决定行为起着缓和、调整的作用，表现出适应组织环境的生涯韧性。

职业生涯复原力表现为职业生涯发展过程中应对变化莫测的内外部环境的能力，与职业生涯满意度存在一定的正相关关系。一般而言，职业生涯复原力越高的人，越能够持续学习，越能在工作中表现出与组织目标相一致的稳定状态，在成功工作与实现理想等方面相对容易，所具备的职业生涯韧性就相对越强。因此，组织单位可通过特定的情境因素、绩效反馈或促进自我管理等方式提升个人的生涯复原力，从而强化个体的生涯韧性。

职业生涯高原是指个体在职业生涯的某一阶段，由于工作责任的增加，但随之所需的如岗位晋升或流动等有关的职业进步暂时停顿而引发的一系列心理或行为的状态。一般而言，职业生涯高原产生的原因包括个人因素、组织因素、家庭因素以及社会因素等。社会因素更多体现在社会外部对于个人或者职位的要求，个人因素受到年龄、人格、工作投入、受教育程度、晋升愿望、上级的绩效评价等条件的影响，组织因素由外部奖励、组织成长、个人的职业路径等共同决定，家庭因素包含家庭成员数、家庭满意度、个人家庭负担、配偶工作情况等多种影响因素。个人一旦产生职业生涯高原现象，随之就可能会出现职业角色模糊、职业承诺动摇、职业情感萎缩等心理或行为特征，导致个人的生涯韧性强度减弱、生涯满意度降低，甚至可能产生离职意愿。

（二）高校辅导员职业生涯韧性强化的重要性

强化高校辅导员职业生涯韧性可以促使高校辅导员自主自立、主动承担工作责任、积极学习不断努力、提升知识水平和综合素质，并对自己的职业生涯管理负责，这对高校辅导员做好自身本职工作、对学生产生积极正向影响等都具有至关重要的作用。一般情况下，高校辅导员的职业生涯韧性主要分为心理特质趋向、生活环境支持趋向、个体与社会环境互动趋向三类，具体包括事前作用（预防和主动管理压力）、事中作用（忍受与克服压力）和事后作用（恢复与调节）三个部分。事前作用主要体现在调节高校辅导员工作中产生的压力源与高校现实压力（行为或心理反应）之间的关系，预防日常工作中的各类压力源会直接转换成消极现实压力或消极影响。事中作用是指拥有职业生涯韧性的高校辅导员会更容易克服多样化的情境因素（家庭、学校或社区等）带来的工作压力问题，能够承担起风险，接受工作和组织变革，相信自己能够处理相关问题，并乐观地认为压力是高校辅导员职业生涯发展过程中必须要经历的，属于一种常态，且应该战胜它。事后作用重视的是压力产生以后，职业生涯韧性如何协助高校辅导员从工作压力中重新调节或恢复至之前的状态。

另外，高校强化高校辅导员职业生涯韧性、加强高校辅导员职业生涯规划教育等将有助于促进高校辅导员队伍的职业化和专业化发展，在日常工作实践中强化高校辅导员队伍的战斗力和稳定性。通过系统设计、合理指导高校辅导员职业发展阶段，了解高校辅导员发展需要，完善高校辅导员管理培训机制等方式，可以充分挖掘高校辅导员个人潜力，促使其做好自我认识、自我规划、自我管理与自我实现，提升高校辅导员职业生涯自我效能和生涯复原力，最大限度地促使其个人素质与高校工作需求相匹配，预防产生职业生涯高原，不断增强职业认同感、幸福感及生涯满意度，形成师生和谐共处、快乐成长的良好局面。

二、CGLC 模式对于强化高校辅导员职业生涯韧性的价值体现

高校辅导员工作需要投入大量的热情和精力，任务艰巨且工作周期较长，容易产生职业认知钝化、对大学生工作的意义认识模糊，缺乏对高校辅导员这一职业的权利、义务和责任的清晰认知等，使得工作的积极性和主动性降低、自我挑战和竞争意识减弱，可能随之出现职业生涯自我效能感低、生涯复原力缺乏、生涯韧性强度不足等情况，甚至产生职业倦怠、职业生涯高原等现象。因此，高校要有针对性地关注高校辅导员的人格特质，以多维度的协助帮扶提升高校辅导员的组织支持感，以公平进取的团队建设氛围激发高校辅导员的职业发展动力，结合运用职业生涯 CGLC 模式，通过各种途径不断提升高校辅导员的工作自主性和决策参与度，强化高校辅导员的组织依靠感和工作成就感。

CGLC 模式是目前较为流行的一种职业生涯规划指导方案，最早在 1997 年的企业培训中被提及，意指人的职业生涯规划最先应从个体自身相对全面的综合认识开始，然后通过确立有效的目标，经过阶梯式的行进

过程，将组织发展需求与个人发展需求相结合的职业发展规划模式。

认识（cognizance）是高校辅导员职业生涯规划与管理需最先解决的问题，包括“知己”和“知彼”两个方面。由于高校辅导员的人数多，性格、兴趣与价值观存在着显著差异，而这些对职业的适应性影响较大，所以正确地进行自我分析、自我评估尤为重要。强化对高校辅导员自身的认识，可借助 MBTI（Myers-Briggs Type Indicator）、16PF（卡特尔 16 项人格测试）、九型人格测试等性格测评工具进行性格特征分析，借助 Holland 职业兴趣理论开展高校辅导员职业兴趣分析，借助 Super 的工作价值量表做好职业价值观分析，借助 GATB（普通能力倾向成套测验）工具进行职业能力分析等。另外，“知彼”则要求高校辅导员要对即将从事的工作岗位、任务分工、组织情况和行业环境，如职业发展机会或政策等进行全面、客观地分析与评估。

目标（goal）要求在确定职业锚的基础上探索职业发展方向，通过不断地实践加以认识、定位和强化。高校辅导员可通过持续的职业探索不断明晰自我，从而形成一个占主导地位的职业锚。① 职业目标是高校辅导员工作行动的方向，需要根据自身的性格特点、专业特长以及社会的发展趋势等，在 SMART 原则（spesific，measurable，attainable，relevant，time-bound）的指导下予以确立。

阶梯（ladder）主要解决高校辅导员职业生涯规划与发展过程中所面临的各类问题。阶梯分为四个阶段：开拓阶段，高校辅导员需要确定自己的职业兴趣和岗位需求，通过各种方式提高自身的专业知识和技能，在实际工作中发挥专长，确定职业锚；奠定阶段，要求高校辅导员通过实践或培训等方式提升综合素质，加强对同事和组织的适应性以奠定事业基础；保持阶段，通过专业知识和实践经验的积累，承担更多的工作和责任，逐渐成为高校辅导员队伍的骨干力量，并对新进高校辅导员产生辐射影响；下降阶段，即职业生涯的尾期，要做好充分的心理建设，做好“传帮带”，坦然面对一切，规划自己的晚年生涯。

结合（cohesion）要求高校辅导员个人的职业发展目标与组织的目标要保持一致，通过不断拓展两者目标的深度与广度，实现个体和组织利益

① 参见郝颖《创新人才培养视角下高校辅导员职业能力提升的路径研究》，载《思想理论教育导刊》2017 年第 5 期，第 150 页。

的最大化。过程中要主动收集从事高校辅导员职业应具备的知识结构和素质、职业收入与发展路径等具体信息，建立职业发展的信息与预测系统，为高校辅导员个人职业生涯规划提供职业咨询、培训及组织保障。

三、高校辅导员职业生涯韧性强化的实践路向

职业生涯是贯穿高校辅导员整个生命周期的、与工作密切相关的经历的组合。高校辅导员职业生涯韧性强化需要同时兼顾高校辅导员自我职业生涯管理和组织职业生涯管理两个方面，要实现密切关联、相互促进。高校可综合运用 CGLC 职业发展思维，通过不断强化高校辅导员职业生涯发展意识、督促高校辅导员形成正确的角色认知，并协助其探索职业锚；通过加强教育培训及评价激励机制等途径强化高校辅导员的职业生涯韧性，协助高校辅导员达成个人职业目标，并促使其积极融入高校整体发展战略。

（一）强化高校辅导员职业生涯发展意识，建立完善生涯发展结构体系

高校辅导员职业生涯韧性的强化必须要以职业发展意识的培养与强化为前提，高校要引导高校辅导员客观合理地认识自己，了解职业发展现状，结合个人的性格、兴趣、能力、工作价值观及适应性，做好职业生涯的规划与管理。在高校辅导员生涯发展体系的建构过程中，要时刻坚持以人为本的工作理念，培育并更新高校辅导员职业发展观念，将职业的岗位锻炼与个人的发展需求相融合。另外，还要结合学校实际情况，推动完善高校辅导员晋升机制，努力做到序列单列、指标单列及评审单列，促进高校辅导员队伍梯度合理、相对稳定，并形成可持续发展力，切实发挥职业发展的导向作用。

（二）督促高校辅导员形成正确角色认知，加强职业生涯的开发与管理

高校应充分考虑高校辅导员个人现状及学校发展需要，促进高校辅导员形成正确的自我认知。结合各自不同的职业生涯发展阶段情况，构建丰富的职业发展群，发挥高校辅导员的能动性，做好体系化、制度化安排，

畅通个人成长通道。要加强对职业生涯的开发与管理，注意收集有益于自身职业发展的相关信息，关注内外部环境的动态变化，学习新知识，掌握新技能，培养和积累必备的专业技能及工作经验，促进形成科学的、发展的职业生涯规划。根据高校辅导员的入职年限、工作情况、发展速度等客观因素，将高校辅导员的职业生涯划分阶段，进行分类开发与管理。对于早期阶段的高校辅导员，要重点辅助其熟悉工作内容和职责，找准未来发展方向；而后期阶段，可以督促其深入学习，逐步向专业化、专家化方向发展，不断加深其对工作的热情和感情。

（三）协助高校辅导员确立合理的职业锚，提升团队组织依靠感幸福感

高校在完善体制机制建设、优化师资队伍结构的同时，要能够及时、主动地将学校的中长期发展思路、规划目标及人力资源开发策略等加以宣传和解读，使得师生可以充分地了解自身所处的内外部环境。高校辅导员可以根据实际的资源、成就以及遇到的问题、困难，适当地调整职业发展目标和职业锚，提升自我管理与自我发展能力。同时，高校还要积极拓展高校辅导员的职业发展空间，给有能力的高校辅导员承担教学工作的机会，鼓励高校辅导员能够将实践经验转化为理论知识，同时激发高校辅导员工作的使命感和认同感，不断提升其对团队组织的依靠感和幸福感。

（四）加强高校辅导员队伍的教育与培训，促进实现专业化职业化发展

高校要进一步明确高校辅导员的专业素养和能力要求，做好相关学科的专业化培训及认证体系构建。以思想教育学科为基础，依托教育学、社会学、心理学、管理学等关联学科，强化对高校辅导员的专业能力培养，提升其在高校党建、团建、心理健康教育、就业指导等工作中的职业素养。通过入职培训、职能培训、职业指导师认证、心理咨询师认证等，将务实型发展与专家型培育方式相结合，促进日常工作的科学化与高效化，为高校辅导员的职业化、专家化道路奠定基础。①

---

① 参见李江等《广州地区高校新辅导员职业情感的质性研究》，载《高教探索》2016 年第 8 期，第 122 页。

（五）完善高校辅导员工作评价激励机制，正向积极应对职业生涯高原

高校要不断健全和完善高校辅导员的工作管理制度，明确工作职责，强化考核激励机制。建立科学、规范的人才评价体系，形成公平竞争的激励机制和激励氛围，督促高校辅导员提高自身的竞争力，不断强化其职业生涯韧性。同时，高校辅导员在面对工作中可能产生或已经出现的困扰或烦恼时，要积极面对主动处理，及时消除或避免其产生职业生涯高原。高校辅导员要主动学会调整自己的情绪和心态，缓解工作中产生的困惑和失落，采取积极的心理暗示、改变不良的认知方式，或借助专家咨询等渠道，舒缓心中长期郁积的对于外界制度或环境的不满情绪，努力做到将个人职业生涯管理与组织生涯管理相融合，不断提升高校辅导员的组织归属感和幸福感。

第五章　多元文化语境下高校辅导员核心价值观建构理路

高校辅导员核心价值观是高校辅导员群体在长期的思想教育与管理实践中，坚定社会主义理想信念和道德标准，不断提升自身职业素养，忠实履行神圣教育和管理职责而形成的内涵丰富、反映高校辅导员时代特征、职业特色，起支配作用的核心理念、共同遵守的思想道德标准和行为方式准则。

第一节　高校辅导员核心价值观培育的基本原则

多元文化已成为当前中国社会文化的基本特征，对人们的生活方式、价值观念以及行为方式等产生了重要影响。培育高校辅导员核心价值观可以提升职业信仰与成就感、实现队伍建设稳定发展、增强教育管理工作实效。因此，高校辅导员核心价值观的建构必须契合校园文化多元化发展的时代要求、充分结合高校基层辅导员的工作实践、体现大学生思想教育的迫切要求、坚持核心价值观与个人价值观相统一；同时，要以理论学习为基本渠道、以工作岗位为主要阵地、以激励机制为工作保障、以文化发展为评价指标、以思想内化为践行目标，促进高校辅导员核心价值观的有效培育与践行落实。

高校辅导员是高校教师队伍的重要组成部分，是高校从事德育工作、开展大学生思想教育的骨干力量，是大学生日常思想教育和管理工作的组织者、实施者和指导者。随着思想文化等因素在国家和社会生活中的作用日益加强，文化多元化对社会生活的冲击也逐渐明显。传统文化与现代文化、主流文化与亚文化、企业文化与校园文化等多种文化形式的共存，给高校辅导员的思想工作提出了更高的要求，同时也给高校教育管理工作带来了巨大挑战。[①] 因此，只有在多元文化语境下探讨高校辅导员核心价值观的建构理路，才能从根本上提升高校思想工作的实际效果，促使高校辅导员树立正确的人生观、世界观和价值观。

一、高校辅导员核心价值观培育的重要性

当今时代，多元文化的产生、形成和发展给人们的学习、生活和工作带来了一定的影响。它在促进不同文化相互交融，推动国家精神文明建设的同时，也产生了不同文化间的彼此激荡与冲突，这给我国的社会意识形态安全造成了较大的冲击。目前，部分高校辅导员出现理想信念不坚定、个人主义思想突出、过于追求物质利益，以及思想活动复杂化等问题。因此，必须积极培育并践行体现时代特色和职业特点的核心价值观，才能消除意识形态方面的波动，用实际行动将社会主义核心价值观践行到实处，扎实推进高校辅导员职业化、专业化和专家化建设。

（一）准确把握自身角色定位，提升职业信仰与成就感

随着高校教育改革的深入开展，高校辅导员的角色定位正在向以促进大学生成长成才为核心的管理者、教育者、服务者方向发展。这就要求高校辅导员在思想教育的实际工作中，努力成为大学生政治社会化的引导者、思想心理问题的疏导者、校园学习生活的服务者、职业生涯发展的导航者，同时还要成为大学生为人处世的楷模、校园和谐稳定的维护者和文化传承创新的促进者。高校辅导员要胜任这些多元多样的岗位职责和角色定位，就必须注重提高自身的素质和能力，并不断优化完善素质结构。高校辅导员核心价值观可以引导高校辅导员准确地进行自我定位、规划长远的职业发展计划、有效加强个人职业信仰，并持续提升自身职业成就感。

（二）坚定职业化专业化道路，实现队伍建设稳定发展

高校辅导员是党政后备干部培养和选拔的重要来源，所以流动性大成为高校辅导员队伍中相对明显的特征，这在一定程度上导致了大学生思想

① 参见张晓平《多元文化背景下增强高校思想政治教育实效性的路径研究》，载《学校党建与思想教育》2010 年第 12 期，第 29 页。

教育缺乏实效性、连贯性和系统性。因此，高校辅导员队伍的职业化、专业化已成为其队伍建设的主要改革趋势。高校辅导员核心价值观是高校辅导员共同为之努力奋斗的价值取向，也是高校辅导员从事职业工作必须遵循的行为准则，对高校辅导员的思想道德和行为方式起着主导作用。高校辅导员的专业化发展道路要求其不断提升专业水平，以专业化巩固职业化发展方向，增强职业认同感和职业成就感，推动高校辅导员队伍实现职业化、专业化稳定发展。

（三）优化思想教育理念，增强教育管理工作实效

在当前经济全球化、政治多极化、社会信息化和文化多样化的新形势下，大学生思想教育既面临难得的发展机遇，也同时伴随着一系列新问题新挑战。新媒体技术的突飞猛进，极大地改变了大学生的生活方式、学习方式和思维方式；全球范围内的交流合作、对外研修访问、学术交流、学生交换等项目，在帮助学生开阔眼界、增长见识的同时，也对其世界观、人生观、价值观造成了双重影响。因此，及时更新思想教育理念，不断增强教育管理工作实效成为时代赋予高校辅导员的重要职责。提升高校辅导员的职业素质并强化核心价值观教育，是新形势下加强和改进大学生思想教育，维护高校改革、发展和稳定大局的基本要求和重要保证。

二、高校辅导员核心价值观建构的基本原则

《普通高等学校高校辅导员队伍建设规定》指出，高校辅导员要树立正确的世界观、人生观和价值观，确立在中国共产党领导下走中国特色社会主义道路、实现中华民族伟大复兴的共同理想和坚定信念。因此，高校要加强社会主义核心价值体系建设，积极培育和践行社会主义核心价值观，坚持“爱国、敬业、诚信、友善”的价值准则，积极推动高校辅导员核心价值观的有效构建。

（一）必须契合校园文化多元化发展的时代要求

高校辅导员的时代使命在于培养理想信念坚定、思想道德过硬的高质量人才，着力提高大学生服务国家、人民和社会的责任感、勇于探索的创新精神，以及善于解决问题的实践能力，真正培养出德智体美全面发展的

社会主义合格建设者和可靠接班人。但随着我国改革开放的不断深入，多元文化交流与碰撞使得高校辅导员在思想方式、工作方式、生活方式及其思想观念、心理状态等方面发生了新变化。[①] 高校辅导员思想工作要适应多元文化语境带来的新形势、新变化、新要求，必须通过构建新型高校辅导员核心价值观，不断增强工作的实效性，要以人文关怀、制度激励、情感沟通、创新教育活动载体为切入点，增强思想工作的影响力、驱动力、亲和力和吸引力。

（二）必须充分结合高校基层高校辅导员的工作实践

高校辅导员全面负责学生的日常管理工作，是贯彻学校办学思想的执行者，是学校与学生、家长进行沟通的桥梁。在日常工作中，一线高校辅导员不仅要负责学生的日常行为管理和思想教育，还要对学生的心理健康问题加以引导疏通。高校辅导员核心价值观的形成来源于高校辅导员教育育人、管理育人、服务育人的工作实践，是高校辅导员职业定位和职业特征的长期沉淀和积累、反映高校辅导员对人和物的总的看法和根本观点。同时，高校辅导员的队伍建设是否能够满足自身的发展需求，直接关系到高校辅导员队伍建设的长期稳定，以及高校辅导员价值观的形成与发展。因此，高校辅导员核心价值观的建构必须坚持现实关注与理想追求相统一，必须同当前高校辅导员的工作实际相结合。

（三）必须体现大学生思想教育的迫切要求

《关于进一步加强和改进大学生思想教育的意见》明确指出，辅导员和班主任队伍是大学生思想教育工作队伍的主体，是大学生思想教育的骨干力量，并且将高校辅导员定位为大学生健康成长的指导者和引路人。高校辅导员是青年学生思想问题的解惑者、心理健康的护航者、学习生活的指导者、教育管理的执行者、就业工作的帮助者。因此，培育高校辅导员核心价值观必须紧密结合当前大学生思想教育的迫切要求，着力思考在价值多元化的背景下，如何引导培育大学生社会主义核心价值观；针对自媒体时代大学生接收信息的便捷性，如何创新工作方式，增强大学生思想教

---

① 参见吴惠《多元文化视野下高校思想政治教育创新》，载《思想政治教育研究》2012 年第 8 期，第 52 页。

育实效性；如何创造性地开展校园文化建设，引领大学生课余文化生活等，这些都是当前大学生思想工作亟待解决的重大命题，也是检验高校辅导员核心价值观正确与否的重要依据。

（四）必须坚持核心价值观与个人价值观相统一

高校是培养社会主义合格建设者和可靠接班人的重要根据地，要把培育和弘扬社会主义核心价值观作为凝魂聚气、强基固本的基础工程，要继承和发扬中华优秀传统文化和传统美德，广泛开展社会主义核心价值观宣传教育。由于高校辅导员个人的生活阅历、知识水平、价值取向等存在差异，使得高校辅导员的个人价值观不尽相同。另外，高校辅导员作为社会人，也有其生存和发展的需要，受家庭、学校等社会环境的影响，会自然形成社会成员的一般价值观，诸如人生价值观、政治价值观、经济价值观、文化价值观、幸福价值观等。高校辅导员核心价值观存在于个人价值观之中，并且通过个人价值观体现核心价值观。因此，培育高校辅导员核心价值观，必须处理好高校辅导员集体和个体的关系，坚持核心价值观与个人价值观的有机统一。

第二节　培育和践行高校辅导员核心价值观的现实路径

高校辅导员是开展大学生思想教育的骨干力量，是学生思想教育和管理工作的组织者、实施者和指导者，承担着管理育人、服务育人的重要使命。在教育管理工作中，要紧密结合正确的道德认知、自觉的道德养成和积极的道德实践，自觉树立和践行社会主义核心价值观。立足教育的根本价值导向，通过教育引导、舆论宣传、文化熏陶等，使高校辅导员核心价值观内化为自身的精神追求，并外化为集体的自觉行动。

一、以理论学习为基本渠道，深刻理解社会主义核心价值观

目前，高校辅导员已成为高校教育管理中不可替代的重要岗位，并且其工作性质也越来越体现专业化的实践要求。培育高校辅导员核心价值

观，应以理论学习为基本渠道，充分发挥高校辅导员素质培训的重要作用，使高校辅导员核心价值观内化于心、外践于行。在新形势下，高校辅导员要以马克思关于人的全面发展理论为基础，认真学习习近平新时代中国特色社会主义思想、认真学习国家教育法律法规等。通过理论学习领会其精神实质与科学内涵，理解并掌握价值观理论以及我国社会主义核心价值体系的基本思想，逐步加深其对社会主义核心价值观的认同感。

要将培养高校辅导员核心价值观与学习社会主义核心价值观相结合，与高校辅导员实际工作相结合，通过高校辅导员培训、思想工作研讨会等形式，开展丰富多样的学习研讨活动，使广大高校辅导员能够正确认识高校辅导员核心价值观与社会主义核心价值体系、大学生思想教育、高校辅导员职业化、专业化、专家化队伍建设的关系，正确认识高校辅导员核心价值观的科学内涵和时代价值。另外，积极组织开展关于高校辅导员核心价值观的讨论，使其明辨价值观念，清楚价值追求、是非界限。通过深入交流学习，引领广大高校辅导员的思想观念和人生追求，自觉将高校辅导员核心价值观视作自己的理想信念和行为准则，并能够做到认真培育、广泛践行。

二、以工作岗位为主要阵地，不断提升教育管理工作实效性

培育高校辅导员核心价值观，要以高校辅导员工作岗位为主要阵地，充分发挥实践活动的育人效果。高校辅导员核心价值观确立了高校辅导员的价值观念、价值判断、内在需求和价值追求，只有在丰富的工作实践中才能使高校辅导员核心价值观转化为高校辅导员的自觉行动，即要将高校辅导员核心价值观转化为内在思想和价值观念，然后再将其转化为外部行动。高校辅导员核心价值观的行为外化就是高校辅导员个体在知、情、意一致的情况下产生的自觉行为。

实践活动的育人作用就是基于实践的观点形成育人理念，在理论知识和间接经验的基础上通过实践活动进行的道德培育和品质塑造过程。一方面，高校辅导员工作实践是验证高校辅导员核心价值观内容正确性的必然途径，在理解高校辅导员核心价值观科学内涵及其意义之后，再将其投入高校辅导员日常工作当中，创新学生管理模式、关心学生学习生活、关注

学生心理健康；另一方面，高校辅导员也只有在公平公正开展评优评先、奖助学金评选、学生资助等实践中才能将高校辅导员核心价值观落到实处，并提升教育管理工作实效性。

三、以激励机制为工作保障，强化落实高校辅导员队伍建设要求

培育高校辅导员核心价值观，应以激励机制为工作保障，积极落实高校辅导员队伍建设的保障规定。高校辅导员是大学生思想教育的骨干力量，其身处大学生思想教育的第一线，任务繁重且责任重大。高校辅导员流动性大、队伍结构不协调的现象相对突出，究其原因无外乎缺乏职业认同感、不能实现自身价值，但根源在于高校辅导员切身利益缺乏强有力保障。因而，制定并执行有效的激励保障机制对高校辅导员核心价值观的培育和发展至关重要。

《普通高等学校高校辅导员队伍建设规定》明确指出，高校辅导员可以选择专业技术职务和行政职务“双肩挑”的职业发展道路。因此，要充分调动高校辅导员工作的积极性和创造性，畅通高校辅导员发展和晋升空间，促进高校辅导员队伍稳定发展，而且还要创造良好的政策环境，努力解决高校辅导员的出口问题。总体看来，高校辅导员队伍建设需要整体构建科学的准入机制、有效的保障机制、公平的评价机制、系统的培养机制，以及完善的发展机制，从而确保高校辅导员队伍建设的长期稳定性。

四、以文化发展为评价指标，促进高校多元化文化体系建设

校园文化是高校发展的灵魂，是学校历史和大学精神的积淀，是大学在长期办学实践中形成的共同遵守的道德信念和价值标准。它是凝聚人心、展示形象，并且提升文化精神的重要体现，对高校辅导员核心价值观的形成和偏向有着较为显著的指导作用。多元化发展的校园文化体系是培育高校辅导员核心价值观的重要载体，能够使高校辅导员的精神世界和精神需求得到合理的定位并实现应有的价值。因此，建设社会主义核心价值体系引领下的校园物质文化、精神文化，以及制度文化是高校辅导员核心

价值观确立过程中必不可少的重要支撑环节。

校园物质文化表现出校园整体精神，反映了一定的教育价值观，它以一种无形的力量渗透于高校辅导员的思想教育及管理活动中，是高校辅导员核心价值观形成的基础条件。校园精神文化是通过学校成员共同的实践活动，经过历史的积淀、选择、凝练发展而成，是激发高校辅导员核心价值观形成的内在动力。校园精神文化所传载、倡导的道德价值赋予高校辅导员特有的个性魅力，是高校辅导员核心价值观形成的文化核心。制度文化是校园文化建设的保障系统，体现着学校成员的思想意识、价值观念。学校各种制度对高校辅导员核心价值观的形成不仅起着导向、约束、矫正、激励、保障作用，而且学校的管理体制是否民主、集体生活制度是否健全、各项规章制度是否合理都对高校辅导员的政治品质和道德品质的形成产生重要影响，是高校辅导员核心价值观形成的制度保障。

五、以思想内化为践行目标，实现高校辅导员综合素质全面发展

高校辅导员核心价值观内化是高校辅导员在工作实践中，通过对高校辅导员群体抽象的职业理想、职业使命、职业信念、工作理念、专业素养等价值观念的理解和认同，并将其转化为高校辅导员内在的人生行为准则、价值目标和动力源泉，直至成为高校辅导员自己人格一部分的过程。高校辅导员核心价值观的内化主要影响因素有个人的理想与利益需求、学校的管理与引导、社会环境的支持与肯定等。因此，需要从政策、制度、环境等路径进行内化。

政策是将核心价值观具体化、实践化的手段。只有将核心价值观融入具体政策中，并与高校辅导员个体利益密切关联，才能使其个体利益在得到满足后，形成核心价值观的内在认同。高校要不断创新高校辅导员管理和发展机制，形成良好的工作氛围和环境，以激发高校辅导员核心价值观的内化。再者，环境是人生存发展的外部条件，对人的成长发展有着重要的催化或抑制作用。通过对高校辅导员所处的各种环境的营造，从而加深高校辅导员对核心价值观的认同，提高高校辅导员践行核心价值观的动力，以期实现高校辅导员综合素质的全面提升。

第六章　实践智慧：高校辅导员思想政治工作适应与超越的现实路径

自媒体时代，“互联网+”成为高校思想政治工作的“最大变量”，同时也是“最大增量”，这就要求高校辅导员要主动培养实践智慧，充分运用自媒体技术平台，从线上到线下形成同心圆，凝聚网络正能量，积极唱响时代主旋律。

第一节　高校辅导员思想政治工作的适应与超越

高校辅导员肩负培养新时代建设者的伟大使命，在日常思想工作中要围绕学生、关照学生、服务学生。要把握实践智慧的内在特征及生成逻辑，不断增强思想工作的领导力、感染力及亲和力。强化问题意识与超越思维，加强自我剖析与过程监控，整合搭建学习研究共同体，促进素养提升与长效联动，主动将理论与实践相结合，为实践智慧的生成创造条件、提供路径，积极以自身的适应与超越促成学生思想水平的有效提升。高校辅导员是高校开展思想工作的骨干力量，在日常工作中要注重把握学生成长规律，围绕学生、关照学生、服务学生。习近平总书记强调，好的思想工作应该像盐，最好的方式是将盐溶解到各种食物中自然而然吸收。因此，高校思想工作要注重主动性、针对性和有效性，要将思想教育“溶”于实践、用于实践，才能润物细无声、良久有回味。当前互联网革命中涌现的微信、抖音、唱吧、喜马拉雅 FM、表情包等网络社交平台及交流方式，以其新颖时尚、“短、精、快”、发布主体大众化等特点，已成为人们传递信息、表达想法的主要工具，深受青年喜爱；同时，慕课、课程直播等新兴教育方式也让传统的思想教育逐步突破时空限制，让知识走出课堂、引向实践。在面对自媒体时代复杂多变的教育情境和突发事件时，高校辅导员要充分利用好自媒体工具，培养和提升个人实践智慧，适应并超越“事”“时”“势”，才能不断增强思想工作的科学化、专业化水平。[①]

一、高校辅导员思想工作的适应与超越

思想工作是教育者根据教育对象的思想基础及发展需求，依照一定的思想价值、道德标准及政治规范，通过多种信息载体、方式方法的综合运用，对教育对象实施的有目的、有计划的政治、思想、道德影响的过程。思想观念的形成是基于对社会信息的集成、传播与衍生，经历“初步形成—比较筛选—持续巩固”周而复始的循环过程后，从而产生的对社会关系的整体认知甚至坚定信仰。在此过程中，由于自媒体介质的碎片化、扁平化和无边际化等特质，使人们逐渐模糊了媒介与信息之间的界限，尤其增加了对信息的审视、分辨及甄别难度，从而直接导致受众思想观念的零散性和无权威性倾向，同时也影响了其思想观念的形成、变迁及固化方式。

“适应超越规律”是贯穿于思想教育全过程的基本矛盾，思想工作“既要适应受教育者思想品德现有水准、适应对象思想品德发展的需要，又要超越现在的水准，将其逐步提高到社会要求的水准上来，使其通过自身思想内部的矛盾运动，形成符合社会要求的思想品德”[②]。因此，高校辅导员思想工作要主动适应学生不断变迁的思想行为实际和社会变化需求，积极提升自身的工作效率及水平，推动形成在适应中育超越、超越中再适应的辩证统一关系，最终以自身超越促成学生思想水平的整体超越。

另外，自媒体对高校辅导员思想工作的影响需要辩证、系统地审视对待。一方面，自媒体技术快速便捷地推动了思想工作对主流价值观信息的汇集、传播及作用发挥，也满足了高校辅导员与学生之间随时随地双向互动的沟通需求；另一方面，自媒体的“无边界性”使得思想工作所处的教育环境及工作场景更加复杂，要做到准确、高效地剖析问题，并引导学生形成正确的思想观念就显得极具挑战。因此，探索高校辅导员如何通过

---

① 参见王海宁《高校辅导员工作研究中的问题导向与问题意识探赜》，载《思想理论教育导刊》2022 年第 1 期，第 136 页。

② 张耀灿：《思想政治教育的特点和规律探析》，载《思想理论教育》2005 年第 2 期，第 35 页。

实践智慧的运用超越自我及外界的束缚，达到“运用自媒体技术使工作火起来”并“增强时代感和吸引力”的工作要求，这既是高校思政工作之要也是自媒体时代所需。

二、高校辅导员实践智慧的适应与超越内蕴

相比于注重事物本质、必然性及普遍性的理论智慧，实践智慧则更多地聚焦于人的行为、活动及伦理。康德认为，实践智慧是通过产生善良的意志，从而对意志给予影响力的能力。罗伯特·哈里曼则将实践智慧理解为一种特殊的理智模式，是处理与善恶相关的偶然性事务的实践推理能力。因此，从本质上说，实践智慧是一种实践知识、实践推理形式的存在，内在于人并作用于实践过程，凝结着体现价值取向的德行，能够使人们在实践生活中知道“该做什么”以及“如何做”的知识与经验。作为典型的实践工作者，高校辅导员实践智慧源于与学生交往过程中的实践经验，基于实践、发展于实践并应用于实践，实践性与道德性相得益彰。也正由于实践智慧是伴随着学生工作的实践产生，所以其本身并非一成不变，而是随着学生工作中遇到的各种不确定性和挑战性的加强而不断地升级和更新，而且也很难有一种既定的模式能够培育形成两种完全相同的能力结果，其动态生成性无法预估。另外，不同习性的高校辅导员面临充满各种不确定因素的教育实践情境，以不同学科背景、教育理念、价值观念等为指导，在不同个人经验的基础上，自然会呈现出独具个体特性的人格魅力与性格特质，实践效果因人而异。再者，高校辅导员的实践智慧跟教育情境紧密相连，在很大程度上很难用语言进行清晰地表述、传递和分享，它内化于个体的认知结构之中，通常以隐蔽、缄默的形式在教育实践过程中发挥指导作用，因此其具有缄默性实属必然。

“做好高校思想工作，要因事而化、因时而进、因势而新”，要让马克思主义成为高校最亮丽的底色。在日常教育实践过程中，各种教育情境与处理问题的复杂程度不一，高校辅导员的工作态度、方式方法等受到自身知识积累、个人情感、认知判断以及过往经验等多重因素的综合影响。因此，在自媒体时代背景下，高校辅导员必须具备更多的实践智慧以应对繁杂的学生工作实践，通过持续不断地适应、超越、再适应、再超越，从而实现在“多元中立主导、多样中谋共识、多变中定方向”。而高校辅导

员对于教育实践的总结、归纳与反思是促使其成为经验型高校辅导员进而转向专家型高校辅导员的必备特质，同样也是其实践智慧生成的关键环节。

（一）适应多变的前提：坚定的教育信念

“理想指引人生方向，信念决定事业成败。”教育信念是高校辅导员对教育事业本身所持有的高度信仰，体现其个人所认同的教育理念、教育思想及观念等，是高校辅导员践行道德品性的内在动力。尤其在复杂多变的自媒体时代，高校辅导员的教育信念状况直接关涉思想工作的实效、意识形态阵地的建设以及立德树人根本任务的完成。良好的教育信念促使其产生科学的职业价值，要求高校辅导员把教育学生、影响学生并使其获得源于内心的道德互动与认同作为教育的应有之义，把与学生平等、互益地开展实践活动并构建共赢、共生的学习场域作为教育的重要路径，尊重学生的个性、想法及需求，充分发挥学生的智慧潜能，共同构成高校辅导员实践智慧生成的内在必要前提。[①] 高校辅导员自身要先树立崇高的教育信念，通过言传身教成为学生的活教材、真样板，才能激励学生自觉把个人理想融入民族复兴的伟大事业，积极树立远大志向，勇做时代的奋进者、开拓者。

（二）智慧成长的基础：扎实的知识积累

实践智慧的生成与日常知识的积累紧密相连，同样，高校辅导员的实践智慧在不断获取知识的过程中得到开启与提升，在各类实践与矛盾的复杂环境中得以凝练与强化。高校辅导员应具备的知识结构是综合性的，既需要马克思主义、思想教育等理论知识帮助构建其教育者的角色，还要通过管理实操锻炼塑造实践技能支撑其“互联网＋”管理者、“互联网＋”服务者角色。因此，高校辅导员在日常工作中不仅需要注重教育学、心理学、管理学、计算机、新闻传播、职业生涯规划等基础理论知识的积累和学习，还要充分认识实践知识与情境知识等对工作成效的促进和影响。通过对工作实践中教育现象与教育问题的感知与诊断、各学科理论与实践的

---

① 参见宋立华《实践哲学视角下教师倾听智慧及其生成策略》，载《教育理论与实践》2019 年第 4 期，第 40 页。

联通与互动，高校辅导员才能形成实践智慧成长的强大动力与坚实基础。

（三）自我突破的路径：协同的学习方式

高校辅导员实践智慧的生成不仅需要个体自身的学习、实践和探新，还需要组织集体的交流、研讨与助推。尤其对于教育管理中发现的矛盾、难点和困惑，更需要集体的智慧共同关注和解决。高校辅导员团队应以一致愿景为纽带，以知识整合研讨为契机，协同互助、相互启发，将个人零散的、非系统的知识加以归纳总结、梳理凝练，以共享形式促进隐性知识显性化，不断突破自我激发智慧创生，才能适应新形势并超越新时代。通过召集拥有共同学习意愿、研究兴趣和发展愿景的高校辅导员，以学习共同体形式，有针对性地研究和商讨学生思想教育、创新创业等与学生发展密切相关的实际问题，积极开展思想教育课题项目研究及学术论文撰写，并将集体的研究成果应用于高校辅导员的日常教育实践，助推高校辅导员的工作实效提升，坚持自我突破，不断强化职业生涯复原力。

（四）持续超越的关键：深刻的实践反思

适应是为了超越，超越是适应的目的。高校辅导员保持持续超越的关键必定要归于实践。实践是检验真理的唯一标准，实践探索是验证工作成效、推进工作创新、生成实践智慧的必由之路，而总结反思则是积累工作经验、深化理论涵养、提升职业素质的必需重心环节。理论与实践有机结合才能产生实践智慧，而思想教育实践正是高校辅导员成长和进步的肥沃土壤、阳光雨露。高校辅导员实践智慧中含有大量如判断力、领悟力、决策力、执行力等缄默知识无法用言语传达和表述，更难用文字进行固化、描写和传授，只能依靠高校辅导员在教育实践中不断地尝试、探索、反思和领悟，以批判的眼光审视自己的教育实践过程，通过对自己惯性的教育行为和依据进行深刻、理性地解构与重建，才能持续地推动自身专业化发展建设。

第二节　高校辅导员思想政治工作实践智慧的现实超越

高校大学生思想工作要把握好“变”与“不变”的辩证规律，变化的是工作的平台、技术和手段，不变的是对学生成长成才的期盼，对真理、真善美的实践追求。高校辅导员实践智慧的生成与超越需要遵循一定的理论逻辑和前置条件，并且要在具体的教育实践中加以运用和培养。要通过实践工作的持续变革与创新，锤炼提升实践智慧，不断适应并超越，增强思想工作的领导力、感染力及亲和力。

一、注重提升适应能力，强化问题意识与超越思维

马克思主义认为，全部社会生活在本质上是实践的。因此，要从理论与实践的“育人场”、理想与现实的“作用域”、供给与需求的“矛盾体”中探寻问题来源，从“真”与“伪”、“实”与“虚”、“新”与“老”等维度剖析问题本真，注重强化学科理论素养，坚持问题意识及导向，切实运用实践智慧解决好思想工作现实问题。要着力提升高校辅导员的工作适应力及理论学习成效，以新形势下高校辅导员日常工作实践中的现实问题为分析对象，融合应用思想教育基础理论，拓展高校辅导员理论知识结构，强化问题意识和超越发展思维，注重分析解决实践工作中的重点和难点，促使其不仅知其然，还要知其所以然，充分满足高校辅导员思想教育实践工作需求，为实践智慧的生成提供扎实的先决条件。

二、高效切转工作模式，加强自我剖析与过程监控

自媒体时代拓展了师生“面对面”的沟通形式，实现了“键对键”的教育情境，要求高校辅导员在工作中要多实践、常反思，线上线下高效切换。实践反思是高校辅导员运用专业的知识和理论检视过往教育过程中的语言、行为和决策的合理性和科学性，审视思考其中可能存在的问题及改进方向，重新归纳梳理整合形成工作案例或反思日志，用以指导和辅助未来工作开展，推进教育实践由自发性向自觉性转变，同时助推高校辅导员强化对自身的再认识，促进实践智慧的生成与发展。工作模式高效切转过程可归纳为：将个人习得的理论知识实践运用于教育对象——在教育情境中迅速判断、合理决策并行动——对教育过程进行反思归纳，形成特定条件下的现实理论——将现实理论应用于具体实践并重新发现问题解决问题——开展新一轮实践反思，如此循环往复，同时注重过程监控，实践智

慧自然形成，并且有助于高校辅导员逐渐实现专家化、职业化蜕变。

三、探索优化成长进阶，整合搭建学习研究共同体

高校辅导员有充足的机会和条件开展实践问题研究，首先，实践工作的开展为其提供了丰富的现实问题和素材，为高校辅导员问题意识的培养与锻炼提供便利；其次，对于问题和困难的具体解决方案，可以在实际的工作情境中予以论证和检验，同时促进实践知识的产生和积累；最后，将理论知识指导应用于实践，其本身就符合学习研究的基本思路，将其过程进行规范化地修正与论述，即形成具有科学性和推广性的研究成果，这既是高校辅导员实践智慧的结晶体现，同时也是相关学科理论建构的有效依据。另外，高校普遍存在的辅导员研修模式一般以基于理论逻辑的学科知识培训和基于经验逻辑的实践工作交流两种形式为主。前者虽能满足高校辅导员对理论知识的进一步继续教育的追求，但不能有效解决现实情境中遇到的问题和矛盾；而后者虽然贴近思想工作实际，但容易陷入浅层次的经验交流或策略移植，缺乏理论层面的深度引导和分析。因此，高校辅导员实践智慧的提升需要理论与实践的双重砝码，通过整合搭建以解决问题为导向的研究共同体，不断探索优化研修模式，才能为高校辅导员的成长与发展提供助力。

四、增强综合实践技能，促进素养提升与长效联动

实践智慧可以使高校辅导员具备敏锐的洞察力，能够预测新形势复杂情境中各种问题或突发事件发生的可能，准确把握化解问题和矛盾的时机，妥善解决困难、处理突发事件，并与学生产生心灵的沟通与互动。在具体的教育情境中，高校辅导员的实践智慧还体现于沟通言语表达的准确性与规范性、身体姿势的适当性与合规性，以及尺度分寸把握的恰当性与合理性等；应注重使用谈心谈话方式，通过学生面部表情、言语反馈和行动倾向，识别学生的内在情绪及态度变化，以判断思想工作的现实成

效。[1] 当代大学生自信乐观、有理想、有活力，但自我、倔强的性格也比较明显，容易受到线上线下各种无形的诱惑影响，这给高校辅导员开展思想工作带来了挑战。而当他们在现实中碰壁或遭遇挫折，很容易产生对他人或社会的苛求心理或情绪，这也无形中增加了思想教育的难度。对此，高校辅导员可以通过创设适当教育情境的方式，营造轻松愉悦、平等和谐的沟通氛围，综合运用多种教育方法和手段，让学生能够运用自己的智慧走进社会并接纳社会。同时，对于高校辅导员本身来说，也只有通过教育实践使自己走进学生的内心世界，与学生真实的自我进行长期有效地良性互动，才有可能不断地获取智慧和灵感的体悟与感动，从而增长自身的核心素养并提升内在的实践智慧。

---

① 参见冯培《高校辅导员新时代角色定位的再认知》，载《思想教育研究》2019 年第 5 期，第 99 页。

第七章　高校辅导员职业生涯发展的实践智慧进阶

第一节　“一站式”学生社区教育场域构建

“一站式”学生社区是高校加强党建引领、深化“三全育人”综合改革的重要载体，也是新时代思想政治工作拓展创新的有力抓手。学生社区着重吸引党政领导力量、思政力量、管理力量、服务力量等，着力构建教学管理服务相融、师生同成长共发展的创新教育场域。为了充分调动师生参与建设的积极性，促进学生社区协同育人效果的提升，同时尽可能地减少场域位置及平衡体系的变动对教学效果及学生学习心理产生的影响，应从传播学视角对其进行逻辑分析及动态研究。要通过全过程思政融合，增强筑牢教育传播意识；促文化共建共享，凝聚提升教育传播能力；高质量融媒互动，聚合重构教育传播媒介；多维度场域交融，巩固强化教育传播效果等，全面提升学生社区教育传播的精准度和效能，形成“同场域、同频率、同成长”的良性互动格局。

党的二十大报告强调，要“坚持教育优先发展、科技自立自强、人才引领驱动，加快建设教育强国、科技强国、人才强国，坚持为党育人、为国育才，全面提高人才自主培养质量”。高校肩负全面贯彻党的教育方针、切实落实立德树人根本任务的重要使命，是实现中国式高等教育现代化的必然依托。作为高校教育职能延伸的坚实阵地，学生社区不仅是所有宿舍空间的综合呈现，更是各类社会关系的交织汇集，是高校加强党建引领、深化“三全育人”综合改革的载体，也是新时代思想政治工作拓展创新的抓手。“一站式”学生社区建设着重将高校领导力量、思政力量、管理服务力量等引导至学生社区，着力构建教学管理服务相融、师生同成长、共发展的创新教育场域，这也是当前形势下我国高校进一步深化教育改革、推进协同育人的重要探索。

一、学生社区的发展及“一站式”建设意义

“社区”一词最早由德国社会学家滕尼斯提出，他认为社区是具有基本相同价值观或价值取向的人组成的社会共同体，人们在其中相互帮助、相互照顾，从而使不同社会关系网密切交织，最终实现其基本相同的社会利益。后来，随着研究视角及研究方法的差异，社区的概念尚未完全达成统一，但从功能角度出发，学者将其定义为因共同利益或共同目标而组成的社会关系或团体。当前，历经多次高等教育改革后，学生社区的理念逐渐为更多人所接受，同时各高校学生社区也呈现一些共性特征：地域分布与教学区分隔，具有相对独立性和特殊性；学生食堂、活动场所、商业网点、公共空间等分布于各园区之中；园区内侧重于自我教育、自我管理，受干预较少，且内部成员的归属感较强，通常以“苑”“园”或“区”命名。

2004 年，《关于进一步加强和改进大学生思想政治教育的意见》（中发〔2004〕16 号）指出，高校要将思想政治教育工作引入社区，充分发挥学生自身的教育管理服务能动性。随着我国高等教育迈入普及化阶段，高校大类招生、大类培养等教育改革稳步推进，学生在学生社区学习、交流、生活的需求也在日益提升，学生社区的育人阵地作用也随之凸显。2019 年，教育部委托北京航空航天大学等十所高校开展“一站式”学生社区建设试点，要求社区配备充足的党建和思想政治教育资源、学生公共活动场地、校园文化建设园地、网络信息空间等。2021 年，教育部又通过思政网云平台鼓励有条件的高校自主建设“一站式”学生社区。2022 年，在教育部思政司工作要点中明确提出，要全面开展“一站式”学生社区综合管理模式建设，争取覆盖 1000 所左右的高校。

与传统的学生社区或学生公寓建设相比，“一站式”学生社区更加注重强化党建引领作用，将党的领导和建设深入到社区一线，将党建工作落实到学生生活最前沿，不断筑牢学生意识形态思想防线，把握意识形态工作的主导权、话语权，重点维护学校工作的安全稳定。另外，“一站式”学生社区建设遵循“一线规则”，着重引导党政干部、专业教师、思政队伍等进驻社区，充分满足了学生学习、生活、实践等多重发展需要，是对学生第二课堂实践的创新延伸，对于强化学生政治认同、情感认同、文化

认同等具有显著推动作用（严明，2022）。“一站式”学生社区缩短了育人的空间距离，实现了多主体的空间联动，是高校治理结构的重塑，对推进高校治理能力现代化具有重要意义（周远，2022）。要用共治思维驱动多元主体协同，互联网思维驱动治理效能提升，形成共建、共享、共通、共融的新型师生共同体（王懿，2022）。因此，要积极构建学生社区建设的空间整合机制、主体聚合机制、服务融合机制以及技术支撑机制（史龙鳞、陈佳俊，2021），充分认识“一站式”学生社区建设的意义与价值，着力将学生社区建设成为党的领导的重要载体、践行高校教育管理服务“一线规则”的有力抓手、防范各类安全稳定风险挑战的前沿阵地以及培养中国特色社会主义时代新人的创新场域。

二、“一站式”学生社区教育场域的内涵

（一）场域的基本概念

场域，是在各种位置之间存在的客观关系的网络或构型。场域运作和转变的原动力在于其结构形式，根源于场域中相互面对的各种特殊力量间的距离、鸿沟和不对称关系。正是由于各种积极活动的特殊力量决定了场域内部各种特定的资本，也只有在与一个场域的关系中，这种资本才能够得以存在并发挥作用。若外在因素想要对场域内的行动者产生影响，则只有通过场域的特有形式或力量的特定中介环节才能起作用，即产生影响的前提是要预先经历重新塑形的过程。对于一个场域来说，每一个子场域都具有自身的逻辑、规则和常规，它们自成一体，相互之间频繁地影响与互动，呈现出较为明显的开放性和复合嵌套性。作为场域理论的重要研究对象，教育场域也是一个内部相互作用、相互影响而形成的平衡体系，是一种自然的、必要的社会结构平衡。教育场域内的各个行动者通过不断地竞争达成一种相对的动态平衡。因此，构建教育场域就要清晰地辨别场域中各自运作的特有资本形式，必须明确教育场域运作和变化的特定逻辑。

（二）“一站式”学生社区教育场域的逻辑

“一站式”学生社区建设站在培养德智体美劳全面发展的社会主义建设者和接班人的高度，结合学校发展战略及人才培养目标，以创新思维驱

动学生社区从生活场域向教育场域升级。学生社区汇聚了学校专业教育、素质教育、思想政治教育及实践教育等各类教育教学资源，推进各方育人力量聚合协同，共同打造具有社区特色的综合教育场域。学生社区在发展建设过程中，逐步形成了“专业教师下社区、通识教师进社区、辅导员住社区”的工作机制，利用学生社区生活化公共空间资源，开展小班化教学、定制化培养、个性化辅导，提供学分制、菜单式课程选择，提升了师生之间的黏度，促进教学相长、共学共进。通过优化学生学业评价、综合素质评定及评价标准，突出学生自评及过程性、综合性考核，以学生为中心推进“第一课堂”与“第二课堂”无缝对接，实现教育教学双向协同育人。另外，“一站式”学生社区还构建了“学校—社区—楼栋—宿舍”加“片区长—楼长—住楼辅导员—寝室长”横纵交织的网格化管理体系，尤其在党政领导、辅导员、班主任等管理力量向一线倾斜的政策指引下，加强宿舍走访沟通、提升社区管理温度、关照学生成长发展等措施为学生社区打造安全稳定、和谐邻里的管理场域提供了便利。

在传统的高校教育管理模式中，院系、年级、班级的划分相对涵盖并固化了学生的大部分学习生活，学生进入大学阶段也会相对自然地适应班级模式的管理和组织，学生社区经常被惯性地理解为生活休息的自由之地。而在“一站式”学生社区重点建设的大趋势下，各类学业导师、行政力量、文化活动等涌入学生社区，教育场域的结构变化及冲突可能会给大学生带来心理上的困惑和焦虑，而且本班级相对单一的文化秩序和所住社区各专业融合的交流互动也会使得学生经常难以选择，内心的归属感和满足感逐渐削弱。加之当前社区教育载体和设施建设相对薄弱，一定程度地阻碍了社区成员参与教育教学的积极性，对学生社区的教育效果产生直接影响。因此，作为传统学生社区教育场域的“入侵者”，各类教育资源的“引入人”要充分地认识到，“一站式”学生社区教育场域的构建并非简单地将“第一课堂”由教室转移至学生社区的物理空间置换，也不能直接地将“第一课堂”教育场域中的教师角色原封不动地搬至学生社区教育场域中使用，否则持续的教育场域失衡及“入侵”可能会对学生的学习、生活心理产生冲击，影响学生的学习状态及教育效果。因此，对于当前处于探索推进阶段的“一站式”学生社区建设，运用传播学理论对相关场域的参与者行为进行分析，以知识和价值观等的传播者、媒介及受传者身份解释教育场域中可能出现的资本形式及位置变化，并依此给出推动教育场域尽快达成另一动态平衡的现实路径应该会更加科学合理。

三、“一站式”学生社区教育场域构建的传播学解析

“教育是国之大计、党之大计。培养什么人、怎样培养人、为谁培养人是教育的根本问题。”从传播学角度看，教育传播是教育者按照一定的目的和要求，通过有效的媒介渠道，将知识、技能、思想等经选择的信息内容传送给特定的教育对象的活动。受到当今互联网快速发展的影响，在“一站式”学生社区教育场域中，教育传播的观念已经从主要满足教育者的需要转为满足受教育者的需求，教育者对传播过程的控制力有所减弱，权威性也受到挑战。教育信息全过程数字化，其趣味性和新鲜度有所提升，但真实性和可信度明显下降。教育媒介由单向交流媒介向双向、多向转变，传播的广度和深度不断加强。受教育者的主体性得到充分的发挥，同时也会参与到信息的生产和传播中，转而成为信息的传送者。

传播的过程一般包括：传播者—编码—信息—媒介—信息—译码—受众。根据罗密佐斯基的双向传播模式理论，在“一站式”学生社区教育场域中，教师编码、学生译码的同时，教师也在译码，学生也在编码。教师把教学信息转化为符号（图像、语言等）加以传播，学生从符号中获取信息的同时，也把自己的信息（有疑惑、理解了等）转化为符号（摇头、微笑等）传播出去，教师再从中获取信息……教育传播活动依此循环往复进行。其中，传播过程中的噪声不仅会改变信息内容，降低传播质量与效果，而且对传达和反馈过程中的任一要素和环节都会产生影响。

（一）“一站式”学生社区教育场域的控制分析

作为传播活动的发起人和传播内容的发出者，传播者控制着传播内容的质量、数量、流向和流量，对传播内容带来的作用及影响起决定作用。自我传播是人们头脑里“主我”和“客我”之间的信息交流活动，往往具有自为性、内在性和隐蔽性。而人际传播则主要在于人们相互之间借助语言和非语言符号互通信息、交流思想感情等，信息反馈的直接性、及时性和集中性特征最为明显。“一站式”学生社区要求全面践行“一线”规则，推动领导干部深入一线、职能部门前移一线、机关干部走进一线、学

工队伍干在一线，教育资源要以学生为中心进行“一线”配置。因此，在学生社区教育场域中既有学生自学或自行思考产生的自我传播，又有同学之间、教师之间、师生之间互动教学、协作学习而发生的人际传播。而在人际传播过程中，为了最大限度地减少场域变化可能引起的不适应，或为了使教育资源的“引入人”快速融入学生社区场域之中，教育者可优先向学生传播一些其所能接受、熟悉或者喜欢的观点或想法，然后再将自己的观点或想法融入其中，即充分地利用“名片”效应消除受众的防范心理，使其在心理上将传播者定位为“自己人”，以减少传播障碍，避免可能出现的矛盾。

（二）“一站式”学生社区教育场域的内容分析

威尔伯·施拉姆（1971）将传播定义为“对一组告知性符号采取同一意向”，是“一个心灵影响另一个心灵的全部程序”（沃伦·韦弗，1949）。符号是传播过程中的重要因素，是载送信息的代码，通过作为符号载体的媒介把一个对象和一个意义联系起来，而“同一个符号对两个人可能有完全不同的含义”（Sevefin & Tankard，1985）。受教育者常常会以自己的特性和心理来理解和推断外界事物的含义，即存在投射效应。“一站式”学生社区着重打造党建引领创新平台，推动落实主题教育进社区、文化交流进社区、学业辅导进社区、实践教学进社区，传播内容丰富且涵盖范围较广。因此，教育者需要将传播内容进行清晰化、精细化处理，通过精准、明确的教育传播符号转化，为学生提供相对容易理解的信息。同时也要运用多种教学技术尽可能地减少或避免外界噪声对传播过程及传播内容产生的影响，便于学生精准地解译和接收传播信息。

（三）“一站式”学生社区教育场域的媒介分析

根据阿尔伯特·班杜拉的社会认知理论，人们处理、记忆、编码信息的能力主要包括象征化、自我治理、自我检视以及“感同身受”四个维度。其中，传播媒介通过连接个体与社区共同体、社会网络间的关系，促使人们不断追求自我创新和个性化。而传播环境是媒介生存发展和传播活动进行的基础和条件，传播者要想通过传播改变一个人的态度、认识和行动，就要综合考虑受传者的个人特性及其所属的群体特点和环境因素。在“一站式”学生社区建设中，教育媒介的作用主要是创设教育情景，并作为辅助教学的工具，通过建设国防教育、传统文化、国际交流、社情民情等社会实践考察基地，以社区与社会充分融合的形式优化传播环境，使学生在身临其境中得到体验，促进提升教育传播效果。学生社区着重打造功能多元、品类多样的公共物理传播空间，建设以读书阅览、学业辅导、文化交流、生活休闲为主要功用的社区地标，建立基于大数据集成分析的智慧社区服务平台，融入智慧校园信息化建设，打造涵盖党建引领、文化教育、志愿服务、科创实践、就业指导、心理咨询等模块的线上“一站式”服务大厅，推动“指尖办事”“线上教学”，促进实现传播媒介信息化、多元化、智能化。

（四）“一站式”学生社区教育场域的受众分析

通常情况下，教育传播中的受众会主动地接收信息、译码、输出并反馈信息，具有明显的目标性、主动性和选择性。而由于场域中的参与者一般会存在依赖、合群、协作的心理，那么对信息传递、人际互动具有某种影响力的意见领袖就会起到重要的作用。意见领袖可以促进受众正确地理解、消化媒介信息，他们可以对信息进行加工和解释，并将信息扩散、传播。因此，意见领袖能够在一定程度上支配或引导受众的态度和行为。为了充分实现学生在“一站式”学生社区建设中的自主性价值，学生社区会依托自我管理委员会、楼栋党支部、楼委会、学生会、志愿者、勤工助学岗等发动学生自主设计、创新开展各类学习、文化、体育活动等，参与宿舍文化建设及公共事务管理，构建各具特色、丰富多彩的子教育场域品牌。

（五）“一站式”学生社区教育场域的效果分析

辐合传播模式（罗杰斯、金凯德；1981）阐释了参与者 A、B 相互传播信息的辐合过程。A、B 双方通过信息交换而联结，以创造、分享信息的形式赋予信息意义，便于实现相互理解的互动传播循环过程。A 和 B 可以是向着同一点同时移动，也可以是一方向着另一方靠近。而其中 A、B 重叠的部分代表已经实现相互理解的内容或程度。按照伊丽莎白·诺尔纽曼（1974）的观点，如果想要达到“一站式”学生社区强大的传播效果，需要遵循以下重要原则：在一段时间内，教学信息反复传播会比一次性传播更有效；教育传播的目标要非常明确；须选定特定专门的传播受众；对于学生社区大众传播而言，累积性、普遍性和协调性的传播比各自为政的效果更加深远。

德弗勒和鲍尔－洛基奇（1990）的波纹效果始于旋斗上端的媒介在社会中的位置，贯穿于媒介系统与各社会系统、组织和人际网络的依赖关系，直到个人的整体相关联，高层的效果变化必将影响所有底层相互之间的依赖关联。“一站式”学生社区邀请党政领导干部、时代楷模、劳动模范、大国工匠、专家学者等走进社区，以传播者的身份分享社会实践经验、行业建设成果以及最新政策法规等，需要考虑宏观方面的信息内容如何精准地传播影响微观的学生，尤其由社会层面进入高校学生社区的传导效果需要重点设计和观照。

四、“一站式”学生社区教育场域构建的现实路径

教育传播不仅是交换和传递信息的过程，而且是促进受教育者实现德智体美劳全面发展的过程。高校要将学生社区环境育人、实践育人、管理育人、服务育人等功能相结合，借助体验式、浸润式、滴灌式的主体间性教育，将“一站式”学生社区建设成为功能系统、内涵丰富的第二课堂育人体系。通过增强筑牢教育传播意识、凝聚提升教育传播能力、聚合重构教育传播媒介、巩固强化教育传播效果等路径扎实构建“一站式”学生社区教育场域。

（一）全过程思政融合增强筑牢教育传播意识

“一站式”学生社区教育场域构建要充分发挥党政领导、专业教师、辅导员、管理人员及学生等所有成员的主体性和积极性，多渠道宣传教育，增强筑牢集体教育传播意识。作为教育传播的“把关人”，教师要结合课程思政的教育理念，精心设计各类教育传播场所、筛选并优控各种教育信息、着力培养学生控制自己和管理环境的能力，形成互动融洽、团结协作的教育场域氛围。依托学生数字画像开展精准思政、全过程思政教育，充分发挥学生参与社区建设的热情和能动性，引导学生形成对社区公共事务的自觉关心和对自身利益的切实维护。利用“一站式”学生社区教育环境的扩展、激励、陶冶功能，从整体上提升教育教学的效果并更好地促进学生个人的成长发展，形成以德育为本、智育筑基、体育强身、美

育润心、劳育塑魄"五育并举"的社区特色教育传播品牌。另外，学生社区要强化党建引领作用，将党建下沉学生社区，依托党建平台强化跨学科交流、跨专业融合、跨领域传播，实现理论学习与实践服务深度融合。以园区、楼栋为单位开辟适宜学生学习生活、健身运动、心理咨询、谈心谈话的教育传播空间，适当提升学生社区环境设施的文化品位和艺术含量，通过标准化建设、精细化管理、个性化服务等方式促进学生就近开展文体生活、协作学习、互动交流等，使学生形成健康的生活方式、良好的学习习惯以及和谐的人际关系。同时，依托楼栋自律会、党支部、协管会等学生组织拓宽社区劳动、实践、服务项目范围，培养学生自我教育、自我管理、自我服务、自我监督意识。

（二）促文化共建共享凝聚提升教育传播能力

学生社区文化是大学文化的重要组成部分，具有塑造人格、教育引导、同化熏陶、情感归属、心理认同等功能。高校"一站式"学生社区建设要积极凝练社区育人理念和育人价值，形成独特的社区文化识别系统。充分利用社区自修室、阅览室、交流吧、健身房等公共空间载体，将中华优秀传统文化、革命文化、社会主义先进文化、校情校史、校歌校训等丰富的教育资源融入教育教学中，促进文化共建共享，培育社会主义核心价值观。另外，由于学生社区教育场域的环境相对于集中、统一的教室环境来说，通常会更加复杂、多元。教师在开展教学活动的过程中，可能会不断地受到外界的噪音干扰，需要教师具备强大的抗干扰能力，通过重复传递、多通道传递、核对传递等方式最大限度地减少可能受到的影响。因此，教育者要不断提升自身的教育传播能力、组织管理能力等，充分利用"一站式"学生社区内的文化元素，将其进行有效加工、筛选、整理、编码，使其成为有序的、易传播的、有针对性的教育信息内容，通过生活化、学生喜闻乐见的教育活动媒介组织教学并提升教育传播效果。

（三）高质量融媒互动聚合重构教育传播媒介

当前，互联网科技迅猛发展，不断变革更新着教育教学的手段和方式。高校要按照目标导向、问题导向、效果导向的整合原则，通过系统性规划、全方位联动的工作模式，对标对表落实好人才培养战略；遵循高等教育及学生成长规律，倒推社区教育场域构建需求，统筹各方资源聚合重构教育传播媒介；借助高校信息化建设、“智慧校园”建设等契机，重点推进高校“云”社区、“云”媒介打造，助力拓宽线上线下教育路径、落实落细社区网格化管理、提升融汇整合各类资源的能力，以强大的融媒发展力量优化重构“一站式”学生社区的教育传播媒介及传播实效。教育者要善于运用高质量融媒互动辅助场域内以教师为中心的教学活动，也可通过教育环境中多种媒介的聚合重构，设置辅助教育内容的教学情境，促进学生自主学习、协作学习，不断发现问题、解决问题，以快速掌握教学目标所要求的知识和能力，创建以学生为中心的教育教学活动模式。

（四）多维度场域交融巩固强化教育传播效果

和谐的学生社区教学场域有助于促进学生将知识高效地内化于心、外化于行，更有利于学生向追求终身教育转化发展。管理场域的和顺能够增强学生爱校、荣校、护校意识，同时为提升学生自身道德及行为意识，形成良好的、适应社会发展的优秀品质奠定基础。和美的服务场域对促进学生形成互帮互助、谦虚平和的人格，助力学生实现全面发展、健康快乐成长有积极的作用。因此，高校“一站式”学生社区教育场域构建需要重点提升信息化建设水平，打造智慧社区综合平台，搭建集目标管理、过程控制、评估反馈为一体的教育传播体系，促进教学场域、管理场域、服务场域多维度融合，全面提升学生社区教育传播的精准度和效能。另外，通过设置“一站式”服务大厅，打通学生社区教育场域“最后一公里”，由散点式教育传播场所向集约式教育传播环境转变，助推教育内容有效地传递给学生并使其形成相应的品质，共同推动学生社区教育传播形成“同场域、同频率、同成长”的良性互动格局。

五、H 大学“一站式”学生社区建设

H 大学立足学生工作实际，围绕“立德树人”根本任务，坚持“与学生一起快乐成长”的工作理念，积极创建具有侨校特色的“服务型、创新型、融合型”学生社区一站式教育管理服务平台。该平台由学生社区服务大厅、××邻里中心、××侨苑、××众创空间以及学生社区党建活动中心共同组成，努力为学生提供“最多跑一次”的集业务咨询、住宿调整、外住审批、宿舍报修、物业投诉、场地申请、表现分查询等平台

服务，以推进学生事务“一窗受理、集成服务、一次办结”的服务模式创新。在此基础上，积极强化创新驱动，深化内涵发展，以“队伍建设”为主线，以“提升服务”为核心，以“工作创新”为驱动，以“侨校品牌”为特色，不断将“三全育人”融进学生社区教育管理服务的建设发展，进一步辐射拓展以党建统领“服务型、创新型、融合性”一站式平台建设的大思想政治教育工作格局，突显学生社区教育育人、管理育人和服务育人的功能与价值。

（一）以“队伍建设”为主线，建设“高素质”一站式教育管理服务队伍

打造一流工作，需要以“队伍建设”为主线，建设“高素质”的一站式教育管理服务队伍。H大学充分整合学生社区人力资源配置，以学生社区服务大厅为基地，在两校区48栋学生宿舍楼建立42个学生党支部、48个自律会，派学生社区辅导员、物业工作人员、学生干部团队这“三支队伍”入驻一站式教育管理服务平台，使学生社区形成纵横交错的、全员共治的服务育人机制。第一，学生社区辅导员由服务大厅窗口与片区辅导员、住楼辅导员（楼栋党支部书记）组成，着力做好对住宿生思想引领、安全教育、行为引导、关心帮扶等服务学生成长成才工作。其中，两校区一站式服务窗口辅导员共11人（平均年龄34岁），均为中共党员，且全部具有硕士研究生以上学历，其中，具备中级职称的有9人、初级及以下职称的有2人。近五年来，共有62人次参加全国及省市教育后勤协会业务、辅导员职业能力素质、心理健康教育等培训，并获评全国高校学生公寓疫情防控先进个人1人、省高校优秀共产党员1人、市优秀教师1人、H大学教育管理服务先进个人1人、H大学优秀党务工作者1人、H大学优秀共产党员2人。第二，学生社区物业工作人员由窗口服务员、楼栋管理员、保洁员、维修员、安保员等组成，所有工作人员均由物业公司统一招聘培训并在学校的监督指导下开展工作，通过完善与一站式教育管理服务平台相适应的物业工作人员招聘、岗位轮训、监督投诉、考核评价机制，从服务窗口到一线宿舍，不断满足学生日益增长的住宿生活需要，提高学生的住宿幸福感和安全感。第三，学生干部团队主要由校自律会、协管会及楼栋自律会、党支部成员组成，每周开展一次“先锋社区学习课堂”活动，建立党员先锋示范岗，调动广大师生参与建设“学

习型”一站式教育管理服务平台的积极性、主动性和创造性。

（二）以“提升服务”为核心，建设“服务型”一站式教育管理服务平台

打造一流服务，重在以提升“服务品质”为核心，建设“服务型”一站式教育管理服务平台。H 大学以服务为“切入点”，以管理为“着力点”，以育人为“制高点”，始终寓教育、管理于服务学生成长成才的各项工作中，着力把握新时代学生社区教育管理服务供给侧改革需要，确立并践行“与学生一起快乐成长”的工作理念，结合工作实际制定“标准化学生公寓服务创建标准”，梳理整合学生社区生活、学习、成长等多方面需求，优化一站式教育管理服务工作流程，努力为学生办好住宿调整、外住申请、宿舍维修、物业投诉、信息查询等窗口服务。通过开展党员公开服务承诺，先进工作者、最美楼管员等创先争优评比活动，以及完善监督机制和“智慧社区”投诉渠道，改进服务学生工作“瓶颈”，以高质量服务提升教育管理学生的软实力，保证学生社区一站式教育管理服务窗口开展 24 小时“无缝隙”服务，年均服务学生 10 万余人次，做到无延期、无差错、无违规，实现投诉少、点赞多的效果，学生满意率超 98%。

（三）以“工作创新”为驱动，建设“创新型”一站式教育管理服务平台

打造一流业绩，重在以“工作创新”为驱动，建设“创新型”一站式教育管理服务平台。作为负责学生住宿区思想政治教育和管理服务工作的职能部门，H 大学积极适应高校后勤社会化改革的趋势，积极探索建立学生社区教育育人、管理育人、服务育人的综合模式，在两校区住宿区设立学生社区服务大厅，为学生搭建一站式教育管理服务平台。新形势下，面对学生日益多样化和更高质量的服务需求，学生社区一站式教育管理服务平台不断加强制度创新、管理创新和技术创新，通过完善一站式教育管理服务机制、住楼辅导员工作考核办法、物业服务量化评价指标等制度体系，通过建立学生党员公益服务积分制将优秀的学生工作者培育成党的路线、方针和政策的“宣传员”、了解学生思想动态的“信息员”、协助参与管理宿舍的“助理员”、与学生沟通感情的“联络员”、热心帮助学生的“服务员”、带头遵守校规校纪的“示范员”。通过“智慧社区”专项

工程建设，不断开发与一站式服务相配套的网络供给平台，连通微信公众号和住宿生管理数据接口，整合学生“网上办事大厅”“第二课堂活动”等资源，通过线上线下融通服务，以及学生社区微博平台、微信公众号和楼栋微信群，充分倾听学生意见建议，及时回应学生关切，打通学生社区服务的“神经末梢”，充分调动广大师生共建共享一站式教育管理服务平台的积极性。从2010年至今，H大学持续推进以“先锋社区”建设统领一站式教育管理服务平台创新发展，争创“一流业绩”，并先后获评“××省高校学生宿舍文明社区”“全国高校学生公寓管理服务先进单位”“H大学先进基层党组织”“全国高校学生公寓工作优秀成果一等奖”“××省大学生思想政治教育示范项目”等一系列荣誉。

（四）以“侨校文化”为特色，建设“融合性”一站式教育管理服务平台

打造一流团队，重在以提升“团队合力”为纽带，建设“文化型”一站式教育管理服务平台。在H大学学生处、学生社区党工委的领导下，学生社区一站式教育管理服务平台着力建强做优××文化品牌及其运营团队，每年度组织开展具有侨校特色的“学生社区文化节”及师生友谊拔河比赛等文体活动。在此基础上，以学生社区服务大厅为依托，进一步拓展搭建集“服务中心、学习空间、文艺展厅、社交平台、发展基地”多功能为一体的文化实践综合体，配备现代化多媒体设施，实行“开放参与，共建共享”的运营模式，充分满足境内外学生在生活区进行慕课学习、小组讨论、讲座交流、文艺展示等需求。讨论室每月被预约达600余次，学生社区服务大厅月均开展10余项文化活动，组织各类志愿服务和社会实践活动30余项，定期开展书法、棋艺、茶艺、剪纸等文化体验活动，培育中华优秀传统文化与异域文化交相辉映的学生社区文化，增进师生交流，加深文化认同，以丰富多彩的文化创建活动提升团队凝聚力和平台吸引力，不断将学生社区一站式教育管理服务平台建设成为传播中华优秀文化、促进境内外学生融合教育、助力学生创新创业实践及成长成才的校园文化地标。

第二节　高校学生社区育人模式建构

随着互联网的迅猛发展，“高校网络亚传播圈”现象逐渐形成，作为一种复合型的传播平台，给高校大学生教育既带来了机遇又带来了挑战。一方面，互联网以其全球性、共享性、无边际性给大学生教育工作带来了丰富的资源和各种便利；另一方面，网络中良莠不齐的信息又给育人工作带来了很多负面影响。作为以育人为主要功能的学生社区如何适应并利用好这把“双刃剑”，探索出一套新的大学生教育管理模式具有十分重要的意义。

一、学生社区的概念及其功能

随着高校教育及学校办学规模的不断扩大，高校“小社会”的内涵也越来越丰富、功能越来越齐全。大学生需要在校园里学习、生活、娱乐，这就要求高校如同社会中的居民区一样，为之提供完善的设施和管理服务。传统的大学生宿舍、食堂等管理仅侧重于对物的管理，单纯地对房产、家具、水电等进行配置和维护，缺乏对大学生人文方面的关怀。大学生本人的教育管理由学校的院、系、班级负责，这种分离式管理不利于大学生的全面成长。随着“以人为本”教育理念的不断深入，学校学分制考评的全面实施，促使大学生课堂以外的训练、学习、生活、管理服务需求不断加大，因此，重新定位大学生宿舍区的内涵势在必行。归纳起来，学生社区是指以学生宿舍为中心，包括学生食堂、文体活动场所和宿舍区商业服务网点在内的课堂学习之外生活、自学、群体活动的校园特定区域。它是课堂教育的延伸，是获取信息、交流思想、沟通感情的窗口，是实施大学教育的重要场所。

具体而言，学生社区较以往的宿舍管理在概念上、内容上、功能上、作用上都发生了很大改变。建设好这块内容丰富、形式多样的教育阵地，发挥其新功能是高校学生社区工作的重要任务。学生社区的功能主要包括以下两个方面：一方面，学生社区是学生休息活动的场所，基于高校管理的特质，对大多数学生来说，学生社区是其大学期间生活、活动、娱乐时间最长的场所。学生社区建设水平直接影响着大学生成长、成才及生活质量。如校园通信网络设施的完善、宿舍设施配置的完备以及食堂就餐条件的提升、训练设施的齐全等，为学生提供着适应现代生活需要的必要环境条件。另一方面，学生社区更是大学课堂的延伸。学生通过课后自学进一步巩固、丰富知识；通过集体生活锻炼自我管理、团结协作、与人交往的能力；在资讯发达的校园网络中获取各种信息、交流思想；在丰富的社区文化活动中，开发潜能、培养兴趣。因此，学生社区是大学生社会化的一个重要场所，是大学生活赖以生存、发展的重要阵地。总的来说，学生社区的两大主要功能是物质保障功能和人文育人功能。而育人功能显然担负着对学生更为重大的责任和深远的影响，因此，本研究将重点对其育人功能进行探讨。

二、校园网络亚传播圈的进入及对学生社区育人功能的影响

（一）校园网络亚传播圈的形成

随着科技的迅猛发展，互联网成了人们接受和发布信息的主要渠道以及进行网络人际交往的重要媒介。作为接受和应用科技走在社会前沿的高校而言，大学生对互联网的需求很高。因此，很多高校顺应这一发展趋势，逐渐建设和完善校园局域网络。从初期的多媒体网络教室、图书馆信息化、公共计算机室的基础设施建设发展到包括教学楼、学生社区、教师公寓等整个校园的网络区域发展。通过宽泛、完善的校园网络建设给大学生提供了学习科研、生活娱乐、人际交往等网络信息平台，使大学生能够在校园网中获取课堂专业知识以外的各种社会信息，接受各种便利服务，并使学生在生活中逐渐对校园网络形成依赖。由此，校园网络亚传播圈逐渐形成，并越来越影响着大学生的思想理念和行为方式。

（二）校园网络亚传播圈对学生社区育人功能的影响

当今时代，校园网络亚传播圈逐渐形成、深入发展，其作为一种复合型传播平台在高校大学生的学习、生活、行为中利用率越来越高，产生的作用越来越大，受到的影响越来越深。由于互联网传播信息具有全球性、

开放性、虚拟性、无边界性等特点，必将对大学生的思想观念、价值取向和行为方式产生不同的影响。校园网络亚传播圈对大学生产生的积极影响主要有以下三点。

1. 拓宽了大学生获取和发布信息的渠道

校园网络的拓宽，弥补了学校原有信息覆盖面窄、功能单一的不足。以往学校信息平台内容比较单一，只提供与学校事务、学习、科研相关的信息，且信息量少，学生获取的知识面窄。而校园网络亚传播圈的进入和开通，使大学生不但可以通过校园网络获取校内信息（校内新闻、学习信息、学生活动资讯等），而且同时可以获取校外的社会信息，与社会接轨，打破了学校以往封闭、单一的教育格局，使大学生开阔了视野，丰富了生活。例如，可获得专业知识信息、国内外时事政治信息、社会新闻、休闲娱乐信息、网上购物信息等。大学生之所以对校园网络形成依赖主要是源于校园网络较之社会网站的优越性：一是通过网站登录来了解时事热点具有及时性、快捷性，满足网络使用者追求效率的需要；二是校园网络上学生群体的集群性、分享和合作学习的习惯易于形成良好的交流氛围；三是校园各类网站新闻来源的多样化和综合性为大学生获取信息并进行独立思考提供了广阔的平台。总之，校园网络的传播在潜移默化中改变着大学生的求知方式、思想动态和行为习惯。

2. 校园网络亚传播圈为学生人际交往搭建了开放性平台

调查显示，随着年龄的增长，大学生在网上的人际交往以大学班级同学以及其他学生组织的同学为主，校园网络逐渐成为他们网上沟通交流的主要场所。可以说校园网络加强了大学同学之间、学生组织之间的交流互动，加大了学生日常交往的便捷程度，较之校外网络聊天室安全性亦有所提升，能够使学生在网上交流中体会集体荣誉感和群体归属感。

3. 校园网络亚传播圈成为传播高校文化的新阵地

我国高等教育的发展，正面临着由注重数量向注重质量转变的关键时期，越来越多的学校高度重视大学精神和大学文化的建设。利用校园网络中海量的数据库超市使师生们免费获得大量的图书资料、开展学术探讨、论题研究，从而产生思想碰撞。大学生可以个性张扬地、自由地在论坛中发表见解、交换意见、批驳讨论，为其提供一个公开、平等的学习园地，从而锻炼学生的独立意识和进步意识。

一方面，校园网络亚传播圈正是通过这种形式建构着学生的世界观、人生观，在潜移默化中引导着大学文化精神的走向。这为学生社区的育人功能带来了勃勃生机，增添了强大的力量。但另一方面，由于网络信息内容庞杂、良莠不齐，哪些是学生该学习、借鉴、利用的，哪些是大学生们应该摒弃、抵制、更正，大量的信息很多时候都让学生们难以辨识和选择。一些不健康的思想、行为方式乘虚而入，会给学生们的学习成长带来消极的影响。主要表现在以下四个方面。

1. 网络游戏给大学生的学习和行为带来负面影响

大学生正处于青年时期，自律性较差，一旦接触网络游戏，极易沉溺于其中不能自拔，从而耽误了学业、迷失了方向。每年高校因沉迷网络游戏导致考试挂科、退学甚至疲劳猝死的例子屡见不鲜。更有甚者，受网络上暴力血腥画面的洗脑、侵蚀，在现实生活中亦变得暴戾乖张，极易出现极端暴力行为，伤害他人，这也为学生社区对大学生的教育和管理带来了难度。

2. 网络聊天给大学生人际交往带来负面影响

网络聊天在给大学生拓宽人际交往、思想交流平台的同时，也带来了不良的影响。我们尽管在调查中发现伴随着大学生心理的成熟和认知能力的提高，网络聊天的时长和群体逐渐趋于健康，但仍避免不了很多学生尤其是低年级学生对各种形式网络聊天的痴迷。网络的虚拟性和隐蔽性使他们在网络上处于一种无约束感的状态，从而极易形成现实的、虚拟的两个截然不同的自我。不少大学生并不认为在网络聊天时撒谎是不道德的，甚至有部分人认为在网络上可以为所欲为，这都增大了学生网络犯罪或网络受骗的概率。而在现实中，这类学生群体大多性格内向、怯懦，不敢面对现实、难以承担责任，缺乏面对面沟通的能力。无论是网络交往的随意性和不负责任，还是现实生活中的沟通障碍，都使其难以在社会中生存发展，更明显的表现为社区生活障碍。

3. 网络上鱼龙混杂的信息给大学生思想发展带来负面影响

互联网是一个全球性、无边界的空间。世界各国、各地、各党派、各组织不同的价值观念、思想文化都汇聚其中，不可避免地出现良莠不齐、鱼龙混杂的信息乱象。大学生的人生观、价值观尚未完全形成，极易受到一些低级文化的影响。目前我国关于社交网络的现行立法相对来说层次较低，网络行为的合理与否也主要取决于网络使用者的自律，这就给网络中制造、传播色情、暴力、诈骗、赌博者提供了可乘之机，他们利用大学生自制力差和从众集群性的特点对其进行思想控制，使其价值取向和行为方式出现偏差，亦使学生社区对学生的教育、管理复杂性加大。

4. 网络搜索对学生思维模式和求知方式带来负面影响

书刊、报纸等纸质传媒给予人更多的想象和思考空间，而网络的直接、灌入、形象化的特点让学生们养成遇到难题上网“搜”答案而非自己“想”答案的习惯，这在一定程度上阻碍了大学生想象能力、创新思维的发展，不利于他们整体素质的提高。

三、校园网络亚传播圈视域下学生社区育人模式探讨

校园网络亚传播圈已然深入大学生生活的方方面面，构成学生社区建设不可缺少的“经脉”，并给予学生社区无限的活力和发展的可能。但面对校园网络亚传播圈的双面性，学生社区在育人这条任重道远的征途上又不得不时刻注意趋利与避害相结合、技术理性与人文关怀相结合、制度制约与道德约束相结合，亟须探索出一套在校园网络亚传播圈视域下相对科学的育人模式，使大学生能够正确认识、科学利用网络，少走弯路、错路，在思想上吸取精华，丰富头脑，积极向上，完善人格。

（一）建立健全高校网络思想阵地

要充分利用网络传播及时、深入、广泛的特点，将党的路线、方针、政策和先进思想引入到校园网络。首先，要打破传统学校红色宣传网站刻板、单调、政治色彩浓厚、僵硬的局限，适当发布一些事关大学生生活、成长及对社会时事的评点等内容以吸引学生眼球，使之愿意浏览、阅读学校网页相关信息，并受到正确的世界观、人生观、价值观的熏陶。其次，建设一些具有校园文化特色的网站，结合可读性、服务性、包容性给予学生开阔眼界、交流思想、寻求帮助的平台，给予他们更多同教授名家交流观点和学校管理者反馈对学校管理事务看法的机会。

（二）建立建全校园网络管理机制

首先，建立完善的规章制度约束大学生网络言行，把社会提倡的价值观念和道德标准融于规章制度中，制定相关的处罚条例，通过自律与他律

相结合的方式实现对大学生网络言行的教育。其次，合理限制学生的上网时间。由于许多大学生在上网过程中缺少时间观念和自控力，常常通宵达旦地沉迷网络，这不仅对自身的学习和健康无益，也严重干扰宿舍其他同学的生活和学习，对同学关系造成不良影响。实行学生社区内定时定量用网，在学习区域实行全天供网制度，能够较人性化地解决这一问题。再次，通过校园网访问的网站需实行网站专人负责制。以一支思想政治水平高、网络业务能力强、熟悉学生思想状况和上网习惯的专业队伍来管理校园网络，避免不良信息的出现，一旦出现及时删除。最后，还要关注网络上大学生的思想动态，成立专家组以发帖和在线交流、提供咨询、解答疑难的方式及时扭转大学生出现的思想、情绪偏差，引导其理性、客观地看待问题。

（三）建构“网内”“网外”内外贯通合一的环境

网络如同一面镜子，镜内虽为虚拟世界，其原像却为镜外的真实世界。只是部分现实的热点、冲突都在网络的折射中扩大、发酵、扭曲，因此，高校应高度重视“网内”与“网外”的关系，处理网络问题要治标更要治本。大学生关注的网络内容和情绪化的网络言论多和日常生活相关，作为日常生活大本营的学生社区，应及时通过学生的网络事件反思自身建设的不足，听取学生对社区管理的意见，真正做到以人为本，想学生之所想，急学生之所急，为其提供更方便、舒适的服务，保障其生活、学习的权益。让学生通过和谐的社区环境感受关爱，从社区管理人员敬业负责的态度中受到潜移默化的感染，培养其良好的道德情操、责任意识，亦能树立起其主人翁意识和爱校护校意识。另外，社区也可以通过宣传栏、电子屏等媒介宣传网络媒介素养教育内容，使学生在网外养成良好的媒介素养，在网内进行操作实践，形成网络内外贯通、内外合一的良好环境。

（四）打造丰富多彩的社区文化生活

对任何事物形成过度依赖都会引发消极影响，对校园网络亚传播圈的利用亦须有度，大学生网络成瘾现象给社区育人工作敲醒警钟。要改变原本枯燥无味的社区生活氛围，为学生提供更丰富的学习、娱乐资源。靠出色的文化内容和服务获得学生的心，使之减少对网络的过度依赖，有限度地使用网络。例如，社区举办各种运动比赛提高大学生的团结意识、集体荣誉感和责任感，并使他们的身体得到健康有效的锻炼；通过开办社区文化节，给学生提供展现自身特长、宿舍风采的平台，培养他们乐于分享、善于交流、敢于展现、勇于创新的精神；通过合理规划社区跳蚤市场，开辟创业园地等形式锻炼大学生的生存技能及面对面的沟通能力；通过开放社区心理辅导室来解答学生的人生困惑、疏导情绪化心理，及时为大学生送去家人般的温暖；开设社区图书自习室，还学生一片清静的学习园地，带动校园学风的建设发展。

第三节　高校学生社区文化阵地建设

青年是时代最灵敏的晴雨表，时代的责任赋予青年，时代的光荣属于青年。习近平总书记指出，青年的价值取向决定了未来整个社会的价值取向，而青年又处在价值观形成和确立的时期，抓好这一时期的价值观养成十分重要。多年来，H 大学秉承“为侨服务、传播中华文化”的办学宗旨，将第二课堂教育与第一课堂教学相结合，寓思想教育于实践活动之中，已逐步形成独具特色的“一元主导，多元融合，和而不同”的校园文化，并取得了丰硕的成果和优异的成绩。

H 大学学生社区教育管理服务中心于 2000 年挂牌成立，通过打造党团先锋、思想引领、学风建设、行为指导、生活服务、安保服务“六位一体”的管理模式，为学生的日常生活、学习提供基本的服务保障。2004 年中共 H 大学学生社区工作委员会成立，指导学生社区各楼栋党支部开展党员的教育培养工作，充分发挥学生党员在楼栋的先锋模范作用，学生社区现已成为学校开展思想政治教育工作的重要阵地和抓手。随后，探索物业化改革的管理模式、开拓大学生学长制的思路、成立学生自治发展中心的组合，以及 20 多年社区文化节的传承创新为学生社区工作的发展完善奠定了坚实基础。

近年，随着学校为民办实事工程、实体工程的创建，学生社区不断摸索前行，在习近平新时代中国特色社会主义思想的指导之下，逐步探索并形成实践育人模式，旨在确保学生社区安全稳定的基础上，寓教育于管理和服务之中，做到“与学生一起快乐成长”。通过深化教育管理服务理念、创新先锋社区党建工作、推进××社区综合构建、探索智慧社区工作平台等路径，着力推动习近平新时代中国特色社会主义思想进学生社区，重点打造社会主义先进文化与中华优秀传统文化相结合、思想教育宣传与思政工作实践相统一的新型教育阵地。

一、学生社区文化阵地建设概况

（一）思路与理念

习近平总书记强调："一所高校的校风和学风，犹如阳光和空气决定万物生长一样，直接影响着学生学习成长。好的校风和学风，能够为学生学习成长营造好气候，创造好生态，思想政治工作就能润物无声给学生以人生启迪、智慧光芒、精神力量。"校风、学风与校园文化密切联系，当代青年的时代特征、生活和学习方式决定了学生社区已逐步成为开展学生工作、强化学生思想教育的重要阵地，同样，也是学生思想政治工作必须占领的思想新高地。如何将习近平新时代中国特色社会主义思想的宣传与践行落实到学生社区？怎样在学生社区将中华优秀传统文化的继承与社会主义先进文化的发展创新有效融合？通过何种途径能够充分发挥学生社区的育人功能，更好地促进学生实现自我教育、自我管理与自我服务？这些也是学生社区文化历经十八年传承，创新发展"××社区 先锋育人"教育模式，坚持"与学生一起快乐成长"工作理念的出发点与落脚点。

（二）设计与实施

1. 深化教育管理服务理念，网格化社区管理模式保安稳

"各级党委和政府要强化依法治理，不断提高全社会安全生产水平。"H大学学生社区工作坚持安全稳定常抓不懈，不断修订完善《H大学学生社区管理规定》《H大学学生校外住宿管理规定》《H大学住宿生社区表现量化考评办法》等文件，充分发挥学院辅导员、住楼辅导员、学生楼长、楼栋管理员等网格员的安全保稳作用，进一步探索践行全员网格化管理模式。

探索实行社区片区责任制管理模式，根据学生宿舍楼分布情况划分责任片区，配备专职辅导员跟踪监管，巡查监督物业管理、日常维修、卫生保洁、安全隐患等，强化责任意识，及时发现问题，并做好指导与整改工作。督促网格员重点加强问题学生的排查、跟踪，每天巡查宿舍发现问题，定期更新学生社区安全稳定台账。

2. 创新先锋社区党建工作，参与式建设管理方式促发展

“要把思想政治建设摆在首位，坚持用党章党规规范党员、干部言行，用党的创新理论武装全党，引导全体党员做合格党员。”多年来，H大学学生社区党工委不断夯实基础、激发活力，扎实推进基层党建工作。加强组织建设、制度建设，建立健全学生社区学生党员信息库，开展党员宿舍挂牌和党员民主评议活动，探索创新党员服务积分制。通过支部立项活动形式，鼓励学生参与管理。开展各类学习和服务活动，充分发挥楼栋党支部的凝聚力和向心力。日常工作重总结常反思，坚决落实基本工作制度，充分发挥社区党员的先锋模范作用。以习近平新时代中国特色社会主义思想和《普通高等学校学生党建工作标准》为指导，总结经验，开拓创新，谋划新时期学生社区进一步加强党建工作的新思路、新规划。

3. 推进××社区综合构建，多角度学风建设实践相融合

“文化是一个国家、一个民族的灵魂。文化兴国运兴，文化强民族强。”学生社区一直注重文化品牌建设，将中华优秀传统文化融于日常教育、管理、服务之中，以文化宣传与教育为载体，促进师生、生生、境内外生和谐相处、快乐成长。制作修订《××邻里中心工作规范手册》《××管理规范手册》，进一步规范提升××社区综合文化服务平台工作水平。加强文化宣传阵地建设，建立健全长效工作机制。在巩固和发挥楼栋宣传栏、社区报刊等传统文化阵地的同时，建立楼栋LED屏，打造学生社区官方网站、微博、微信平台等新媒体宣传阵地，开展“学习宣传贯彻二十大精神”“学习习近平新时代中国特色社会主义思想”“毕业生自清宿舍”等一系列主题宣传与讲座活动，倡导文明新风尚，传播社区正能量。加强与学生处网站、学生处官方微信平台和校学生会宣传平台的对接，形成宣传合力，定期投稿，提升新闻的能见度和传播率。

4. 探索智慧社区工作平台，大数据管理服务效能再加强

做好“一切为学生服务工程”，为学生做实事、办好事、解难事，围绕学生的全面发展提供人性化、个性化的服务，积极营造文明、和谐、温馨的社区生活环境。积极运用大数据管理模式，探索智慧社区平台建设，增强社区管理服务效能。加强对门禁刷卡数据的分析和运用，借助数据分析加强对学生外住、违纪行为的跟踪，提高管理效率。根据微博、微信平台发展的特点，加强对网络舆情的监督和引导。开通学生自治发展中心和协管会微信公众号，加强学生社区规章制度和办事流程的宣传。加强学生宿舍网上查询与报修平台的建设，成立学生维修联络组，积极推广网上报修平台，要求物业公司与保修单位力争做到“小维修24小时解决，大维修一周解决，紧急维修立刻安排”，及时有效地解决了学生宿舍生活中的问题，提升社区服务水平，助力××社区发展建设。

（三）工作实效与经验

H大学学生社区探索发展先锋育人管理模式，使习近平新时代中国特色社会主义思想宣传教育进社区，效果显著，成果丰硕。在保障社区基本安全稳定的基础上，落实安全台账工作制度，加强校学生会自律会与楼栋自律会的组织建设，通过每月定期组织楼栋党支部、自律会学生联席会议，主动了解楼栋学生诉求，积极解决同学的合理需求，增强了学生团队凝聚力，提升了学生组织工作能力。学生网上报修使用率持续提升，除公共空间外，目前网上报修率达到90%以上；同时，安排专门人员跟踪维修情况，做好维修反馈，维修率达到80%，学生投诉率直线下降，学生的住宿满意度得到明显提升。

以大学生学长制为依托，以社区文化节和文化平台建设为载体，增进境内外学生间的互动交流和朋辈互助。每年组织开展学生社区文化节立项活动，强调全员参与，充分调动校级、院级、楼栋学生组织积极性，引导学生加强学风建设，参与学生社区公共事务，促进学生实现自我教育、自我管理、自我服务。

从2015年9月至今，文化共享空间建设从H大学的一个校区应用到另一个校区，逐步完善发展理念，丰富文化内涵，形成良性的可持续发展趋势。文化共享空间设施设备的不断完善，空间功能的不断丰富，藏书量的提升，使其逐步成为两校区境内外同学校园生活的重要场所、学习讨论的便利空间、休闲社交的好去处、文化活动的聚集区域，平均每月接待人流量4000余人次，讨论室使用400余次，举办各类讲座、沙龙、文化活动20余次。接待了国家教育行政学院中青年干部学习班考察团、国家自然资金委员会、澳门中联办文化教育部、香港媒体访问团、澳门青年“一带一路”交流团、“两岸青年”走茶乡交流团、清华大学、北京大学、厦门大学、暨南大学等一系列参观交流团，受到新华网、中新网、《中国政协报》、《澳门日报》、中央电视台国际频道等新闻媒体的关注报道，扩大了校内外影响力，文化共享空间也因此成为校园内备受瞩目的一大焦点，提升了在校生的学习兴趣、服务感知和生活体验，丰富了校园文化内涵，成为学校文化育人、思想政治教育的新阵地。

几年来，H 大学学生社区工作成效显著，成绩喜人，获得全国高校学生公寓管理服务先进单位、××省大学生思想政治教育创新示范项目、××省高校思想政治工作进社区创新活动一等奖、××省高校“文明学生社区”、××省高校学生宿舍文明创建评优活动“文明社区”、H 大学“先进基层党组织”等荣誉。

二、学生社区文化阵地建设解析

（一）典型特征

H 大学学习近平新时代中国特色社会主义思想教育实践新阵地建设，是在习近平新时代中国特色社会主义思想引领下，通过先锋社区建设，打造安稳舒心、育人成长的学习生活环境，同时推动实现思想教育入学生脑入学生心，内化于心、外化于行的实践效果。具体特征主要有：保安稳与求创新相统一、顾大局与抓重点相统一、促学风与助成长相统一、物业化与家文化相统一。

（二）推广价值

H 大学先锋社区建设，是近年来学校坚持以学生为本的工作理念，全面落实立德树人根本任务，着力打造习近平新时代中国特色社会主义思想特色育人阵地的有益探索和实践。学生社区实践育人文化品牌建设促进了师生和谐相处、快乐成长，营造了轻松愉悦的生活、学习环境。尤其是物业化的运营及管理模式探索，使得思想政治工作者可以一定程度地从繁忙的日常琐事中得到解脱，将视野更加聚焦于学生日常的思想政治工作中，也为习近平新时代中国特色社会主义思想进社区的宣传与实践提供更加充分的人力支持与便利。

文化共享空间项目以学生社区为空间载体，以亲近感、时代性、参与式为特色，以提升学生社区服务感知和校园生活体验为落脚点，坚持

“传播中华文化，延续校园文脉，促进两生交流，助力创新实践”的发展定位，将社会主义先进文化与中华优秀传统文化相结合，实行“开放参与，共建共享”的运营模式，创新学生管理体制，彰显学校人文关怀，服务于培养具有国际视野、创新意识、实践能力、担当精神的高素质人才。

（三）思考与建议

H大学学生社区教育管理服务模式是学校近年来加强和改进大学生思想政治教育，打造习近平新时代中国特色社会主义思想教育实践新阵地，推进校园文化建设和育人实践的一次有益尝试，一系列探索工作所取得的成绩得益于对“以学生为本”理念的深入贯彻和对高等教育发展趋势的深刻把握。在未来工作中，学校将继续以习近平新时代中国特色社会主义思想为指导，从以下三个方面巩固完善社区建设：一是将习近平新时代中国特色社会主义思想在学生社区进行多角度、多层次宣传与践行，促使住宿生实现内化于心、外化于行的实践教育效果；二是进一步锤炼××社区文化内涵，培育和践行社会主义核心价值观，不断增强大学生中国特色社会主义道路自信、理论自信、制度自信、文化自信；三是加强××文化建设顶层设计，进一步挖掘校园文化的侨校内涵，整合校园文化资源，丰富社区、“××侨苑”文化共享空间建设，进一步提升空间的文化品位和层次。

三、H大学社区文化共享空间建设与探索

H大学社区文化共享空间建设，是近年来学校坚持以学生为本的工作理念，全面落实立德树人根本任务，着力打造侨校特色育人阵地的有益探索和实践。社区文化共享空间项目被列入学校为民办实事项目，它以学生社区为空间载体，以侨校资源为依托，以时代性、参与式为特色，以提升学生社区服务感知和校园生活体验为落脚点，坚持“传播中华文化，延续校园文脉，促进两生交流，助力创新实践”的发展定位，在两校区学生住宿区高标准建设五个融合“服务中心、学习空间、文艺展厅、社交平台、发展基地”多功能为一体的文化共享空间，配备现代化设施，服务学生社区学习生活，实行“开放参与，共建共享”的运营模式，创新

学生管理体制，彰显学校人文关怀，服务具有国际视野、创新意识、实践能力、担当精神的高素质人才培养。

（一）项目主题与思路

H大学历来重视“立德树人”工作的全局性地位，彰显侨校办学特色，不断延伸和拓展思想政治工作阵地，形成全员协同育人的合力。随着学分制改革，学生社区不仅作为学生校园生活的主要空间，更是成为高等教育教育管理服务工作的重要载体。H大学在××省内率先推动“思想政治工作进学生社区、党建工作进学生社区、文化建设进学生社区”，凝练出“先锋社区、学术社区、文化社区、文化社区、和谐社区”的学生社区内涵建设路径，建立起一整套管理育人、服务育人的有效模式。

随着高等教育从规模型向质量型转变，工作的精细化、个性化要求越来越高，育人工作如何立足学校的基本情况，回应时代的要求，满足学生的需求，是提升思想政治工作实效必须认真思考的课题。H大学在学生社区育人实践的基础上，探索建立社区文化共享平台，以学生成长为导向，以学风建设为底蕴，以文化建设为依托，不断提升内涵建设，打造具有侨校特色的思想政治新阵地。

1．立足侨校特色，盘活侨校资源

海外华侨华人学生、港澳台学生与内地学生并存的学生构成彰显着H大学独有的办学特色，促成了“一元主导、多元融合、和而不同”的校园文化，“侨生”“侨捐”“侨情”，是该校一笔丰厚且独特的精神财富。挖掘侨校校园文化内涵，搭建具有侨校独特气质与气息的文化平台，将侨校特色资源转化为思想政治教育的优势，是该校推进思想政治教育的着力点。文化共享空间的命名，是对“H大学因侨而建，华园学子因侨结缘”的深刻诠释，也对空间功能建设具有明确的导向作用。

2．回应时代要求，满足学生需求

在全国高校思想政治工作会议上，习近平总书记指出，做好高校思想政治工作，要因事而化、因时而进、因势而新，必须围绕学生、关照学生、服务学生。随着移动互联技术的发展，慕课等自主学习平台成为高等教育发展的新领域，学生学习和生活的时空界限逐步打破，个性化要求越来越高，学生生活区的功能定位面临多元化发展要求，校园环境营造的工作重心逐步从硬件建设转移到内涵发展上来。高起点设计、高标准建设的文化共享空间，正是提升校园文化内涵，培育校园文化新增长点，进一步拓展文化育人阵地的有益探索。

（二）实施方法与过程

H 大学社区文化共享空间建设，积极借鉴国内外大学生综合服务平台和文化活动中心的建设经验，结合高等教育发展趋势，在学校“五个社区”建设成果的基础上，积极探索新时期思想政治工作内涵建设的有益做法，逐步形成了文化共享空间所具有的“亲近感、时代性、参与式”三个特色，凝练出“传播中华文化，延续校园文脉，促进两生交流，助力创新实践”的四个发展定位。

1．坚持“亲近感、时代性、参与式”特色定位，打造惠及广大学生的文化共享空间

（1）贴近学生需求，体现生活气息。将文化共享空间建设在学生生活区，学生触手可及，是社区文化共享空间选址的重要依据。在设计装修上，设有满足社交需求的休闲区，该区域的灯光柔和，轻音乐萦绕，着力营造温馨、优雅的环境，使人在其中得到感官愉悦、释放压力、放松心情的体验。

（2）把握发展趋势，体现时代特色。社区文化共享空间建设，是对移动互联网时代，高校学习和生活的时空界限逐步模糊的回应。空间建设初期，设计团队借鉴了美国麻省理工学院学生公寓西蒙斯楼公共服务空间等境外高校公共文化空间建设理念，实地考察汕头大学“789”生活服务中心、华东师范大学共享空间、杭州师范大学学生成长空间等境内高校文化空间建设成果。H 大学建成了四个文化共享空间，不是学生自习室的简单翻版，而是从互联网学习的角度出发，设置慕课厅、讨论室等功能厅，配备现代化多媒体设备，为学生营造便利的学习环境。

（3）坚持共建共享，体现开放包容。“共建共享”的参与式管理，是社区文化共享空间运营的一大特点。从空间功能设计，到家具的设计，到改造过程的参与，再到团队建设的完善、空间使用规则的制定、日常值班管理维护，都由学生团队全程参与。坚持文化空间的开放属性和共享属性，四个文化共享空间分为开放使用区域和预约使用区域。开放使用区域面向全校师生开放，主要有阅览区和休闲区；预约使用区域，需通过微信预约场地，学校任何学生组织和团队，都可以免费预约，主要是书法室、讨论室等功能室。共建共享的属性让空间得到充分的利用，能够惠及更多的同学；更多的活动在文化共享空间开展，则进一步丰富了空间的文化内涵，提升了空间的文化品位，从而达到了空间使用与空间建设的良性循环。

2. 坚持“传播中华文化，延续校园文脉，促进两生交流，助力创新实践”的发展定位，打造侨校特色文化育人新阵地

（1）传播中华文化，践行侨校使命。2017 年年初，中共中央办公厅、国务院办公厅印发了《关于实施中华优秀传统文化传承发展工程的意见》，要求把中华优秀传统文化全方位融入思想道德教育，贯穿于各层次教育当中。传承发展中华优秀传统文化是 H 大学彰显侨校特色，是践行“面向海外、面向港澳台”办学方针和“为侨服务、传播中华文化”的办学宗旨的应有之意。社区文化共享空间建设的首要发展方向，就是紧密围绕学校的宗旨使命，建立文化自信。在功能设置上，社区文化共享空间设有书画室和棋艺室；在阅览厅，则陈列有一系列中华文化典籍；在活动开展方面，除了常规性的书法、棋艺、茶艺的体验和培训，还结合中华传统节日，开展诸如“中华传统文化市集”“新春送对联”“花朝节”“上巳节”“中秋节”传统文化游园活动，整合传统文化社团活动，向境内外学生展示太极拳、咏春拳、传统汉服、中国书画及传统诗词等一系列传统文化魅力，在潜移默化中营造浓厚的传统文化氛围，并使其根植于校园生活之中。

（2）延续校园文脉，弘扬侨校精神。H 大学为侨而建，因侨而兴。建校以来，华侨华人对学校建设发展的支持，给学校注入了有别于其他高校的文化基因。传播侨情、宣传侨史、弘扬侨志，彰显校园多元共融的文化特色，延续生生不息的校园文脉，是社区文化共享空间应有的文化自觉。社区文化共享空间从建立之初，就得到了海内外校友的关注。澳门校友会于 H 大学建校 55 周年之际，为“××邻里中心”捐赠了一批图书，并在此举办了澳门文化展。在社区文化共享空间展示墙上，展示了国家侨务工作最新动态和学校服务于侨务工作的一系列新举措，展示了学校侨捐工程捐主艰苦创业的历史和回报桑梓的拳拳之心。此外，校友读书会的举办、校史访谈录工程的推进、侨校主题文创设计比赛的开展，都让社区文化共享空间成为展示校情校史、联系海内外校友、延续校园情感的重要纽带。

(3) 促进两生交流，彰显侨校特色。“一校两生”的办学特点所造就的中华文化与异域文化的相互融合，是H大学校园文化区别于其他高校的最大特点。四十多个国家和地区的同学居住在同一个社区，形成一个文化丰富多元的“地球村”，由此积淀出来的“和而不同”的文化品质，既体现了中华优秀传统文化的基本价值取向，也塑造了H大学精神最显著的表征。社区文化共享空间通过设置休闲社交区域，提供咖啡饮料，营造轻松和谐的休闲空间，组织开展境内外同学交流活动，营造温馨融洽的友邻关系，鼓励不同文化背景的学生走出宿舍，离开网络，开展面对面交流，推动境内外生互帮互助，共同成长，切实提升学生跨文化交际能力。除此之外，文化长廊上的大学生特色文化活动展、定期举办的境外美食品鉴会、每年除夕夜举办的中外师生除夕派对等一系列活动，都使得社区文化共享空间成为境内外生交流交往的会客厅。

(4) 助力创新实践，培育侨校新人。当前，“大众创业、万众创新”的社会主题和大学生创新能力培养是高校人才培养的不可忽视的命题。社区文化共享空间本身所具有的时代属性及开放共享的属性，决定了其所具有的创新实践培育环境和强大驱动力，“××众创空间”的建立，便是通过设立文化创新展示空间和交流空间，营造浓郁的创新实践氛围。自创办以来，“××众创空间”共举办包括“视觉传达设计毕业展”“工业设计产品展”等大小型文创作品类作品展览近20场，举办“矮凳网设计师沙龙”“美术学院校友系列讲座”“境内外学长交流会”等主题沙龙30余场；各类创新创业团队、挑战杯参赛队伍成为社区文化共享空间的讨论室、会议室的常客；此外，学校结合社区文化共享空间建设，开办了三个咖啡创业实践基地，以团队公开招募的形式，组建学生团队进行自主经营，通过提供咖啡饮品，营造轻松、自由的交流环境，让该社区成为境内外同学交流创新思维、碰撞智慧火花的重要场所。

(三) 未来加强和改进计划

H大学社区文化共享空间建设是学校近年来加强和改进大学生思想政治教育，推进校园文化建设和育人实践的一次有益尝试，一系列探索工作所取得的成绩得益于“以学生为本”理念的深入贯彻和对高等教育发展趋势的深刻把握。在未来工作中，学校将继续以全国高校思想政治工作会议精神为指导，从以下三个方面推进社区文化共享空间建设：一是进一步锤炼社区文化内涵，培育和践行社会主义核心价值观，不断增强中国特色社会主义道路自信、理论自信、制度自信、文化自信。二是加强校园文化建设顶层设计，进一步挖掘校园文化的侨校内涵，整合校园文化资源，丰富社区文化共享空间建设，进一步提升空间的文化品位和层次。三是拓展社区文化共享空间的服务覆盖面，通过引进来和走出去，进一步学习借鉴境内外高校文化空间建设的有益经验，通过校内外活动的有机结合，宣传侨务知识，传播学校的文化理念。

第四节　海上丝绸之路精神融入高校校园文化建设

海上丝绸之路精神（以下简称“海丝精神”）是以和平合作、开放包容、互学互鉴、互利共赢、尚新图变、重商务实、重祖亲乡、乐善好施为基本内涵的与时俱进的精神。高校作为意识形态的前沿阵地，要积极从中华优秀传统文化当中汲取丰厚滋养和丰硕资源。将海丝精神融入校园文化建设，必须要通过多种途径实现师生对海丝精神的文化认同，着力把握校园文化正确发展方向、着力提升文化自觉和增强文化自信、着力营造中华优秀文化认同氛围、着力推进校园文化建设价值认同，以促使当代大学生树立正确的世界观、人生观、价值观，同时打造高校校园文化建设的新格局。

海上丝绸之路是中国与世界其他国家（地区）开展经济、文化交流交往的海上通道，是贯穿东西方文明的重要文化桥梁和纽带，它不仅是一条贸易之路，更是一条文化交流之路。从汉唐之际起，历经 2000 多年的发展延续，海上丝绸之路沿线国家和谐发展、互利共赢，沿线海洋群体逐渐形成了勇立潮头、与风浪拼搏、与命运抗争的冒险精神，舍家离乡、简朴恭谦、海纳百川的禀性品德，以及对崇高理想、奋斗目标、高尚情怀不懈追求的顽强意志。习近平总书记指出，“千百年来，丝绸之路承载的和平合作、开放包容、互学互鉴、互利共赢精神薪火相传。实现民族振兴的共同使命和挑战，需要我们弘扬丝绸之路精神”。因此，海上丝绸之路精神是中华优秀传统文化的重要组成部分，是提升我国国家文化软实力的关键作用因素。高校作为意识形态领域的前沿阵地，要充分运用中华优秀传统文化的宝贵资源，将海丝精神融入校园文化建设之中，使大学生产生强烈的海丝精神文化认同感，并能够将其核心价值内化于心、外化于行，在提升文化自觉和增强文化自信的同时，促使其树立正确的世界观、人生观、价值观。

一、海丝精神的时代价值意蕴

海丝精神是依托海上丝绸之路而产生的独具特色且内涵丰富的精神质态，可以说，它是中华优秀传统文化中集文化辐射力、文化整合力和文化感召力于一体的重要思想教育资源。海丝精神反映了中华民族虚怀若谷、海纳百川、开放包容的优秀品质，在面对多国家语言文化、多民族习俗文明相互交融时，能够坚定地保持对本民族的文化定力，固本归元并强基传统文化价值，这显著地体现了海丝精神开放包容的重要核心素质。

海丝精神的价值取向和显著特征在于重祖亲乡、乐善好施和尚新图变、重商务实。海上丝绸之路沿线国家人民都有着舍家离乡、忍受客居的强大勇气，在开拓沿线的过程中，他们战风斗浪、敢于拼搏，凭着创新实践、刻苦务实的精神，以及放眼四海、宏阔包容的广博胸怀，接纳各地新事物、新思潮、新文化，成为多元文明交流互融的桥梁纽带。与此同时，他们不断探索、奋勇向前，也形成了吃苦耐劳、以苦为乐的气量禀赋。当在海外有所发展以后，他们大多数选择回乡谒祖、慷慨捐资、造福同乡，为家乡建设做出力所能及的贡献，此种精神品质口口相传延续至今。

海丝精神形成的方法路径为和平合作、互学互鉴，从而达到互利共赢。从古代儒家“和实生物，同则不继”，到近代“中学为体、西学为用”“师夷长技以制夷”，再到改革开放以后中国“引进来、走出去”经济发展思维，以及当前的“一带一路”倡议构想等，无不体现中国“八音合奏，终和且平”的宏阔气度，以及期待与世界各国合作共赢、共同发展的美好愿景。在开辟丝绸之路的过程中，我们也看到，中国的四大发明造福了世界，中华文明也因此远扬四海。与此同时，西方的天文、历法在相互交往中不断涌入中国，实现了不同国度、不同文明的互学互鉴，也为各国人民友好交往、共同发展搭建了平台。

今天，我们要继承和传扬海丝精神，尤其要将其应用于当代大学生的思想教育及校园文化建设当中，以丰富教育内容创新教育思维。校园文化具有约束、导向、激励、凝聚、塑造、示范等功能，体现在高校制度文化、精神文化对高校主体的约束，对其行为习惯的规范和支配；体现在通过校训、校风等形式对个人或群体起到目标导向、价值引导等作用；体现在对个人政治意识、思想观念、生活方式、心理健康，甚至理想追求等方面的积极激发作用；体现在通过某种方式在集体中形成一种共同的价值观向心力，把学生维系在统一的精神文化之中，并对个人管理能力提升、自主创造能力改善以及思维方式、文化模式优化等方面存在积极的示范导向作用等。因此，将海丝精神的文化精髓融入高校校园文化建设，并以增强海丝精神文化认同，强化大学生对海丝精神的文化自信与自觉为切入点，探讨校园文化建设与中华优秀传统文化联结的契合点、立足点和落脚点，将对改善大学生综合素质培养以及深化高校内部综合改革等存在重要的现实意义和实践价值。

二、海丝精神融入校园文化建设的认同维度

校园文化是高校在发展过程中形成的独特的精神气质、道德规范、价值观念和行为模式的总和，是高校核心竞争力的主要表现，其物质文化在于学校之形，制度文化在于学校之规，精神文化在于学校之魂。校园文化建设着重于良好人文环境的塑造以及特色文化氛围的营造，不仅体现在各种楼宇、雕塑等文化设施的规划，校训、校歌的吟诵传唱，还体现在师生通过共同参与学术讲座、科技文化活动等交换知识、创造知识，更表现为集体对于思想观念、价值取向以及行为规范的统一认可和认同。因此，在海丝精神融入校园文化建设的过程中，根据个体的心理素质和价值观念可将认同的维度大致分为三种类型：自然认同、强制认同和理解认同。

（一）自然认同：提升文化魅力，形成良好氛围

对于海丝精神的自然认同，主要是指师生在无意识的状态下对融入校园文化的海丝精神产生认同，这就要求必须增强海丝精神的外在感染力，充分展示海丝精神的文化魅力，在校园文化建设中营造良好的文化氛围。将海丝精神渗透到校园物质环境和人文环境的塑造当中，结合学校教育的要求和时代发展的特点，合理规划与布局，力图做到规范化、标准化。另外，通过海丝精神引导校园文化建设，使海丝精神在师风师德建设、校风学风建设、校园文化活动等方面得到充分的体现，学生在积极健康的文化

氛围引导下，自然而然地增强自身对于国家和民族的认同与归属，对于中华传统文化的认知和感悟，自觉地将个人的价值追求与国家、民族的振兴发展相关联相融合。

（二）强化认同：加强教育引导，辅助强制措施

教育引导是对当代大学生进行价值观再生产的主要传承方式，是加强文化认同的必要条件，但并非固定的充分条件。从某种程度上看，教育的强化认同更偏向于一种利益诱导形式。将海丝精神融入校园文化建设，以大学生切身利益为切入点，以如何对待他人利益以及怎样诠释国家利益为角度，调节大学生的心理、行为规范，并对其进行海丝精神的灌输和核心价值观的强化。同时，思想政治理论课教师也要充分认识海丝精神的重要作用，及时调整知识框架和结构，借助多种方法手段，对海丝精神进行课内课外的宣教引导，通过内外合力强化大学生对于海丝精神的文化感知和认同。

（三）理解认同：强调视域融合，促进多元交融

视域融合是理解认同的真谛，促进交融是文化互鉴的目的。理解者与被理解者双方都有各自的问题视域，如何寻求更为广阔的视域视角，以达到不牺牲一方利益的前提下消除二者间的矛盾，实现双方的统一互利，并最终实现多元交融求同存异，是海丝精神与校园文化建设相融合的应然路径。这就要求高校师生要不断深入地理解认同海丝精神，在校园文化建设中与海丝精神进行相遇、对话，充分发挥师生的主体性作用，拓宽、畅通师生表达意见的渠道，完善沟通机制，使其能够在自我意识的表达中实现个体的主体性，在理解海丝精神内涵的同时认同校园文化建设发展格局，将个人意志和理想的追求与集体意识和认知的把握相联结，做到内外兼修、知行统一。

三、提高海丝精神文化认同，打造校园文化建设新型格局

新时期高校校园文化建设要求坚持自由自治的校园文化理念、人文与科学相融合的校园文化精神、开放包容富于创新的校园文化氛围，以及严

格执行高度认同的校园制度文化。海丝精神提倡和平合作、开放包容、互学互鉴、互利共赢，同时兼备尚新图变、重商务实、重祖亲乡、乐善好施的优秀品质。通过提升大学生对于海丝精神的文化认同，在教师和学生中间倡导一种追求真理、创造价值的自由学术价值和学术风气，一种关心人的尊严价值和全面发展的责任精神，一种兼容并包、和而不同、师生自由合作的创新发展体系，一种体现大学精神、突出目标价值的现代大学治理体系，并在此基础上着力打造新时期校园文化建设的新型格局。

（一）强化海丝精神建设意识，着力把握校园文化正确发展方向

在庆祝中国共产党成立 95 周年大会上，习近平总书记指出，“青年是祖国的未来、民族的希望，也是我们党的未来和希望”。尤其大学生是中国特色社会主义现代化的未来，其政治思想和价值观念的正确与否，直接关系到我国社会主义事业能否后继有人、关系到中华民族伟大复兴中国梦能否早日实现。在当前复杂多变的思想文化环境当中，高校必须要坚持马克思主义在意识形态领域的指导地位，继承弘扬中华优秀传统文化，并将其充分运用于校园文化建设当中，激发大学生保持对中华优秀传统文化的耐力和定力。而作为优秀传统文化的重要组成部分，海丝精神为校园文化建设提供了优秀的思想教育资源和精神文明载体。通过强化海丝精神的建设意识，从而提升师生对于海丝精神的认知了解以及文化认同，进一步使学生将海丝精神内化于心、外化于行。

校园文化反映了师生奋斗的群体目标，行为规范、规章制度体现了高校校风、学风的发展方向，具有显著的精神性、社会性、时代性和可塑性。海丝精神的融入发展，不仅要体现在大学精神的塑造和凝练，还要着重于教学设施、文化活动及骨干队伍培养等多个宣教维度。通过建设海丝文化遗产展示中心、海外交通史博物馆等方式加大对海丝文化的开发与挖掘。通过海丝国际艺术节、海丝研究论坛、丝路精品剧目展演等形式，密切同海丝沿线国家的民间文化交流往来，在实现互学互鉴的同时，取长补短、互利共赢。另外，还要培养一批海丝文化名师，建设一支具有深厚传统文化底蕴和强烈民族精神的骨干教师团队，将海丝精神建设意识深入师生课内课外，通过理论培训、实践锻炼以及校园文化组织策划等方式，强化师生对海丝精神的深度认同。

（二）加强海丝精神理论教育，着力提升文化自觉和增强文化自信

实现文化认同的重要前提在于文化自觉，要能够充分认识文化的形成过程、本质特征以及发展趋向，才能从历史中寻找支撑线索，做到知之深、爱之切。因此，要想实现海丝精神与校园文化的有效融合，必须要运用多种途径加强海丝精神的理论教育，通过文史类课程的传授讲解，让学生了解源远流长的古代海丝历史，以及波澜壮阔的近代海丝发展历程，真正从思想上树立文化自觉与自信，并实现文化自重与自强。另外，在理论教育的基础上，还要强化海丝精神的探索研究，在传统与现代、东方与西方、理想与现实的选择当中，寻找校园文化建设的实践路径，为实现开放包容、丰富多元的校园文化提供更多参考。

高校要能够结合自身实际，在充分了解校园文化的传播渠道、传播媒介和方式的前提下，把握传播特点及形成规律，以促进海丝精神的有效融入。海丝精神所体现的开放包容、尚新图变、重商务实品质，以及海洋群体在与风浪抗争过程中所展现的勇于冒险、爱拼敢赢、回馈桑梓等品行特征，都是当代大学生需要继承并加以弘扬的宝贵精神财富。通过海丝文化教育，培养大学生具有崇高的理想信念和强烈的历史责任，加强对其集体主义教育以实现个人利益与集体利益的辩证统一，还要增强其民族责任感和自信心，在多元文化交融的大环境下加强爱国主义宣传教育，为实现社会主义现代化建设而不断努力奋斗。

（三）建设海丝精神校园文化，着力营造中华优秀文化认同氛围

如果高校要使学生对中华优秀传统文化有着高度的认同感，就必须要以激活学生的青春特质为出发点，展现当代大学生靓丽多姿、活力四射的特点，通过海丝精神在书画社团、学术科技社团、表演社团等学生团体组织的传承与创新，以大学生特有的呈现形式使海丝精神在高校实现多元化绽放。实施文化品牌工程，制定《优秀文化品牌建设与管理办法》，使海丝精神文化品牌建设与评选逐步规范化、制度化，鼓励全校师生共同开展特色鲜明、丰富多彩的精神文化活动。同时，加强各院系对海丝精神的探索，将品牌专业、品牌课程以及品牌师资等与海丝精神相结合，打造并树

立一批文化宣传典型，以促进文化氛围的和谐营造。

另外，高校还要保持对海丝精神宣传的常态化，建立并完善海丝精神的宣传阵地，持续性地通过网站、荧屏等新媒体手段宣传海上丝绸之路，创作生产一批有海丝特色的动漫、影视等文学艺术作品，推出系列文化丛书，组织好各类海丝精神宣传品的出版和管理工作，向师生全面准确地展示海丝的历史文化以及海丝精神的时代价值，同时激发社会各界校友积极参与到海丝精神宣传和校园文化建设当中，形成推进海丝精神融入校园文化建设的强大合力。

（四）重视海丝精神文化实践，着力推进校园文化建设价值认同

文化认同的实质即价值认同，而文化认同与文化实践紧密相连，文化认同的过程可以说是文化实践不断深化的过程。高校通过广泛深入地开展海丝精神文化实践活动，可以促使师生增进对海丝精神的认知和理解；通过对海丝精神的认识传播创新，培育并强化其对文化判断的选择能力，实现海丝精神的价值内化；通过对海丝精神的实践探索与发展研究，凝练和培育符合时代要求的特色大学精神，倡导以和平合作、开放包容的形式，弘扬科学精神、人文精神的求索之风，实现会通中外、并育德才的育人目标。

海丝精神的文化实践活动要做到基地化、常规化。要能够充分发挥现有合作基地的示范效果，不断开辟和建设新的海丝精神宣传教育基地。通过参观、考察海丝文化宣传基地，使大学生能够更多地了解祖国的悠久历史和灿烂文化。同时，结合一些重要的节日和历史事件，开展一系列富有思想性、知识性和趣味性的文化实践活动，以增强学生的民族自尊心、自信心和自豪感，强化其民族向心力和凝聚力。同时，高校要加强对校园文化建设的规划和指导，重点突出校园文化的知识性和开放性。要从组织上、制度上、方法上建立并完善校园文化建设的导向机制，将对社会信息的反馈、筛选等外部导向机制，与学生自我管理、自我约束的内部导向机制相结合，通过多种潜移默化的形式，促进海丝精神发展与校园文化建设朝着积极健康高效的方向持续发展。

第五节　高校文化集群融合共生维度创新

大学的根本使命在于立德树人，要着力引导大学生树立正确的世界观、人生观、价值观，并保持大学生对自身文化的自信、耐力和定力。当前，各类文化以多种形式汇集高校，呈现集聚性、专业化、网络化等典型特征，要求高校利用文化治理手段促使多元文化集群达成融合共生的有序发展模式。在高校实施文化治理过程中，要切实结合自身发展实际，构建科学治理体系，支撑保障治理能力提升；增强价值文化认同，培育统一核心价值理念；体现制度治理意涵，克服文化集群制度困境；扩大文化开放程度，彰显融合共生创新发展，为培养造就社会主义事业合格建设者和可靠接班人奠定坚实基础。

习近平总书记在“七一”重要讲话中强调，要坚持不忘初心、继续前进，坚持中国特色社会主义道路自信、理论自信、制度自信、文化自信。其中，文化自信是更基础、更广泛、更深厚的自信。高校是意识形态工作的前沿阵地，肩负着为中国特色社会主义事业培养合格建设者和可靠接班人的重要历史使命，因此，更要做好文化建设工作，要通过对中华优秀文化的继承和弘扬，促使大学生树立正确的世界观、人生观、价值观，并使其能够保持对自身文化的自信、耐力、定力。高校校园文化是大学师生在教学实践、科学研究、社会服务等过程中共同创造的，反映大学群体意识、价值观念和行为规范的一种亚文化样态，而在其发展过程中，又与地方区域文化、民族文化、网络文化以及其他社会文化等发生冲突和融合，是多元文化集群共同作用相互反应的综合样态。在高校内部实现文化集群的融合共生秩序，不仅可以促进形成良好的校园文化，还能够调节师生的思想行为，培养其统一的自我约束和自我管理能力，进而使高校形成强大的凝聚力和吸引力，促使高校多元文化综合治理，同时推进各项事业持续健康发展。

一、新时期高校多元文化的集群性特征

文化资源与一般意义上的物质资源不同，主要是以人为载体，包括语

言、音乐、图案、传说等符号化的文化知识，写作、舞蹈、歌唱、设计等经验性的文化技能，还有创意、灵感、构思、决策等突破前人思维的独创性思量模式和实践能力，等等。因此，无论哪种呈现形式都与人类的活动密不可分，而由于人类活动本身所具有的社会性和集聚效应，从而使得文化资源也具备了集群性特征。文化集群的概念最早是由学者 Wynne 于 1992 年研究英国城市文化发展时提出，将其定义为各种文化和娱乐设施高度集中的地理区域，他认为文化集群对英国城市经济的发展起到重要的引擎作用。[①] 随后，文化集群研究也被逐步深入拓展、广泛地应用于国家和地区的文化建设发展当中，并且超越了有形的文化设施，开始强调文化消费和生产活动的空间集聚，而对于有限地理空间的测度标准一般以步行范围为准。

新时期，高校多元文化并存，表现出明显的集群性特征。在一般情况下，文化集群最突出的特征在于集聚性。首先，由于某一固定地理空间的各种文化往往存在紧密的内在关联，并且趋向于在同一地方共同生长互融发展，会逐渐形成以一个或一些核心文化为主导的向心引力，促使其他多元文化汇聚并形成高度集中、循环因果的集聚效应。其次，在同一空间领域的文化资源一般拥有一个共同的特定主题或具有直接的上下游关联，正是由于这种紧密的专业化特征才使得各种文化互学互鉴，并为集群融合共生提供了可能。最后，网络化特征是文化集群融合之后伴随的一种显著现象。集群网络化的体系结构包括集群内各种子资源之间，以及子资源与政府、组织或企业之间的正式和非正式的协作关系。也正是这种网络化的特殊关系在集群中自主形成一种社会文化和社会资本，并能有效地扩散和传播文化资源的影响力，最终提升文化集群的整体竞争力。高校是意识形态领域的前沿阵地，同时也是各类典型文化交汇融合的集聚地，总体呈现以校园文化为主体，民族文化、区域文化、企业文化以及各种社会文化相融合为特色的多元集合体。因此，如何清晰理顺高校多元文化集群的内在关联，探寻集群内部相互融合共生的作用机理和组建机制，是完善高校文化集群治理体系、提升文化治理能力的必然路径。

① 参见于立、张康生《以文化为导向的英国城市复兴策略》，载《国际城市规划》2007 年第 4 期，第 18 页。

二、高校多元文化集群的融合共生关系

共生，即共同生活，是生物学中的基本概念，原指两种生物彼此互利地生存在一起，但缺乏彼此都无法生存的一类种间关系。在一般情况下，两种生物之间所形成的共生模式主要有三种：寄生条件下的点共生、偏利共生条件下的间歇共生，以及对称互利共生条件下的一体化共生。近年来，共生思想被广泛运用于自然科学和人文社会科学领域当中，其协商合作的共生本质使其逐步渗透到社会学、管理学的研究分析当中，被认为是自然与人类实现和谐发展的动力之一。高校要实现多元文化集群之间的融合共生，必须要能够准确地找寻校园文化与其他文化之间融合的载体，明确文化之间可能融合的基本元素，并在此基础上探索融合共生的发展模式和路径。

校园文化是高校师生共同遵守并积极践行的价值目标、思想信念和行为准则，其显著的对外开放性决定了其对区域文化、社会文化、企业文化等外来文化保持兼容并蓄、吸纳扬弃的一贯态度。如区域文化是民族文化的重要基础，是大社区或城市各种文化的统一体，其与校园文化的契合程度不仅是社会主体文化的发展要求，同时也是大学自身发展的强烈诉求。高校通过借助所在区域的发展优势，充分利用区域内的优秀文化资源，能够为其实现跨越式发展奠定基础。另外，校园文化是区域创新体系的重要支撑，是承载区域发展的凝聚力和创造力的重要源泉，对区域文化的全面发展具有显著的提升和推动作用。再如，社会文化是存在于社会各领域的一般文化，是社会的主文化、大文化和主导文化，其与校园文化是相互渗透、相互制约的系统与子系统的关系。校园文化主要通过人才的培育和影响来实现对社会文化发展的推动作用，所以要能够坚持校园文化向社会文化的开放性，保持校园文化活动与时俱进的特质，提升校园文化的自身软实力是促进校园文化与社会文化融合共生的重要契合点。只有两者实现良性互动发展，才能使得大学生的人文素养教育更具针对性和实效性，同时也为教育的创新发展提供文化支点，为和谐校园的建设发展奠定思想文化基础。另外，现代社会对大学生理论联系实际能力和实践动手能力等要求不断提高，这也使得校园文化与企业文化之间的对接融合成为必然。通过校企文化的互融衔接，能够培养学生的职业素养、激发其学习热情，提升

其综合素质水平，培养其创新精神，同时还将增强其社会适应能力。在此基础上，通过以校企合作、工学结合、产学研结合为桥梁，校企文化互学互鉴为牵引以实现校园文化与企业文化的融合共生。当然，区域文化、社会文化、企业文化及其他多种类型的文化形态，在各自与校园文化构建融合共生秩序的同时，也为它们相互之间互学互鉴、互通有无创造了契机，增加了文化集群整体互融发展的可能性。

从治理角度看，文化是高校在其发展过程中所创造的物质财富和精神财富的总和，在某种程度上，文化决定理念，理念决定战略，战略决定制度，制度决定行动，行动决定效果，效果将最终影响文化，即高校治理始于文化，又归于文化。对于高校多元文化集群的融合共生现象，必然需要一种规范有序的治理逻辑加以协调和维持，而促进文化综合治理则是解决问题的必然选择。这是对高校内部多元文化特性及其表现行为做出的制度安排及规范，也是大学去行政化并推崇学术文化特性的重要体现。因此，新时期高校文化集群治理要能够从内部治理和外部治理两个层面展开研究，以从行政性到学术性、物质到精神、继承到创新、封闭到开放为主要思路进行治理维度拓展，为高校整体实现系统综合治理奠定坚实的文化基础。

三、新时期高校校园文化集群治理的维度拓展

高校文化具有多元性、创新性、包容性、前瞻性等特质，有着较强的感召力和凝聚力，在很大程度上影响着学生健康人格的塑造。新时期，多元文化集群的综合治理，不仅体现在校训、校歌、校徽、标志性建筑等微观文化载体方面，还表现于学校的氛围、声誉、就业率等社会影响方面，要通过学术文化治理、制度文化治理、精神文化治理、行为文化治理以及创新文化治理等多角度全方位综合开展，以实现培育师生统一大学精神的终极目标。

（一）构建科学治理体系，支撑保障治理能力提升

文化治理是通过寻求文化的创造性再生以实现文化的不断发展，并在此基础上建构合理的精神秩序。不同于国家治理和政府治理，文化治理不仅注重其本身的工具理性，更在乎其表现的价值理性。在强调文化认同的

同时，还规范了文化主体的参与内容和方式，体现了积极推进现代化进程的文化价值功能。而只有当工具理性与价值理性实现深度融合时，治理功能的实效性才能得到真正有效地发挥。作为一种相对完善的治理系统，高校文化治理集多元性与整体性、结构性与系统性于一体，其中，文化治理体系是基础，文化治理能力是保障。

文化治理体系是由多元化治理主体与系统化治理客体之间相互协调、整合而形成的综合系统。治理体系是以多元化治理主体为中坚力量，同时主导多元文化集群融合共生秩序的有序进行。而系统化治理客体主要是为文化治理创设丰富的对象及内容，促使建立更加合理的治理结构和序列。文化治理能力的建构目的在于实现多元能力的综合协同，并加强文化制度创新的作用机制建设，通过制度创新保障文化治理过程的常态化运行。文化治理体系的现代化是实现文化治理能力现代化的前提，而文化治理能力的现代化能够有效推动新型文化治理体系的形成，并带动文化治理模式的整合构建。因此，高校文化集群治理的关键在于引导文化治理主体自觉发展，找准治理依据，紧抓治理重点，促进文化治理体系与治理能力相互支撑协调，共同推动多元文化集群治理的现代化进程。

（二）增强价值文化认同，培育统一核心价值理念

在高校治理现代化背景下引入文化治理的主要目的在于，探究多元文化集群共融的发展理路和价值功用。通过文化治理主体的自觉发展，发挥文化治理体现的价值理性，从而带动高校文明的综合全面发展。文化治理是集治理理念、治理实践和文化价值转换、文化体制实践于一体的综合系统，是增强高校师生文化认同的动力源泉。文化认同为文化治理提供普遍性的凝聚力量，是一切文化治理活动的前提。文化治理又为文化认同提供行为观念的集体实践，通过“软治理”方式增强多元主体的合作意识，塑造文化认同的政治价值，提升文化认同的实际效能感，形成强大的感召力和凝聚力。

高校文化治理的价值目标在于构建良好的精神秩序，塑造坚实的文化心理，是统筹文化发展战略、推动文化创新发展的“软治理”模式。文化治理为高校多元文化集群提供了相互交流、相互融合的友好环境，为核心价值的融合共生创造条件，充分发挥了核心价值对于大学生的启蒙意义。另外，高校文化集群治理的重点在于强调主流校园文化宣传，强化主

流价值观教育，有助于克服意识形态边缘化危机。通过文化治理的法治意义和规范作用，以明确统一高校师生的价值认同取向，避免因理想信念的不坚定而造成核心价值观的迷失。

（三）体现制度治理意涵，克服文化集群制度困境

现代化的治理模式需要建立与多个领域发展相适应的治理体制，高校的文化治理深化与文化功能体现都要求完善并拓展延伸文化治理的现有格局，而科学合理的文化治理结构需要构建整体性、综合性的制度系统，为制度化、法治化意涵提供强大的内外动力和保障，在发挥治理价值功能的同时，实现文化价值观与治理理念的融合统一。然而，在治理模式不断深化发展的过程中，主体多样性、理念多元性以及议题交叉性等问题逐渐显现，也使得制度的密度显著增加，其复杂性、不确定性等因素一定程度地影响了制度实施的实效性，即存在制度困境的危险性。

高校文化集群治理同样需要从制度安排角度出发，精准把握文化治理的静态结构和动态发展，要通过治理制度的完善、调试促使文化治理制度逐渐成熟，加之系列路径设计使制度安排遵循治理制度化的一般逻辑，为化解高校文化集群制度困境提供可能性和导向性。另外，作为高校文化集群的主导先锋，校园文化建设要坚持正确的政治导向，用先进文化培养人，用科学知识教育人，弘扬校园文化的主旋律，坚持物质形态文化与观念形态文化建设齐抓共管，通过多元文化集群有序发展、融合共生形成教育合力，把大学生培养成为社会主义现代化建设的合格接班人。

（四）扩大文化开放程度，彰显融合共生创新发展

高校文化集群是一个立体化、开放性的概念，不仅需要教师、学生等人员的参与，还包括硬件、设施等物的内容，以及区域文化、企业文化等外围因素的融入，因此需要有多层次、多渠道的建设路径。高校文化集群治理模式应呈现立体交叉的多元发展格局，在实践中着重强调精英文化与大众文化的交融共生，不断扩大高校多元文化开放程度，并丰富治理渠道的信息运转方式。现代大学精神根植于民族优良的价值传统和社会先进的核心价值体系，是高校自身发展过程中形成的独特的精神形式与文明成果，是高校多元文化体和文化集群等意识形态的整合凝练、高度升华。因此，高校校园文化活动要着力体现大学精神的定位与实质，将践行大学精

神作为提升校园文化品位的重要思路。

新时期，以实现高校文化集群治理为指引的校园文化建设，坚持将人文精神和科学精神相统一，具有较强的号召力和向心力，不仅是大学生思想政治教育的有效手段和方法，更为大学教育目标的具体实现提供全新的视角和思路。大学精神是校园文化建设的灵魂与核心，是在传统物质文化与制度文化建设基础上形成的核心观念文化，体现了高校多元文化集群治理的最高要求。当前，高校要紧密围绕学风建设这一主线，在师生中培养并践行勤奋刻苦、严谨踏实、求实创新的优良学风氛围。同时，文化集群治理也要立足多元文化融合共生基础，着重把握大学精神的时代特质，坚守自治与学术自由的校园文化理念，努力引领中国先进文化前进方向，并赋予大学精神与时俱进的时代内涵，最终构建多元文化集群和谐共荣的高校文化发展新格局。

第六节　雷锋精神增强大学生主观幸福感

主观幸福感比较直接地反映了个人对当前生活状态的主观感受，它受到内部和外部两方面因素的综合影响。而雷锋精神是中华民族传统美德的时代升华，是我国社会主义革命和建设伟大实践伦理精神的凝结，具有丰富的时代内涵和与时俱进的良好品质。高校可以以弘扬雷锋精神为支撑点、精神文明建设为提升点、主观幸福增强为升华点来全面增强大学生的主观幸福感。

主观幸福感是评价者根据一定的标准对其个人生活质量做出的综合性心理评估，其主要反映个人对当前生活的主观感受。人民群众的幸福感是社会运行状况和个人生活样态的“晴雨表”，作为最重要的非经济因素，它是社会发展和个人发展的“风向标”。因此，不断提升人民群众的幸福感是建设中国特色社会主义的重要目的，同时也是新时期贯彻落实科学发展观的必然要求。提升主观幸福感的重要途径之一就是要在“筑牢国家繁荣富强、人民幸福安康、社会和谐稳定的物质基础”的同时，不断加强个人精神层面的道德修养意识，而雷锋精神是中国传统美德在雷锋个人身上的集中体现，其实质是全心全意为人民服务，并且具有与时俱进的特点。持续发挥雷锋精神的道德影响力，让其成为大学可学可用、活学活用的德育资源，并通过弘扬和践行雷锋精神增强大学生主观幸福感，将为高校保持更加快速稳定的可持续发展态势奠定坚实的思想基础。

一、新时期雷锋精神对提升主观幸福感的重要意义

雷锋精神作为中华民族传统美德与共产主义光辉思想相结合的时代精神，具有持久的生命力，雷锋精神的时代内涵和崇高价值，需要被不断地丰富补充并继承传扬。发扬光大雷锋精神，仍然为这个时代进步所必需，仍然为改革开放和现代化建设事业发展所必需。几十年来，学雷锋活动已经成为社会主义精神文明建设的重要内容，是思想政治工作、精神文明创建、爱国主义教育以及大学生培养等各项工作的重要载体。

（一）雷锋精神的时代内涵

归纳起来，新时期雷锋精神主要体现在以下五个方面：一是“一心向着党，向着社会主义”的政治立场；二是“把有限的生命投入到无限的为人民服务之中去”的高尚品德；三是像“钉子”一样善于“挤”“钻”的优良学风；四是“做永不生锈螺丝钉”的敬业态度；五是勤俭朴素、艰苦奋斗的优良传统。这些精神品质，与党在新时期培养“有理想、有道德、有文化、有纪律”的“四有”公民的基本内容是保持一致的，而且充分体现着《公民道德建设实施纲要》所倡导的“爱国守法、明礼诚信、团结友善、勤俭自强、敬业奉献”的基本规范要求。在开展雷锋精神宣传学习活动的同时，它也被逐渐地赋予了与时俱进的丰富内容和独有的时代特征。

首先，时代性与民族性。时代造就了雷锋精神，雷锋精神又发展着时代精神，不断地增添鲜活的时代内容，展现时代的风采，折射时代的光芒。另外，雷锋精神吸纳了中华民族传统文化的精华，秉承了中华民族的传统美德，而这正是雷锋精神产生的文化根基和思想来源。雷锋精神是以国家和集体利益为重的责任感，是自强不息、顽强拼搏的进取精神，是先人后己、助人为乐的道德情操等，无不体现着中华民族传统文化的博大精深。其次，先进性与群众性。雷锋精神所具有的内在价值在于它包含着当代共产党人的崇高追求和境界，充分体现了共产主义的世界观、人生观、价值观，具有经久不衰的时代影响力；它揭示了人的自由和全面发展的价

值导向和路径，体现了历史发展的趋势和要求。由于雷锋精神的核心是代表最广大人民群众的根本利益，它集中反映着人民群众现实的愿望和要求，也就必然在实践上具有较强的可接受度，使之由个人精神发展成为群体精神。最后，实践性与拓展性。雷锋精神以实践为基础，以拓展为目的。雷锋精神的可贵之处，就在于平凡之中见伟大、细微之处见精神，其人格价值在于，把高尚的共产主义道德修养和为人民服务的实践相结合，体现着平凡人生和伟大人格的完美统一。同时，中华民族的文化底蕴、中国特色的社会主义精神文明建设，为雷锋精神价值的实现和提升提供了广阔的人文空间；全国人民乃至世界人民共同的道德追求，则奠定了雷锋精神价值得到实现和延伸的坚实社会基础。

（二）雷锋精神对大学生主观幸福感的提升作用

主观幸福感具有主观性、稳定性和整体性三个特点，而衡量主观幸福感的指标主要有：①认知评价，又称为生活满意度，即对生活质量的整体评估；②积极情感，包括愉快、开心、精神饱满、觉得生活有意义等情感体验；③消极情感，如抑郁、悲伤、厌烦、忧虑等情感体验。其中，认知评价是衡量主观幸福感的关键指标。

总体看来，影响大学生主观幸福感的因素主要有内部因素和外部因素两种。内部因素主要是指人格特质、自尊、价值观和控制感。外向型性格与幸福感、生活满意度和积极情感存在显著的正相关，与消极情感有显著的负相关作用。大量研究表明，大学生的总体生活满意度与其自尊表现出中等程度的相关性。价值观是人们用来区分好坏标准并指导行为的心理倾向系统，内部价值表现为自我目标的实现、学习能力和道德水平的提高等，它们都与主观幸福感显著相关。控制感是对个人性格特征和行为与其所经历的后果之间的关系形成的一种概括化的期望，即越是相信自己能够驾驭自己生活的大学生，其心理焦虑程度就越低，心理健康状况就越好。外部因素主要指专业因素、社会关系和文化背景等，大学生的专业因素对其主观幸福感的影响尤其显著。研究结果显示，对主观幸福感影响最为明显的六个学科，由强到弱依次排序为：艺术—文科—农科—工科—理科—医科，学科的差异、就业的压力以及相异的知识领域使大学生之间的主观幸福感产生了一定的差距。社会关系具有社会支持的作用，大学生的社会支持不仅与焦虑水平有显著的负相关，并且与人际关系、职业期望、校园文化及学习压力等密切相关。主观幸福感的结构和内容在不同的文化背景中都存在，文化背景通过选择的目标和达成目标的资源，使某种因素在一种文化中对主观幸福感发生作用，并产生深远的影响。

雷锋精神作为民族精神、时代精神以及共产主义精神的集中体现，始终与时代发展相适应，有着与时俱进的旺盛生命力。构建社会主义和谐社会，需要发扬艰苦创业、自强不息的奉献精神，同时要树立起顾全大局、克己奉公的主人翁态度，以不懈的努力构筑和谐融洽的良好社会风尚，而这些品质正是雷锋精神的内涵宗旨之所在。学习雷锋精神，主要是学习其干一行钻一行的“一颗钉”精神、热情进取的“一团火”精神、团结协作的“一滴水”精神、服从奉献的“一块砖”精神以及感恩反哺的“一片叶”精神。同时，弘扬和践行雷锋精神可以从细微的行动方面改变个人的世界观和价值观，并且在开展学雷锋活动的同时，可以获得更多的社会支持，从内外两方面增强大学生的主观幸福感。

二、大学生主观幸福感现状的调查分析

关于当前大学生主观幸福感的现状，H 大学“大学生主观幸福感调查研究”小组开展了专项走访调研与座谈。调查结果显示，在校大学生对生活的满意度处于中等以上，在情感体验中，大学生的积极情感较多，积极情感高于消极情感，但仍有一定数量的大学生主观幸福感水平较低，这部分学生占在校总人数的 10% 左右。另外，在调查中发现，年级高低对生活满意度和积极情感的影响比较显著，在生活满意度上，大学一年级学生的生活满意度要明显高于三、四年级，而二、三年级学生之间的差异不显著。除此之外，在当代大学生之中，一些消极的主观因素不断干扰着高校精神文明建设工作的开展，同时这也对大学生主观幸福感的产生存在较大的影响。

（一）强烈的索取意愿，淡薄的奉献精神

目前，部分高校大学生存在自私索取意识强、服务奉献精神少的普遍现象。由于受到各方面消极因素的影响，部分学生在遇到困难时，着重考虑的是个人的利益得失，而将集体的成果和荣誉弃之不顾。主要表现为过于注重眼前的实效和回报，缺乏长远的计划和目标，而且不愿意为集体和

他人多付出或做贡献。通过对在校大学生进行的问卷调查发现，大学生对“人生的价值在于奉献而不在于索取”的观点赞同者占21.23%、基本赞同者占43.28%、不太赞同者占25.14%，表明其价值尺度偏向于奉献而不是索取；但在选择“人最重要的品质”时，“奉献”一词却被排到第16位，说明部分大学生的奉献意识还相对淡薄。

（二）过剩的自我意识，淡化的集体观念

有个别学生自我意识强烈，缺乏集体主义意识和高尚的理想信念，主要表现为一切以自我为中心，既不关心集体和国家整体利益，又对社会主义和共产主义信心不足。其部分原因在于，价值规律在经济领域发挥作用的同时，也被一部分人错误地泛化应用于思想意识形态领域，导致社会关系的商品化、庸俗化，产生了将等价交换原则作为衡量人生价值尺度的观念，加上西方拜金主义、个人主义等资本主义腐朽思想的影响，部分学生集体主义观念淡化，道德评价标准带有明显的实用主义功利色彩。调查中发现，认为自我价值与社会价值应该同时实现的占64.2%，个人价值高于一切的占11.3%。

（三）浓厚的享乐思想，淡漠的责任意识

当代大学生多是独生子女，在日常生活中，家庭给予的重点呵护以及社会带来的各种关注，使他们处于一种近似“失真”的社会环境当中，而且现代优越的物质生活已经逐步淡化了他们先人后己、艰苦朴素的思想，再加上平时或多或少地受到西方享乐主义、犬儒主义等生活方式的不良影响，致使部分大学生责任意识、合作意识以及艰苦奋斗意识变得相对淡薄。学生中不断出现追求享乐，过度消费，没有责任感，缺乏艰苦奋斗精神的不良现象，甚至有学生一味把金钱和财富作为自己的人生目标，认为个人利益才是至高无上。

（四）严重的浪费现象，淡然的节约品性

勤俭节约是中华民族优良的传统美德，需要不断地加以继承和强化。但由于很多学生从小养尊处优，生活条件比较优越，所以在学校不仅讲究吃、追求穿，而且还不懂得珍惜。这不仅增加了家长的经济负担，还给国家资源、学校财产造成了极大的浪费。因此，高校开展学雷锋活动就显得

非常有必要，而且也是落实思想教育工作的有效方式。在开展雷锋精神教育活动时，需要本着与时俱进的精神，坚决克服程式化、简单化、形式化的缺陷，尤其要结合学校学科特色和学生的个人兴趣，认真开展数量少而精、内容简且深的教育和学习活动。

三、提升大学生主观幸福感的有效途径

（一）以弘扬雷锋精神为支撑点，重点培养学生自我修养意识

学雷锋不仅是为社会、为人民做好事，更重要的是学习雷锋全心全意为人民服务的高尚精神，需要有长效的运作机制作为保障。高校需要提升校园文化的思想内涵，把雷锋精神与校园文化有机地统一起来，在建设校园文化的实践中感受和弘扬雷锋精神；要坚持以人为本，把学校的教师和学生作为学校工作的核心，把培养优秀学生作为一切工作的重点，把生动活泼的校园文化建设成为让青年学生展示自我、培养自信的舞台。另外，高校要注重学生综合素质和自我修养的提高，把专业知识的培养与人文素质的养成有机地统一起来，把青年学生塑造成为具有深厚文化底蕴、掌握丰富人文知识的优秀青年；同时，还应高度重视各类学生志愿活动的开展，经常组织学生参与卓有成效的公益性活动，争取培养出一批品学兼优的学雷锋模范。

（二）以精神文明建设为提升点，全面提高学生综合素质水平

思想道德建设是社会主义精神文明建设的灵魂，决定着精神文明建设的性质和方向，对社会的政治经济发展有巨大的能动作用。通过雷锋精神的发扬与传承，引导公民道德实践，培育文明道德风尚，并把雷锋精神体现到社会公德、职业道德、家庭美德以及个人品德的重点建设之中，不断发现和总结新的先进典型，用雷锋式的道德楷模引领时代新风。另外，践行雷锋精神有助于学生塑造高尚品德，高校应利用大学校园的良好环境，借助文化传播的交流形式，把人民群众创造历史的科学道理融汇到青年学生的头脑当中，并把个人的成长经历一并融汇到人民的伟大事业当中。引

导青年学生把专业意识和职业意识结合起来，在钻研学业的同时，树立起良好的职业习惯和职业品格，以优秀的专业学习和综合素质为未来卓越的职业成就奠定基础。

（三）以主观幸福增强为升华点，有效促进高校和谐持续发展

高校应帮助学生树立积极的世界观、人生观和价值观，重视大学生自我价值的实现。只有拥有积极向上的思想观念，大学生才能做出正确的决策，而且能够为了目标积极奋斗，进而提高自我的主观幸福感。同样，高校教育的重点也是要引导大学生树立积极向上的世界观、人生观和价值观，使其认识到其对于自身发展的重要性，并主动将其从外驱力转化为内动力，更加积极地为自己目标的实现而奋斗，从而在不断地自我实现中体验幸福感。另外，高校教育还应该帮助大学生树立正确的人际交往理念，分析自己的人际网络，进而在交往中注重和谐自我，提高自我的幸福感水平；同时，还需要在坚持经常性、注重实效性上下功夫，使雷锋精神渗透和体现于以又好又快的发展促进高校和谐发展的具体实践之中。

第七节　高校大学生骨干的精英培养

以“体验学习圈”理论为基础，以“菁英学堂”中高校大学生骨干的学习文本资料为数据资料，通过质性分析，研析“菁英学堂”培养模式中高校大学生骨干文化认同及个人能力的增值情况，探析 A-O-R 模型视角下新时期高校大学生骨干的培养路径，并对新时期高校大学生骨干培养路径提出总结和展望。

一、基本情况介绍

高校大学生骨干作为高校青年学生中杰出、优秀的代表，在青年学生群体中具有一定的话语权及领导力，能积极地推动青年学生成熟和成长，引导高校青年学生增强文化认同。探析合理、有效的高校大学生骨干培养路径对带动社会发展，增强高校青年学生群体家国情怀及文化认同、提升

个人能力及心理成熟度具有重要作用。近年来，随着中国特色社会主义建设进入新时期及中央统战工作的不断开展，我国的经济社会结构发生了深刻的变化，对高校大学生骨干培养路径开展研究的重要性不断提升，探析合理、有效的高校大学生骨干培养路径在当前背景下对增强文化认同、爱国统一战线极具现实意义。

有的学者认为高校大学生的文化认同感有助于维护民族团结，实现民族伟大复兴。桂汉良、李彦军、范磊等学者（2014）从构建家国认同、良性政治参与等多角度研究高校青年学生的文化认同感。赵渊、司文超等学者（2018）在剖析高校青年学生群体具有一定文化认同感这一特性的同时，指出青年学生培养过程中存在的诸如形式单一、参与度不高等问题，有的学者就高校青年学生价值观认可度、艺术教育、德育教育等几个方面，提出了通过加强文化教育、搭建交流平台等方式改进高校青年学生培养方式的方法。其中增强民族认同被看作提升高校青年学生文化认同感的主要因素，这也成为重要的研究主题。学者黄成华（2019）从国家认同、传统教育活动等多个视角展开了探索，通过不断完善面向高校青年学生的传统文化教育活动开展方式来提高高校青年学生文化认同感。在个人能力方面，学者的研究主要关注高校青年学生在社会参与、就业创业等方面的表现，指出高校青年学生具有较强的组织实践能力，在社会参与及就业创新方面有一定优势，同时也指出该群体存在系统化转化基础知识的能力较为薄弱的缺点，提出了通过加强系统化学习等来提升高校青年学生个人能力的观点，对高校青年学生培养路径的探析有一定的借鉴意义。

在高校青年学生骨干培养方面，袁希等学者（2021）总结出了高校青年学生骨干具有思想政治素质过硬、科学知识水平较高等特点的群体特性，是高校青年学生群体中较为杰出、优秀的代表，能很好地引领高校青年学生群体的成长和发展。同时，孙鹏燕、陈芳等学者（2018）对高校青年学生骨干在日常学习生活中存在的问题做了较为系统的总结，得出部分高校青年学生骨干存在诸如功利思想较重、自律意识较低、工作积极性易受挫等问题。并在此基础上，从组织行为、能力提升、职业规划的角度出发，提出通过创立青年学生骨干抗压训练营、建立青年学生骨干考核机制等形式因材施教、多重教育地构建高校青年学生培养体系的意见。

由于先前研究内容的匮乏，开设高校大学生骨干培养活动的教育工作者很难通过成体系的理论开展骨干培养活动，有的高校开设的大学生骨干培养活动并不能全方位、合理化地引导高校大学生骨干的成熟及成长。因此，关于高校大学生骨干的培养工作仍有非常大的改进和提升空间。1984年，大卫·库伯（David Kolb）在他的著作《体验学习：体验—学习发展的源泉》一书中提出了颇具影响的体验学习概念。大卫·库伯认为体验学习是由具体的体验（experience）—对体验的反思（reflection）—形成抽象的概念（theorization）—行动实验（action）构成的一个循环的过程，将其应用于领导力行为研究即可构成 A-O-R（action – observation – reflection）理论模型，即行动—观察—反思模型。A-O-R 模型作为体验学习圈理论延伸下的领导力模型，在优秀人才培养路径探析和团队建设方面有着较为丰富的应用和实践，适合用来对高校大学生骨干的培养路径进行探析和摸索。因此，尝试通过系统分析 H 大学菁英学堂活动对高校大学生骨干文化认同及个人能力的影响，构建 A-O-R 模型视角下新时期高校大学生骨干培养路径，以期对国内高校的大学生骨干培养提供借鉴和参考。

二、设计与思路

（一）A-O-R 模型的作用机理及菁英学堂主题活动开展模式

A-O-R 模型是由美国著名教授大卫·库伯将体验学习圈理论应用于领导力行为研究得出的理论模型。A-O-R 模型强调由于学习者具有不同的学习风格，他们对某种事物也会产生不同的看法，通过集体学习交流促进思想碰撞及行动—观察—反思的学习途径在很大程度上能提高学习者的个人能力及集体认同感且有利于知识的生产和传播，对于高校大学生骨干的培养极具启示意义。

菁英学堂主题活动以“弘扬中华文化，培育家国情怀”为主题，“统一部署、协同推进、分类实施、融合发展”为原则。从“根在中国”“学在中国”“爱在中国”“梦在中国”四个角度出发，围绕“国史知识、家国情怀、强国意志、报国行动”四个方面来推进高校大学生骨干培养活动。利用 2020 年“中国文化之旅”“共和国从这里走来”国史研习营、追寻习近平总书记成长足迹研习等形式，逐步构建求知、养情、锻意、笃行，“知情意行”融合发展的国情教育体系，引导高校大学生骨干树立正确的历史观、民族观、国家观、文化观，增强高校大学生骨干的家国情怀，培养高校大学生骨干的文化认同及个人能力，寓教于行、寓教于观、寓教于思与A-O-R模型极为契合。

高校大学生骨干在菁英学堂这一集体学习形式的引导下，参加国史研习、进行国情调研、接受国情教育、准备国情献礼，通过“A”（行动）——即时体验、即时感受、活动回忆的行动方式，配合“O”（观察）——场景观察、观察所感的观察手段，对文化之旅的所行所观进行“R”（反思）。引导高校大学生骨干“A”（行动）——求知、笃行，主动学史、知史、懂史、讲史；鼓励支持高校大学生骨干“O”（观察）——养情、观察，坚持问题导向，聚焦时政热点、为国情民生问题建言献策；引导高校大学生骨干“R”（反思）——锻意、深思，牢固树立“国家安全、人人有责”的思想观念，深刻认识国家安全形势的严峻性，自觉抵制危害祖国安全和民族团结的不良信息和行为。培育和引导更多的高校大学生骨干从“A”（行动）——身边小事做起，到“O”（观察）——主动体察国情，再到“R”（反思）——把实现个人梦和中国梦有机融合，积极投身报国行动，有效地提高了高校大学生骨干的文化认同及个人能力。

由此，基于A-O-R模型的概念及其体验过程由A（行动）到O（观察）至R（反思）逐级传递作用机理，结合高校大学生骨干领导力的特点，配合菁英学堂主题活动寓教于行、寓教于观、寓教于思的活动开展手段，高校大学生骨干可以利用行动—观察—反思的深度学习方式，通过菁英学堂主题活动来对其文化认同及个人能力进行有效的培养和提高。

（二）数据来源

本研究对参加H大学“菁英学堂”骨干培养活动的高校大学生骨干发放调查问卷，共收集高校大学生骨干活动体验学习心得及反馈174份，共计63119字。其中，来自“求知”方面，“根在中国”主题模块的2020年“中国文化之旅”冬令营活动反馈问卷31份，共计6810字；来自“养情”方面，“学在中国”模块的“共和国从这里走来”国史研习营研习活动反馈问卷74份，共计42653字：来自“笃行”方面，“爱在中国”模块的追寻习近平总书记成长足迹研习活动的反馈问卷28份，共计1634字；来自“锻意”方面，“梦在中国”模块的乡村考察活动反馈问卷41份，共计12022字。详见表7－1。

表7－1 活动数据来源

模块	类型	活动	份数	字数（字）	比例（%）
“学在中国”	“养情”	“共和国从这里走来”国史研习营活动	74	42653	42.5%
“根在中国”	“求知”	2020年“中国文化之旅”冬令营	31	6810	17.8%
“梦在中国”	“锻意”	乡村考察活动	41	12022	23.6%
“爱在中国”	“笃行”	追寻习近平总书记成长足迹研习活动	28	1634	16.1%

注：表中数据根据调查文本分析所得。

（三）研究过程

1. 研究方法

以文本分析法为基础，通过质性研究的方式，对收集的数据进行逐级编码分析，探究高校大学生骨干的群体特质，归纳总结A-O-R模型视角下培养活动对高校大学生骨干文化认同感及个人能力的影响，并在此基础上探析A-O-R模型视角下新时期大学生骨干的培养路径。在使用质性分析的方法探究问题时，研究者不做预判，而是从资料中发现理论，且注重的是发现逻辑，而非验证逻辑。此类极具探索性及层次性的研究方式非常契合本文的研究内容。

2. 研究工具

本文使用Nvivo 11 Plus内容研究软件（以下简称“Nvivo”）对收集的数据进行质性分析研究。利用Nvivo软件配合手动编码的形式生成资料数据概念，并在此基础上进行深度编码，通过资料收集—概念形成—重组整合—理论提取这一数据编码过程的不断循环，以确保结论的全面性、可靠性和有效性。

3. 数据处理

通过质性研究的数据分析方法进行资料收集和分析，通过文本内容分层、层次节点抓取、节点内容及高频词汇分析三个步骤探究高校大学生骨干特质及A-O-R模型视角下高校大学生骨干培养路径。

（1）文本内容分层。文本内容分层指将收集的数据通过文本化的形式进行集合式整合。围绕“高校大学生骨干培养”这一主线，本文对174份样本进行了概念化整合及提炼，共提取4大类培养活动主题、41个细分节点及868个参考点。详见表7－2。

表7－2　文本内容分层

模块	类型	名称	细分节点	参考点
“学在中国”	“养情”	“共和国从这里走来”国史研习营研习心得	11	451
“根在中国”	“求知”	2020年“中国文化之旅”冬令营心得（精选）	10	129
“梦在中国”	“锻意”	乡村日记	11	230
“爱在中国”	“笃行”	追寻习近平总书记成长足迹研习心得	9	58

注：表中数据根据调查文本分析所得。

（2）层次节点抓取。层次节点抓取是对分层后的文本内容再次分析和聚类，即在文本内容分层的基础上，以A-O-R模型为范例，形成主节点与子节点，并对主节点及子节点进行二次编码。从分层后的4个文本内容中提炼出3个主节点及8个子节点。详见表7－3。

表7－3　层次节点抓取

节点名	材料来源	参考点
A-O-R模型（A：行动）	4	126
即时体验	4	81
即时感受	3	30
活动回忆	3	15
A-O-R模型（O：观察）	4	160
场景观察	4	60

续表 7－3

节点名	材料来源	参考点
观察所感	4	100
A-O-R 模型（R：反思）	4	144
爱国情怀及文化认同感提升	4	70
个人能力及心理成熟度提升	4	69
对活动的建议及个人独立思考	4	5

注：表中数据根据调查文本分析所得。

（3）节点内容及高频词汇分析。节点内容分析就是从抓取的层次节点中甄别核心节点，配合高频词汇进行分析整合，从 A-O-R 模型的视角出发，基于一定的逻辑关系及内在脉络条件，将核心节点及层次节点与高频词汇相关联，形成以核心节点为基础、高频词汇为例证的 A-O-R 模型视角下新时期高校大学生骨干培养各引致因素关系结构。

通过对 3 个主节点、8 个子节点、430 个参考点及文本内容中 48 个高频词汇的深入分析及梳理，同时结合文化之旅骨干培养活动中高校大学生骨干行动、观察、反思的分析数据，总结出 A-O-R 模型视角下新时期高校大学生骨干培养的内在运行机制及影响因素。详见表 7－4。

表 7－4　节点内容及高频词汇分析

<table>
<tr><th>主节点</th><th>子节点</th><th>高频词（出现次数）</th></tr>
<tr><td rowspan="3">A-O-R 模型（A：行动）</td><td>即时体验</td><td>研习（84）；天安门（65）；来到（61）：实践（90）；看到（56）；参加（55）；种植（51）；到达（92）；行动（48）；带领（54）</td></tr>
<tr><td>即时感受</td><td>感受（175）；成就（89）；创造（152）；感觉（67）；已经（40）</td></tr>
<tr><td>活动回忆</td><td>目标（116）</td></tr>
</table>

续表7-4

主节点	子节点	高频词（出现次数）
A-O-R 模型（O：观察）	场景观察	井冈山（122）；故宫（55）；升起（88）；参观（45）；广场（40）；展示（51）
	观察所感	了解（108）；感谢（41）
A-O-R 模型（R：反思）	爱国情怀及文化认同感提升	历史（132）；文化（131）；革命（155）；国家（144）；人民（71）；祖国（65）；伟大（72）；大众（58）；时代（52）；世界（44）；国旗（44）；道路（44）；核心（36）；传统（35）
	个人能力及心理成熟度提升	精神（140）；学习（177）；成长（110）；生活（62）；教育（58）；学生（48）；知识（43）
	对活动的建议及个人独立思考	努力（83）；希望（64）；不同（39）

注：表中数据根据调查文本分析所得。

三、新时期高校大学生骨干培养应用分析

根据A-O-R模型分析内在运行机制及影响因素可知，新时期高校大学生骨干培养路径主要通过“知情意行”融合发展的模式引导高校大学生骨干进行行动（A）、观察（O）、反思（R）。其A-O-R模型视角下的活动内容主要表现为：行动（A）——即时体验、即时感受、活动回忆；观察（O）——场景观察、观察所感；反思（R）——爱国情怀及文化认同感提升、个人能力及心理成熟度提升、对活动的建议及个人独立思考。进一步以A-O-R模型视角对新时期高校大学生骨干培养路径进行分析和阐释，具体运作路径及总结如下。

（一）高校大学生骨干群体特性

高校大学生骨干作为高校青年学生骨干群体的一员，与其他普通青年学生相比自身能力较为突出、对家国观念的认识较为深刻，具有良好的综

合素质和受教育程度，能很好地引领其他高校青年学生的发展与成长。从整体来看，高校大学生骨干具有一定的民族认同和文化自信，经合理引导之后能成为一名具有家国情怀的中华文化传播者，为中华文化海外传播贡献力量，是中国社会主义建设的积极力量。但与此同时，大学生骨干虽然有较强的实操和组织能力，但对于知识理论的系统性学习方法掌握较少。因此，高校应在着重提升大学生骨干理论知识水平的基础上，加强对其文化认同及个人能力的培养，用特有的引导方式及培养路径，增强高校大学生骨干的文化认同感及个人能力。

（二）菁英学堂主题活动对高校大学生骨干的增值效果

1．提升高校大学生骨干爱国情怀及文化认同感

在菁英学堂主题活动中，高校大学生骨干在“求知、养情、锻意、笃行”的活动内容引导下，积极参加与“根在中国”“学在中国”“爱在中国”“梦在中国”主题紧密相关的高校大学生骨干培养活动。通过行动（A）中的即时体验、即时感受及活动回忆，利用“参加”“感受”“创造”等形式，配合观察（O）中的场景观察及观察所感，利用“参观”“了解”等形式，以达到促进自身在“历史”“文化”“国家”等方面关于家国观念及民族文化进行反思（R）的效果。从对文本数据的分析过程来看，高校大学生骨干能主动地去体验、观察并反思带有祖国印记和家国情怀的事物，有一定的爱国情怀及文化认同。与此同时，部分高校大学生骨干对内地文化的了解较为不足，在开展菁英学堂主题活动之前，部分历史及爱国事迹在高校大学生骨干眼中是未知且新奇的事物。可见，高校大学生骨干的爱国情怀及文化认同感存在较大提升空间，通过菁英学堂的相关活动能有效地弘扬中华传统文化，引导高校大学生骨干把爱国情、强国志、报国行自觉融入实现中华民族伟大复兴的奋斗中，提高高校大学生骨干的爱国情怀及文化认同感。

2．提升高校大学生骨干个人能力及心理成熟度

在菁英学堂主题活动中，高校大学生骨干积极参与国史研习活动、国情调研活动、国防教育活动等多项极具考验的高校大学生骨干培养活动。在行动（A）的即时体验、即时感受、活动回忆的基础上，通过“实践”“种植”“行动”等行动方式，结合观察（O）的场景观察、观察所感，通过“展示”等形式，推动高校大学生骨干在“精神”“生活”“教育”

等方面的反思（R），从而提升高校大学生骨干的个人能力及心理成熟度。从对文本的数据分析过程来看，高校大学生骨干有着一定的个人能力及心理成熟度，均能完成各项活动中的团队合作及实践任务，并对自身在实践中暴露的不足进行反思，有较为成熟的个人认知和心理调适能力。但与此同时，高校大学生骨干的个人能力仍有较大的提升空间，一些难度并不高的任务，在部分高校大学生骨干眼中仍有较大的难度。通过菁英学堂主题活动的培养方式引领高校大学生骨干行动—观察—反思对提高高校大学生骨干的个人能力及心理成熟度有很大帮助。

3. 引导高校大学生骨干个人思考及反馈

在菁英学堂主题活动中，高校大学生骨干展现了自身所具有的独立思考及反思的能力。通过对高频词汇的分析可以得出，高校大学生骨干在参与菁英学堂主题活动后，能从个人“努力”角度出发对自身状况进行反思，表达对祖国及文化的认同。结合主客观因素对菁英学堂主题活动未来的开展方式提出希冀（“希望”），并期待能在以后继续体验到更加富有新意（“不同”）的骨干培养活动。但与此同时，可以发现高校大学生骨干的个人反思及反馈仍停留在较为浅显空泛的心路历程及提出活动建议方面，并未对个人将来的规划提出更深远而明确的打算，思考及反馈的深度还有待进一步加强。菁英学堂主题活动能促进高校大学生骨干进行独立思考，并通过其提出的反馈意见对活动的开展形式及内容进行改进。

四、新时期高校大学生骨干培养路径

新时期高校大学生骨干的培养对我国社会的发展和统战工作的开展起着越来越重要的作用，经过研究，得出新时期高校大学生骨干在“爱国情怀及文化认同感”“个人能力及心理成熟度”方面仍有较大的提升空间的结论，通过体验式学习的骨干培养方式能有效地提高新时期高校学生骨干的“爱国情怀及文化认同感”及“个人能力及心理成熟度”，开展新时期高校大学生骨干培养活动应从“爱国情怀及文化认同感”“个人能力及心理成熟度”两个角度出发，通过有效的学校引导、合理的活动设置，利用体验式学习的方式推动新时期高校大学生骨干成长。

（一）学校引导层面

学校层面应继续建立健全高校大学生骨干培养机制，加强对高校大学生骨干的引导，依托特色平台，结合自身特点，为高校大学生骨干培养家国情怀、提升个人能力提供有力支持。加强组织领导，充分认识加强高校大学生骨干国情教育工作的重要意义，对标学校人才培养目标定位，将推进高校大学生骨干国情教育活动融入提高人才培养质量，整合各类资源、调动各方力量，切实加强组织领导和活动实施。因材施教、因势利导，结合高校大学生骨干的自身特点，组织其参加多样化的文化认同感培养及个人能力提升活动，引领高校大学生骨干“求知、养情、锻意、笃行”。重视宣传推广，挖掘先进典型，旗帜鲜明、理直气壮地开展活动宣传和成果推介工作，对表现突出、思想坚定、积极维护中央统战工作的杰出高校大学生骨干予以表彰奖励。在推动中华优秀传统文化入脑入心的基础上，培养具有家国情怀、致力于中外友好的中华文化传播使者。

（二）活动设置层面

高校大学生骨干培养活动应以文化教育为先导，以文化宣传为媒介，以文化交流为平台，增强高校大学生骨干的国家认知度、国家好感度。坚持传承创新，充分尊重高校大学生骨干的特点和个人意愿，培育和打造高校大学生骨干喜闻乐见的精品活动。扩大中华优秀传统文化研习、调研和体验活动的规模和覆盖面，优化研习内容和线路安排，扩容组织单位和实践导师，探索课堂融合有效机制。从培养高校大学生骨干爱国情怀及文化认同感、提升高校大学生骨干个人能力及心理成熟度两个角度出发，设计能让高校大学生骨干主动体验、观察并反思、反馈的培养活动。利用体验式学习的骨干培养活动开展方式，让高校大学生骨干在行动—观察—反思的过程中不断提升文化认同感及个人能力。

（三）学生个人层面

高校大学生骨干应积极参与学校开展的各项骨干培养活动，发挥高校大学生骨干的主动性和创造性，在活动开展过程中勇于实践、积极探索、仔细观察并在活动结束后不断反思自身、优化个人能力。将理论与实践相结合，在课余时间独立学习了解中华优秀文化、参与社会实践充实自我，充分发挥个人主观能动性，通过主动体验各项骨干培养活动及不断反思、反馈的方式，提升自身的文化认同感及个人能力。

第八节　研究生“发展型”奖助政策教育功能探究

我国研究生培养机制改革的重点内容之一就是奖学助学政策的完善，目前高校已有的“资助型”奖助政策不能有效地发挥奖助学金应有的思想政治教育功效，而“发展型”奖助政策可以通过完善奖助评定标准、广泛宣传奖助政策、公正评审发放过程、重视后期跟踪管理等途径，将“发展型”奖助理念与高校思想政治教育进行有效衔接，使受助研究生坚定信念、学习自立、重视责任，从而珍惜生活，并增强对社会的感恩意识。

《教育部关于全面提高高等教育质量的若干意见》专门针对研究生设立了国家奖学金及助学金，将研究生纳入国家助学体系，同时要求高校“建立健全研究生教育收费与奖学助学制度。依托导师科学研究或技术创新经费，增加研究生的研究资助额度。改革奖学金评定、发放和管理办法，实行重在激励的奖学金制度”。因此，高校应充分发挥“发展型”奖助政策立德树人的思想教育作用，在缓解贫困研究生经济困难的同时，促进其人格完善发展，保证其健康全面成长成才。

一、研究生“发展型”奖助政策实施的必要性

目前，国内高校已初步形成以奖学金、国家助学贷款、勤工俭学基金、学费减免、特困学生补助为主要内容的奖助学体系，但由于各种主客观条件的限制，传统的研究生“资助型”奖助政策在具体工作落实方面存在一定的欠完善之处：首先，从奖助学金的评定依据来看，大部分高校主要是根据研究生的学习成绩、学术成果以及贫困程度排名来确定获奖对象，而在实际工作中尤为重要的语言水平、沟通表达及实践能力却不在考察范围之列，客观上造成了高校育人工作和社会需求的脱节。其次，在资助体系的运行方面，传统的“资助型”奖助体系往往重视物质资助，而忽视了研究生的心理需求，没有给予贫困研究生充分的人格尊重，或很少

关注贫困生的思想、心理及自身发展期望等精神层面的需求。总之，传统的“资助型”奖助体系过于重视对研究生的经济资助，而忽视了对其综合能力的提升和健康人格的培养，难以真正地达到社会需要的优秀标准，所以高校迫切需要有专门针对研究生的“发展型”奖助体系给予其正确的教育和引导。

研究生“发展型”奖助体系是指以研究生成长成才为导向，由研究生自主设定发展目标和行动计划，学校通过对其学术成果及个人规划的综合水平进行衡量对比，筛选相对优秀的研究生给予一定经费支持和指导，以促进研究生发展目标实现的奖助体系。“发展型”奖助体系注重在奖励资助的同时，充分发挥研究生的主观能动性，提升其实践动手能力和综合素质水平。因此，高校顺应高等教育发展的需要，调整目前的研究生奖助体系，实现向“发展型”奖助体系的转变已势在必行。

二、研究生“发展型”奖助政策的思想教育功效

研究生可谓同龄人中的佼佼者，其自我控制、自我教育能力已经基本从他律转为自律，但强烈的事业心以及来自工作就业、婚姻家庭等多方面的巨大压力使得研究生普遍表现出较强的自我意识。另外，目前各高校在贯彻落实国家奖助政策方面侧重“扶贫”，轻视“扶志”的现象较为普遍。因此，需要充分挖掘研究生“发展型”奖助政策注重理想追求、培育自强精神、强化感恩意识以及感悟生命价值等思想政治教育功效。

（一）坚定信念，注重理想追求

高校对贫困研究生的评定和资助工作对其理想信念的树立有着重要的导向作用。一般情况下，经济困难的状况使得贫困生需要付出相对较多的努力才能保持个人理想信念的正确认识，这就要求高校教育工作者在缓解贫困研究生经济压力的同时，能够尽可能帮助其培养正确的人生理想和坚定的人生信念。研究生“发展型”奖助政策的评定依据包括研究生长短期的发展目标和行为规划，对于缺乏理想支撑，心理极度缺乏信心的贫困研究生，会及时给予正确引导，并通过多方面的思想教育，使其对自己的未来树立坚定的理想信念。

（二）学习自立，培育自强精神

高校有部分贫困研究生可能会因家庭经济的长期困难而对自身能力的认识不够充分，容易产生悲观消极的情绪，并对自己的未来失去信心。高校教育者应该通过奖助政策和思想教育手段的有效结合，使其辩证地看待事物，努力培养其自立自强的奋斗精神。研究生"发展型"奖助政策主要是通过动态的奖助学制度全面考核激励研究生综合发展，通过助学和促学制度要求研究生主动承担责任，用未来的经济收益提前支付现在的教育费用，激发学习动机，从而树立强烈的责任感，并强化自立精神和经济意识的培养。

（三）重视责任，强化感恩意识

从心理学角度来看，感恩与责任意识紧密关联、相辅相成，具有感恩意识的人更容易理解外界给予的恩惠，自然也会逐步产生内在的责任意识。根据研究生"发展型"奖助政策要求，受奖助者在获得奖助学金之后，需要通过相应的奖助社团参与或组织策划一定的感恩回报活动，这将有助于受奖助者通过积极向上的方式理解并接受资助；同时，使其意识到外界资助给予的不仅仅是经济物质帮助，更是社会的关爱和期望，进而激励其积极进取，努力进取并回报社会。

（四）珍惜生活，感悟生命价值

由于学习和生活的压力较大，部分贫困研究生更容易出现极端思想和心理扭曲等状况，所以高校思想教育者要积极地给予贫困研究生以正确的引导和疏通。对于生命意识教育方面，要引导贫困研究生认识到自身生命的价值不仅包括自我追求、自我幸福、自我人生的实现，还包括了个人对社会、对人类的关怀和贡献。研究生"发展型"奖助政策在教导受助者感恩社会的同时，还教导他们必须深刻领悟生命的宝贵，通过定期开展奖助感恩活动，教育其尊重生命，珍惜生命，勇于创造生命的无限价值。

三、有效发挥研究生“发展型”奖助政策思想教育功效的途径

研究生思想工作的开展以非智力因素的培养为主要内容，以全面发展、个性发展和未来发展为主要目的。这就要求高校必须以正确的思想政治教育为导向，重点促进研究生全面发展，着力提高研究生服务国家、服务人民的社会责任感。研究生“发展型”奖助政策主要通过将“发展型”奖助理念融入奖助评定标准、政策宣传、评审发放以及后期跟踪管理等各个环节，充分发挥其对研究生引导培育的思想教育作用。

（一）完善奖助评定标准，体现全面发展思想性

改革与完善研究生奖助政策，关键是建立基于激励和保障机制的研究生奖助体系，全面引入竞争机制，并进行动态化有效管理。引入动态竞争机制的奖助评价体系，能够充分调动研究生学习、科研的积极性，督促导师主动争取更多的科研项目，有效发挥研究生在教学科研中的生力军作用。因此，高校应建立完善公平、合理且人性化的评价体系，引导研究生树立正确的价值取向，使奖助政策在人才培养方面起到重要的育人导向作用。

科学合理的研究生奖助体系应包括：面向全体研究生的滚动式激励资助、面向全体优秀研究生的重要奖励、面向尖子研究生的重大奖励以及面向研究生困难群体的临时资助。为了确保奖助评定标准的科学性和可操作性，高校要根据奖助学金的来源以及目标对象的具体情况，制定针对性较强的评定标准。在“发展型”奖助政策的制定方面，应综合考虑研究生平时的学习科研及现实表现等多方面，加强导师对研究生的资助力度，完善以科学研究为主导的导师资助制和导师负责制，努力构建新型和谐的师生关系。

（二）广泛宣传奖助政策，提高学生知情公平性

创建研究生“发展型”奖助体系，必须以促进学生综合发展为本，以解决研究生实际问题为目标，在制度导向、工作落实等方面建立基本的保障体系，并进行规范化、人性化管理。在实际操作中，要通过对政策的

广泛宣传，增加研究生对奖助体系和“发展型”理念的深入了解，规范研究生奖助工作程序，严格依照既定评选标准进行“阳光”操作，及时回应研究生的疑问和投诉，掌握研究生奖助动态，提高工作效率和透明度，确保广大研究生的利益，维护奖助工作的公正性、严肃性和有效性。

高校要根据国家研究生奖助政策与本校研究生实际，制定与实施《研究生奖励条例》《研究生“三助”工作实施办法》《国家助学贷款实施细则》等一系列制度，使研究生奖助体系得到充分的制度支持。同时，在评定奖助学金之前，需要做好充分的宣传工作，可结合传统方式和新媒体，认真组织学生学习相关奖助政策和评定条例，尤其需要对“发展型”奖助理念进行重点解释和引导。另外，通过充分宣传奖助政策的重要意义和作用，促使评定程序在公开透明的环境下开展，并能使学生从中感受社会的关怀和殷切希望，将有利于其社会责任感的有效加强。

（三）公正评审发放过程，提倡完全公开透明性

研究生奖助工作要保证规范化与信息化，在条件允许的情况下，高校应成立专门机构对所有奖助学金和资助项目进行统一规范管理。奖助学金管理机构应根据每类贫困研究生的不同情况制订相应的资助计划，把各类奖助学金如研究生奖学金、“三助”津贴①、困难补助等协同管理，依据真实的贫困程度进行合理资助，以保证资助的相对公平，最大限度地发挥资金的使用效率，并通过年度公开汇报等形式，加强资金使用的内外监督，保证资金来源和发放的公开、透明。

高校应积极开发使用研究生奖助信息管理系统，向研究生公布奖助政策，规范研究生奖助工作程序，及时掌握研究生奖助动态，提高工作效率和透明度。在评审过程中，通过民主公开方式成立评审小组，召开由导师和研究生共同参与的开放式评审会，对研究生自我“发展型”计划进行公开讨论和审议，最后通过举行奖助学金发放仪式的方式公示评审结果。这不仅方便了研究生的知情监督，还有利于营造良好的学习氛围，并且对于评审过程中存在的违规行为，也更容易被及时发现并制止，可以更好地发挥奖助政策的思想政治教育功能。

---

① “三助”津贴是指研究生通过学业外劳动——助教、助研、助管而获得的酬金。

（四）重视后期跟踪管理，积极深化思想教育性

在奖助政策的调整和完善过程中，学生是最直接的受益主体，应该建立评奖动态跟踪机制，积极关注和了解研究生在政策调整前后的感受和心理变化。对于已获得资助的贫困研究生，要积极做好相应的跟踪管理工作，充分发挥由获得奖助而产生的荣誉、关爱和尊重等激励因素的正面影响，进而建立起回报社会的情感和报效国家的责任感。而对于未能获得资助的贫困研究生，要帮助其切实了解资助评审过程的科学性和公正性，调整好心态，使其继续保持积极乐观的学习生活态度。

另外，随着社会各界对教育事业的不断投入，高校可以发展成立由某奖助学金获得者组成的社团，即学生奖助社团对各类奖助学金进行有效管理，社团不仅可以对奖助学金发放的前后过程进行跟踪监督，而且还可凭借其丰富多彩的感恩活动、贴近生活的实践项目将思想政治教育理念与学生的全面综合发展紧密结合，发挥积极的引导育人功效。因此，学生奖助社团将成为捐助方与学校育人理念得以贯彻实施的新组织、丰富校园文化的新舞台、学生成才发展的新平台和回馈社会的新途径，同时也是“发展型”奖助政策有效发挥思想教育功效的强力保障。

四、阳光资助育人体系搭建

H大学始终坚持以学生为本，精心构筑阳光资助育人体系。学校“阳光育人体系”强调资助与育人相结合，与经济资助的“阳光成长计划”相辅相成，将“输血式”的“被动”资助模式转化为“造血式”的“主动”资助模式，在帮助家庭经济困难学生顺利完成学业的同时，不断加强励志教育、诚信教育、感恩教育，将资助重点转向“人格成长”和“能力提升”，全面提升家庭经济困难学生就业竞争力，帮助学生健康成长。××省教育工委办公室和××省教育厅办公室主办的《教育工作简报》专门对学校精心构筑的特色阳光助困育人体系进行报道。“阳光育人体系”以精神扶助为先导，以学业辅导为助力，以心理援助为保障，以素质拓展为载体，覆盖学生成长全过程；同时主动转变资助模式，通过多项核心教育理念的培养，使学生树立坚定的理想信念，打造学生优秀的道德品质；创立“阳光”资助品牌，如阳光大讲堂、阳光小课堂、阳光自

强之星、阳光在行动义工服务活动、阳光文化节等活动，建立品牌识别系统，延伸品牌内涵，旨在全方位提升资助工作育人的实效性。

（一）阳光入身，探索先锋引领，推进励志教育

学校坚持开展系列激励活动，树立校园榜样，强化思想引领，推进励志教育。通过开展“阳光自强之星”的评选活动挖掘、宣传大学生身边的自强典范和感人事迹，激励广大学生自强自立、奋发成才。后期，学校还通过专题网页、微博微信等新媒体平台和现场汇报会等形式进行了广泛宣传，有效激励广大学生以此为榜样，刻苦学习，奋发成才。定期举办“阳光励志报告会”，开展主题教育活动，宣传自强不息精神，引导学生变压力为动力，化自卑为自强，成为自强不息、乐观进取、全面发展的大学生。

学校筹办“阳光大讲堂”，通过邀请社会上的知名人士来校与广大学生进行面对面交流，嘉宾通过分享生活中的点滴让学生们学习嘉宾的自信、自强、自立、感恩、坚强、乐观、拼搏等种种优秀的品质，达到引导学生们树立正确的人生观、价值观，塑造完美人格的目的。例如，“2011 年感动中国十大人物——张平宜”“2012 年感动中国十大人物——刘伟”，以及知名作家张嘉佳都曾分别做客阳光大讲堂，与师生分享他们的励志经历。此前做客“阳光大讲堂”的嘉宾还包括“2005 年感动中国十大人物——洪战辉”、“2006 年感动中国十大人物——黄舸”、残奥冠军王晓福和王加超、英语教学专家俞敏洪和王强、“2010 年感动中国十大人物——刘丽”等。

（二）阳光入心，专注立德树人，强化诚信教育

每年 5 月，学校在全校范围内集中组织开展学生资助诚信教育主题活动。通过不断摸索与总结反思，逐渐形成了一套以为学、为行、为公三个目的导向要素为核心的三维立体诚信教育系统，并力图从这三个层面，发挥 H 大学资助工作的诚信育人功能，创新资助诚信教育方式，强化诚信教育。

诚信为学，是学校三维立体诚信教育系统的第一要义。充分利用各项资源，大力建设诚信学风：通过开展诚信主题班会，依托学院平台，在学生中广泛宣传考试诚信，净化考场环境；通过举办讲座与科研项目培训，

借助学校学术资源，在全校推广学术诚信理念，杜绝学术抄袭；通过进行诚信知识竞赛，在学院试点新型诚信教育活动，激发诚信教育受众兴趣，内化诚信知识；通过成立诚信督察队，设计诚信承诺书，建立常态化课堂纪律检查机制，优化课堂风气。

诚信为行，是学校三维立体诚信教育系统的重要支撑。诚信教育主题活动立志追求在实践中践行诚信教育，并将经验与创新有机结合起来，大力开展各类诚信教育活动：一方面，传承经典，树立标杆。通过“阳光文化节”立项的方式，大力支持“诚信矿泉水”“诚信海报设计大赛”等学院品牌活动的持续开展，此外，继续配合中国银行，以毕业生国家助学贷款还款确认签订仪式为契机，开展征信知识讲座。另一方面，着力创新，打开局面。通过举办诚信主题征文比赛以及诚信主题演讲比赛等活动，评估新型活动形式与诚信教育主题的契合性以及活动本身效果，为逐渐扩大活动范围提供可操作性依据。

诚信为公，是学校三维立体诚信教育系统的最终归宿。相关诚信教育主题活动更加注重诚信教育在公共领域中的影响力，积极利用各级宣传载体，拓宽诚信教育的影响范围：利用微信等新媒体平台，针对当代学生特点，以漫画的形式宣传考试、信用、就业与学术诚信，让诚信教育宣传深刻而不失活泼；利用学校官媒平台，发布各类诚信教育活动新闻，使更多人参与其中，让诚信教育活动不做“深巷之美酒”；利用校园区域特点，张贴横幅、海报等，继续坚守传统宣传阵地，在校园中树立一道独特的诚信文化风景线。

（三）阳光入魂，实践知行合一，激活感恩教育

为了培养学生服务社会、奉献爱心的良好品质，增强学生社会责任意识，强化感恩教育，学校学生资助管理中心组建了“阳光服务队”，长期开展“阳光在行动”义工服务活动，包括“阳光候车亭”、“四端博物馆”讲解员活动、“北斗星自闭症儿童康复基地”、“为楼栋阿叔阿姨子女补习”、“关爱老人义工服务”、“社区快乐电脑班”、“捐赠迷彩服，温暖农民工”义工服务等，对受助学生进行感恩奉献教育。资助政策传递着国家的责任感和社会的公德心；它不仅使家庭经济困难学生在物质上受惠，而且要求他们逐步领悟其蕴涵的精神实质，能够拥有浓厚的社会责任感和高度的社会公德心。只有让学生深刻认识到，并持之以恒地坚持和传

递这种精神，才能真正实现资助的价值和意义，让学生重塑自我、影响他人、奉献社会。

为了让家庭经济困难学生进一步成长成才，实践知行合一，学校还创立“阳光小课堂”并不断扩展课程体系，其中涵盖“计算机技能培训”“阳光手绘班”“闽粤语培训”“师从泰来（泰语培训）”“舞动阳光”“演讲技能培训”等课程，提升学生技能，丰富学生的课外生活。同时，学校还与中国电信签订合作协议，建立阳光爱心基地——H大学天翼勤工助学实践基地，构建家庭经济困难学生交流、学习、展示的平台，开阔学生视野，提高学生综合素质。每年均会举办以“感恩”为主线的“阳光文化节”，资助学院申请立项，也为家庭经济困难学生交流沟通、风采展示和素质提升提供多样发展的舞台，开展了“爱在母亲节”手工贺卡大赛、“6.3元厨艺展示大赛”、“E动校园公共自行车”等一系列活动。同时依托“阳光沙龙”，为阳光成长计划学生提供了相互学习、相互沟通的桥梁，使他们能够相互鼓励，相互关爱。

第九节　“双轮驱动”大学生实践育人体系构建

实践育人是高校人才培养的重要环节，加强和改进实践育人工作，建立完善的实践育人体系，就是要在抓实传统专业实践育人的同时，注重学生思想政治教育实践育人工作的开展和协调，实现“动力轮：专业实践育人”和“方向轮：思想政治教育实践育人”的双轮共同驱动，从而提升高校教学质量，实现教育目标，为经济社会发展培养高素质的应用型与创新型人才。

H大学土木工程学院经过多年的探索和发展，切实将“专业实践育人”的动力之轮与“思想政治教育实践育人”的方向之轮并驾齐驱，建立了以KAPH（knowledge，知识；ability，能力；personality，人格；healthy，健康）四个维度为人才培养目标，符合土木建筑（以下简称“土建”）类专业教学实际的“双轮驱动”实践育人体系，在大学生人才创新教育和教学质量工程建设方面成效显著，逐步成为海峡西岸经济区和港澳地区土建领域重要的高层次人才培养基地，得到了社会广泛认同，如此，“服务地方，特色鲜明，知行合一”的实践育人格局基本成型。

一、基本概述

人才培养首先要回答的两个问题就是：培养怎样的人和怎样培养人。在解答后一个问题的过程中，前一个问题必然贯穿始终。土建类专业大学生的培养就是一项复杂的系统过程，在“双轮驱动”实践育人体系中，人才培养目标是方向，实践育人体系是基础，实践育人平台是抓手，这三个环节互相依赖、互相支撑、互相促进，形成了一个反馈并持续改进的闭合回路。其中，人才培养目标是土建类专业大学生培养的起点，正确、合理、科学的培养目标定位，将为人才培养指明方向。H大学确立了“培养面向海内外卓越工程师”的育人理念，并采用学生喜闻乐见的方式，将育人目标形象生动地概括为：培养具有混凝土品质的抗压、抗拉、抗剪、抗扭的土建人才。具体而言就是树立KAPH四维并重的人才培养目标：K是扎实的专业基础；A是工程应用思维和创新能力的培养；P是人格品质的塑造；H是身心健康的素质支撑。通过动力轮——专业实践教育夯实前两者的根基，通过方向轮——思想政治实践教育引导后两者的发展。在两轮并驾齐驱，共同带动实践育人的过程中，四维目标得到了一定程度的实现，并取得了一些成效。

（一）加强组织领导，实践育人有保障

学院制定了《××学院教师服务任务考核办法（暂行规定）》，对教师指导学生参与科技创新、志愿服务、暑期实践等实践育人活动进行了量化考评，引导专业教师将理论教学与实践育人密切结合。重视教师、学生个体的先进示范作用。根据教师在实践育人过程中发挥的重要作用，给一些教师授予“××学院学生科技园丁”的荣誉称号，鼓励教师积极指导学生投身实践。对学生入党推优、党校培训、评优评奖都提出了参与实践的具体要求，包括参与志愿服务的工时、参与创新创业活动的情况、参与暑期社会实践的成效等。学院要求党员和各种荣誉的获得者不仅在思想上要先进、在学习上要拔尖，更要在行动上以身垂范，成为学院践行“知行合一”的先行者和排头兵。

（二）夯实基层自治，实践育人有根基

学院在开展实践育人的过程中，重视学生主体地位的确立，着力培养学生的自我管理、自我发展，全面推动学生党支部建在班级上的特色工程。充分发挥基层党支部的引领旗帜和战斗堡垒的作用，引导学生自我规划素质拓展流程，有组织、有计划、有水平地参与到学院实践育人工作的全过程。缤纷的素质提升活动呈现出了参与面广、参与人数多等特点，逐渐形成了主题鲜明、内容丰富、形式多样、健康有序的文化氛围。大学生在实践中陶冶了情操、增长了见识、开阔了视野，其动手能力、实践操作能力、书本知识与实际应用相结合的能力也进一步得到提升，学院则达到教育人、培养人、提高人、塑造人和凝聚人的目的。

（三）打造导师队伍，实践育人有方向

一是配好学业导师，实现了在各班级配备博士或副教授以上职称专业教师进行学业辅导。二是丰富科创导师，组织了46位能力出众、业绩显著的青年博士及行业领军企业技术骨干的校内外科创导师队伍。三是拓展志愿导师，聘请了区义工协会会长、“感动中国年度人物”引领学生志愿服务。四是充实就创业导师，聘请了24家单位的总经理进行就创业指导。五是开拓励志导师，聘请世界冠军等知名人士担任学生励志导师。这些经验丰富、来源广泛的导师队伍为学生参与实践、享受实践、成长成才提供了发展的方向。

（四）依托基地建设，实践育人有载体

学院积极巩固校企合作、推动深层次合作育人，积极建设志愿服务基地、就业创业基地，以多元化的阵地建设满足学生多元化的发展需求。一是志愿服务基地专业化、常规化。打造四类志愿服务基地包括以××区侨英街道团工委为代表的基层自治组织基地，以××小学为代表的农民工子女学校基地，以诚毅科技中心为代表的专业对口基地，以×市经济开发区为代表的归侨侨眷安置农场大学生服务基地。二是就业创业基地实效化、经常化。学院共建立就业创业基地33个，每年提供350余个岗位定向实习，增强学生的社会实践和工程实践能力。

（五）创新宣传阵地，实践育人有影响

学院开拓新媒体、完善传统媒体，努力构建线上线下全覆盖的宣教体系，有力延伸了实践育人的影响范围。①构建权威信息发布平台。学院官方网站走稳重路线，展权威风范，受到多方肯定。②办好学生自营刊物《未耒》，并开辟增刊反映同学们心声和思想，拓展学生对土木精神的认同感和自豪感。③打造官方微信品牌。构建“2P3V”（两种平台三个维度）的微博体系，形成完善的互动机制。打造思政教师、学生组织、班级支部等三个微博体系，通过腾讯、新浪两种平台，构筑集宣传、教育和服务于一体的新媒体阵地，建立了“向下看”的服务机制和“向外看”的合作机制。

二、解决问题的主要方法

长期以来学院着力推动全人计划，搭建七大平台，打造动力轮（专业实践育人）与方向轮（思想政治实践育人）两轮驱动的实践育人体系，为当前大学生教学中存在的问题提供了新的思路。

（一）K（知识）目标的实现

1. 以推动“拉手”计划，带动学习热情

“拉手”计划自启动以来，先后经过优秀学长学姐人才库的组建、拉手学员的报名、优秀学长学姐与拉手学员见面选择会等环节，最终确定了帮扶名单，每年约有四成境外新生参加该计划。通过双向选择机制让大一境外新生可以根据自己的标准来选择“心仪”的学长学姐，通过优秀的高年级学生带动大一的新生，指导境外新生适应大学的生活，给他们在学习上、生活上、学生工作上全方位的指导。为了帮扶基础比较薄弱的学生，又考虑到语言上的沟通问题，学院动员了会讲广东话的优秀学生加入该计划，充分体现了人性化的一面。

2. 以完善班助体系，树立学生学习楷模

在新生的每个班都选拔优秀高年级学生担任“班主任助理”，在新生入学初期对新生的生活、学习方面进行引导，以“小班主任”的身份给予新生更多的关切，使之更好地融入新生集体。

3. 以加强党员督导，保障良好学习风气

主要由高年级党员进行督导，对象是大一到大三的本科生班级。即高年级党员分专业、分班级对应低年级的相关专业、相关班级；在督导的密度上，要求每个班级至少两周一次，新生班级要求一周一次。党员进行学风督导后，并于当天将督导情况进行反馈，便于及时通知班主任或辅导员进行批评教育。根据督导情况，学生会学习部制作《学风简报》，分发给各班班主任。

4. 以坚持学风预警，紧守学风底线

学院有完善的学风预警机制，例如若挂科 10 个学分，班主任将找学生谈话；挂科 20 个学分，班主任和辅导员找学生谈话并告知家长；挂科 25 个学分以上，学院党委书记将与家长联系。层层抓落实，确保挂科学分多的同学能及时端正学习态度，通过重修补够学分。

（二）A（能力）目标的实现

1. 以事业的发展成就人，打造科技创新平台

学院以“土木年华”为载体，致力于“青年鲁班”实践育人工程建设。搭建各级与专业紧密相关的科技创新教育活动品牌，整合“结构设计大赛”、“挑战杯”科技作品竞赛、全国周培源大学生力学竞赛、全国大学生混凝土材料设计大赛等精品赛事，建立“大众模式”和“精英模式”双驱动培养体系。通过全院师生的广泛参与和不懈努力，学生的创新意识、创新能力和求真精神得到了显著提高。

（1）学生科创与教学改革融会贯通，已成学院人才培养主要内容。学院由主要党政领导班子成员挂帅成立科创领导小组，教学行政齐心发力，共同加强对大学生科创工作的指导。为统一全院师生的科技创新教育观念、建立创新教育体制、统筹规划并指导大学生课外科技创新教育活动搭建了有力的平台。在 H 大学第七届高等教育教学成果的评选过程中，学院学生科创培养模式及学生课外学术科技作品成果成为两个获奖教学成果。

（2）保障与激励机制发挥作用，院级立项和奖励基金运作顺畅。学院每两年根据教师指导学生科创的情况，开展“××学院学生科技园丁”荣誉称号评选（5 名教师），并通过《××学院教师服务任务考核办法（暂行规定）》明确规定：指导学生参加学生课外科技活动成为教师服务

考核分（合格为 60 分）的重要组成部分。此外，从学院教学实践经费中设立学院学生课外科技创新活动立项基金，作为校级、省级、国家级学生课外科技创新项目的前期培育扶持经费。学院还发动校友和企业设立专项的科技创新奖学金，如“欧美大地”学生科创奖学金、“林圣奇、卢志红”奖励基金（明月奖）、“中泰”大学生课外科技创新基金、“土木教育——市政西北设计研究院科创基金”等，每年奖励额度超过 5 万元。

（3）设置科学合理的课程体系，搭建科技创新教育课堂平台。学院在设置课程体系过程中，始终坚持以专业教育为核心，积极贯彻“科学性与思想性相结合”“专业性与综合性相结合”的教育原则，把专业教育和科技创新教育很好地融为一体，形成了由“少而精”的必修课、“宽而广”的选修课和“真而实”的实践课组成的科学合理的课程体系。通过课堂教学这一最直接的教育平台，让学生学会了思考、判断、分析和选择，有效地培养了学生的科学求真精神，学生也必将逐步学会用所学的知识创造性地解决实际问题。

（4）多方建立教学实习见习基地，搭建科技创新教育实践平台。几年来，学院采取“以集中为主，分散为辅”的实践教学模式，多方建立教学实习见习基地，目前已建立××市闽东南测绘院、中国市政工程西北设计研究院××分院、××国土房产局等 30 个实习见习基地，为大学生的科技创新教育活动搭建了良好的实践平台。

（5）培育项目覆盖三个专业，项目类型体现多样性。大学生课外科技创新项目院级培育上密切结合学院三个专业的特点（土木工程——关注建筑新材料、节能建筑设计、建筑安全等；工程管理——关注民生住房问题、城市化/区域化住房规划、工程管理信息化等；给水排水科学与工程——关注城市市政工程、新农村生态水系统、建筑节能减排等）来选择项目的设置方向，科学合理地布置项目的专业覆盖区域，平衡各学科学生课外科技创新项目的发展。

（6）打造学院科技创新活动品牌，搭建科技创新教育活动平台。主要分“面”（普及层次）、“点”（扶持典型）、“尖”（拔尖突破）三个层次开展工作。在普及层次上，设计了覆盖全专业、三层次（校、省、国家）的纵深化体系，科创氛围浓厚。以结构设计大赛为例，学生参与率达 40%，即每 2.5 人就有 1 人参加。典型层面主要抓“挑战杯”、省级、国家专业竞赛。近年来，学院在周培源力学竞赛、混凝土大赛等各项赛事中取得省级以上奖项有54项，特别是全国结构设计大赛中，学院已经跻身全国名校前列。拔尖层面上主要是在“挑战杯”的基础上引导学生将创新成果向专利及工程应用领域转化，其中8项技术转化为专利。

2. 以宽广的前景激励人，打造就业创业平台

学院积极探索各种大学生职业素养提升渠道，努力创造技能锻炼平台，不断推进阵地建设，广泛动员校内外各方面资源和力量，实施“请进来，走出去”工程，建立多领域见习实习基地和青年就业创业见习基地。

（1）完善就业服务保障体系，确保就业工作资金设备投入。学院除设置了毕业生工作经费外，还设有专项就业工作经费，在联系、走访、接待用人单位、辅导员就业业务培训等方面给予支持。目前，学院团委设有就业洽淡室2间、多媒体宣讲室1间、就业会议室1间，学院团委为专职负责就业工作的辅导员配备电脑、电话、传真机、复印机，设立就业信息公布栏，建设就业信息网站、微信群和QQ群。

（2）搭建职业技能锻炼平台，拓展职业素质阵地建设。从各专业大学生不同学习阶段的学习需要和心理状况出发，将大学生职业技能的养成贯穿始终。针对不同年级开展生涯规划系列活动。对于低年级学生，通过生涯探索系列心理团队训练、职业生涯规划讲座、职场精英访谈赛等途径帮助新生适应并建立生涯规划的初期意识。对于高年级学生，通过开设职业世界分析、面试简历制作、宣讲会等就业指导课程，以及HR直播间、校企论坛以及就业主题班会等手段进行全员动员，帮助大学生建立合理的就业预期，以营造积极健康的就业氛围。同时，组织学生参与“卓越计划”就业能力提升系列活动，如“我的第一张名片——精品简历设计大赛”、HR直播间、校区论坛、“职场精英访谈赛暨第一届生涯人物访谈大赛”、“给毕业生家长的一封信”等活动。

（3）发挥校友网络优势，实施“请进来，走出去”工程。灵活采取“请进来，走出去”工程，通过主动出击，拜访用人单位、发送招聘邀请函、建立实习见习基地等一系列组合拳，多角度拓展就业渠道。此外，历届校友活跃在建筑设计院、施工单位、监理公司、房地产公司、政府行业，有的还担任了各种管理职务，其所在的单位经常到学院招聘毕业生，有效解决了毕业大学生的就业问题。在长期的就业工作实践中逐步形成了学院帮助校友、校友反哺学院的良性循环。

（4）精心打造“卓越计划”境外学生自主创业培训班。秉持教育部“卓越工程师教育培养计划”理念，聘请××市御风行数码科技有限公司CEO、××市临家餐饮投资有限公司总经理等成功人士担任“××学院青年创业导师”。培训班不仅在于提升学生的创业意识和创业能力，同时注重提升学生就业竞争力，以及领导力。以“卓越”为成长使命，通过卓越班搭建创业导师与学生、学生与学生之间的互动交流平台，以更大的可能性让班级同学找到“志同道合”的创业挚友。

（三）P（人格）目标的实现

1. 以高尚的品德感动人，打造志愿服务平台

学院秉持“统筹设计、项目化申请、基地化运作、特色化服务”的工作思路，对外搭建平台，把志愿者推出去，把导师引进来。志愿服务常态化建设全面展开，学院大力开展“情暖三月·爱在鹭岛——关爱农民工子女志愿服务系列活动”。积极联系“集美区天马华侨农场”“同安区竹坝经济开发区”“漳州市常山经济开发区”等国家安置归侨侨眷难民的经济实体，打造“未桥”大学生志愿服务义工团。在各团支部层面上，学院精心组织开展了“青春雷锋，美丽中国”团支部志愿服务立项活动，开展100余项志愿服务项目，支教曙光小学、兑山小学等多所外来务工人员子弟学校，慰问50余户外来务工人员家庭，服务外来务工人员子女700多名，与侨英街道办、滨水小区等五类单位或项目建立36家长期志愿服务基地，参与滨水社区精神文明暨社会治安联防共建。

（1）建立健全运作机制。依据《××学院青年志愿者成员工作守则》，以思想道德要求、志愿服务要求为核心，明确职责、严格规范，提高团队的工作效率和工作质量，争创“优质高效”的团队。对各种志愿服务、义工服务严格执行《××学院青年志愿者成员考核细则》要求，落实积分制，分别从工作表现、会议制度、扣分标注、奖分标注四个方面进行量化考核。通过建立“部门—团支部—团员”统筹协调机制，着力完善志愿服务项目化运行制度，对各种服务活动及时完成服务工时记录、中期审核、后期总结的程序。

（2）发挥服务育人功能。学院各志愿服务项目的设立和开展，以对志愿者的隐性道德教育为第一宗旨。践行“奉献、友爱、互助、进步”的青年志愿者精神，展现“土木青年”良好精神风貌。例如，学院精心

打造的“在心为德，施之为行——志愿服务导师交流会”，获得H大学道德讲堂重点立项，在师生群体中激起了强烈反响。

（3）开展多彩志愿活动。学院高度重视志愿服务品牌的打造，先后精心推出了“爱在鹭岛——关爱进城务工人员”“携手夕阳——走进敬老院”“大手牵小手——曙光小学支教”“阳光书屋——关爱进城务工人员子女图书漂流活动”“情暖三月·爱在鹭岛——关爱农民工子女志愿服务系列活动”“青春雷锋，美丽中国”团支部志愿服务立项活动、“未桥——大学生志愿服务义工团”等系列品牌活动，三次获得××省表彰。

2. 以丰富的经历锻炼人，打造社会实践平台

学院通过重点打造“专业应用类、社会民生类、文化传承类、‘三农’建设类、海西发展类”这五类实践项目，鼓励大学生到边远山区、下企业工厂、走大街小巷、去政府机关、访社区小院，让他们在实践中受教育、长才干、做贡献。学生团队两次获得中国大学生社会实践成果“优秀团队一等奖”，三次取得“××省大学生社会实践优秀团队”荣誉称号，学生实践团队多次被伊宁、临沧、厦门、漳平等地方媒体报道，为学校、学院提升美誉度产生了积极正面的影响。

（1）建立宣传动员方案，规范立项评审程序。学院结合学科特点及时政热点，制订暑期社会实践计划方案。学院每年召开2次动员大会，4次不同层面的经验交流会，3次主要负责学生骨干特别会议，2次专业教师、辅导员参与的重点扶持项目研讨会；对年度社会实践的主题口号、方针政策、活动流程进行深入的剖析和学习，明确各实践团队的目标，在规范性和可行性中挖掘最大创新价值和服务价值。

（2）合理统筹实践梯队，科学配置指导团队。实践团队注重人员梯队建设，提倡“以老带新、多专业配置”模式。整合多学科组员专业优势、优化生源地调查区域。设立学长指导机制，结合前期开展经验培养新成员的全局意识和团队管理能力，对实践中可能遇到的主客观因素进行案例分析和系统指导。在教师指导方面，学院采取两个渠道：一是由学生团队自行聘请指导教师，二是由学院团委为实践团队配置指导老师，指导教师从实践课题的立项评比、理论意义、社会价值、科研创新等视角对团队进行全程指导。

（3）优化资源配置模式，拓宽实践价值尺度。学院综合分析“挑战杯”全国大学生课外学术科技作品竞赛、全国大学生创业设计竞赛等科技创新比赛与社会实践的相关性，借助暑期社会实践的时间资源和资金、技术支持，合理规划，统筹配置。引导学生在发挥实践活动服务地方功能的同时，提升调研方法的科学性与系统性，升华实践成果的理论价值。

（4）扁平组织管理层级，提供全面服务保障。制定了《××学院暑期社会实践活动指导手册》，汇编学生需注意的各方面安全因素及突发事件的应对方法。由专门负责社会实践的辅导员带领素质拓展部成员跟进每一支实践团队活动过程中遇到的困难，及时接收所有团队在社会实践期间的安全汇报信息和实践简报，队员安全返校时应及时向学院汇报，做到安全稳定“零报告”；同时，还要求学生在实践过程中要做好记录与总结工作，撰写心得体会，使实践活动能够真正落到实处、取得实效。

（四）H（健康）目标的实现

1. 以团队的荣誉凝聚人，打造体育锻炼平台

学院推动“大学生体育素质提升计划”，成果显著，多次荣获各类团体体育竞赛奖项，提升了学生的集体荣誉感。

2. 以高雅的品位吸引人，打造人文艺术平台

一是打造高端“土木讲坛”系列学术讲座，邀请了中国工程院院士等国内外专家莅临学校讲学，保证每月至少一次学术报告会。二是通过组织辩论赛提高学生思辨能力，辩论队连续三年蝉联××校区冠军。三是举办首届大学生演讲培训班，增强了大学生的交流意识，提升了他们口头表达能力和公众演讲能力。

三、大学生实践平台构建

自教育部启动工程教育专业认证试点以来，专业认证工作的认同度不断提高，越来越受到各高校的欢迎，在一定程度上促进了被认证专业的建设与交流，取得了良好的效果。为全面贯彻落实“卓越工程师教育培养计划”具体要求，进一步推动工程教育认证进程，高校要深入加强实践育人工作，实施素质教育，大力提高高等教育整体质量。这对深化高等教育教学改革、提高人才培养质量，服务建设创新型国家和人力资源强国，具有重要而深远的意义。

学院以“培养国内一流卓越工程师”为总体目标，大力探索改进和加强新时期、新形势下青年思想政治教育新路径，大力营造“团结的氛围凝聚人、卓越的前景激励人、厚重的底蕴培养人”的人文氛围，以“厚土华木”为主要内容践行“土木人”的“中国梦”。学院以培育创新型实践人才为目标，着力培养学生的创新意识，提高实践能力，构建内容丰富、点面结合、全方位、多途径的实践育人体系。通过健全管理协调制度、优化指导教师队伍、建设创新实验基地、创新文化活动形式以及制定成果认定标准等途径，形成“认知性实践—体验性实践—专业性实践—提升性实践”四年四梯次递进式实践育人格局，有效提高学生的综合素质，为建设创新型国家、实现工业化和现代化奠定坚实的人力资源基础。

学院积极构建“面向全体，多元文化，分段培养，菜单指引”的实践育人体系，成立由院领导任组长的实践育人活动领导小组，将课程教学、社会实践、社团活动、科技竞赛、支部立项、志愿服务、校企合作、中华文化宣传等具体实践形式进行分类整合，积极引导学生关注现实、走出课堂，服务社会，发挥专业优势，促进境内外学生多层次、多角度交流，并把实践创新意识与成长成才强烈愿望转化为实际行动，最终为培养社会亟须的卓越工程师而不懈努力。

（一）以课程教学为主导的课堂实践

榜样照亮着后来者的前进方向，在引领大学生实现“土木梦”的过程中，学院积极发挥五支导师队伍的力量，为塑造健康向上的“土木梦”指引着方向。一是抓好学业导师队伍。实现了在各班级建立副教授以上级别教师进行学业辅导的学风体系。二是丰富科创导师队伍。当前学院已经成立了一支拥有46位能力出众、成绩显著、关爱学生的青年博士的校内科创导师队伍，为了让大学生感受到当前最新的技术应用情况和管理理念，更好地实现学生课外科技创新项目的创新，更是通过各种渠道与行业领军企业的专家沟通，重点打造了一支力量雄厚的校外科创导师队伍。三是拓展志愿服务导师队伍。

（二）以社会实践为主体的假期实践

社会实践是大学生思想教育的重要环节，是大学生了解社会、服务群众、增长才干的重要路径。在新形势下，学院以科学发展观为指导，整合社会资源，为大学生社会实践创造良好的环境。建立大学生社会实践活动基地，加强对大学生社会实践活动的指导，创新与完善激励大学生积极参与社会实践活动的制度安排。

在知识经济时代，大学生创新意识的培养是教育改革的基本任务之一，也是大学生社会实践取得成功的有力保证。大学生应当把握好“为什么要实践”“怎么去实践”“实践之后怎么办”三个问题，把社会实践当作人生历练能力的检阅和就业的前奏，带着问题去实践，带着目的去实践，有意识地培养自己的科学态度、批判意识、怀疑精神和创新能力。

学院共建立就业创业基地 33 个，每年提供 350 余个岗位定向实习，通过基地建设巩固校企合作成果，增强学生的社会实践和工程实践能力，从而促进就业。

（三）以社团活动为依托的校园实践

高校大学生社团组织是学生在保证完成学习任务的前提下，根据自己的兴趣爱好，利用课余时间自愿参加，陶冶思想情操，活跃学术氛围，开拓知识视野，优化知识结构，提高活动能力，直接服务于社会和进行自我教育的群众性组织。社团活动不仅可以培养人的兴趣，发展学生专长及技能，而且还能帮助其扩大自己的社交圈。可以说，社团活动为学生而“生”，也为学生而“活”。从发展个性、激发热情、成才需要出发，为培养大学生的主动性、创造性作出响应。从人的智力发展上来看，每个人都有不平衡性，表现在发展阶段的不平衡和获取掌握知识的不平衡。而以专业特色组建社团、开展活动，不仅有利于大学生的个性发展，使大学生树立应有的自信，而且使大学生不局限于在课堂上探求，同时还将所学专业运用到实际中，对促进大学生全面发展起到了积极的作用。

（四）以科技竞赛为动力的创新实践

学院团委响应党委的要求，努力将思想引领打造为一项务实的工程，而不仅仅停留在口号和纸面上。不断创新实现“土木梦”的平台，坚持“以事业的发展成就人”打造科技创新平台、“以广阔的前景激励人”打造就业创业平台、“以高尚的品德感动人”打造志愿服务平台、“以丰富的经历锻炼人”打造社会实践平台。四大平台的形成与发展，推动了品牌效应，为“土木梦”的实现确立了路径。

学院注重大学生求真精神的培养和教育，明确提出“秉持科技创新教育理念，培养工科学生求真精神”的育人目标，以“卓越工程师”计划为人才培养导向，致力于“当代青年鲁班”的培育，搭建各级与专业紧密相关的科技创新教育活动品牌，整合国家级、华东地区、省级、校级四级“结构设计大赛”，省级、校级“挑战杯”科技作品竞赛，全国周培源大学生力学竞赛，全国大学生混凝土材料设计大赛，等等，全面推动“土木年华”科技文化节，建立“大众模式”和“精英模式”双驱动培养体系。全院党政领导高度重视，课程设置、学风建设、大学生创新团队和创新活动品牌建设等各项工作的开展都以上述目标为出发点。通过全院师生的广泛参与、不懈努力，大学生的创新意识、创新能力和求真精神得到了显著提高。

（五）以支部立项为导向的拓展实践

在共青团的基层组织建设工作中，学院团委在党委的指导下，坚持党团建设齐抓共管、齐头并进，工作的重点放在加强团支部的战斗力、提升团干部的工作能力、增强团员意识等领域。为增强广大党、团员青年的爱国、爱校意识，学院坚持以校园文化活动和主题教育活动为载体，加强教育阵地建设，引导广大党、团员在参与中收获成长。通过特色鲜明的一系列活动，既提高了广大党、团员的文化素养，又进一步坚定了广大青年跟党走中国特色社会主义道路的信念。

（六）以志愿服务为品牌的德育实践

随着社会的发展，对专业化志愿服务的需求必将越来越大，高校志愿服务可以通过专业化道德、专业化技能、专业化形象、专业化评价实现志愿者和志愿组织的良性发展，同时为志愿服务组织提供强有力的保障，为高校志愿服务提供不竭的动力。项目化管理可以实现高校青年志愿服务专业化发展。

紧紧围绕学校人才培养目标，把志愿服务活动纳入学校人才培养的总体方案，按照课程的理念进行统一规划和管理，着力培养学生高尚情操、完善人格、创新能力、实践能力，提高学生综合素质和核心竞争力；进一步明确志愿服务活动的育人目标，细化志愿服务活动内容，将凡是党、国家、社会和广大人民群众需要的，同时有利于大学生成人成才的活动作为志愿服务活动项目，学生根据自身实际情况和需要选择性地参加相应的项目，学校派出专门的教师培训管理、跟踪调查，同时根据学生志愿服务活动的数量和质量对其进行评价认定，凡是达到志愿服务育人目标的可以给予相应的志愿服务学分，记入档案。此外学院还秉持“统筹设计、项目化申请、基地化运作、特色化服务”的工作思路，对外搭建平台，把志愿者推出去，把导师引进来。

（七）以中华文化为特色的寻根实践

华人社会在东亚汉文化圈内的边缘地位，非国家、非主导民族形态，跨国、跨文化身份特质决定了其更容易接触和兼容其他文化。经过长时间的磨合和浸染，华侨华人实现了东西方文化、儒家意识和海洋意识的最终结合，实现了中华文化从传统向现代的演变。

当今世界已经进入了一个多元文化的时代。伴随着改革开放和现代化的进一步发展，我国文化价值观念领域产生了深刻的变化；突出的特点是单一的文化价值观念被打破，各种各样的文化价值观念交织在一起，逐渐形成了多元并存的文化格局。而要最大限度地增强中华文化认同，就必须用社会主义核心价值观引领整合多样化的文化和价值观。

（八）其他育人实践

实践育人是高校大学生人才培养的重要环节，是课堂教育的延伸和升华，也是加强和改进大学生思想教育的重要途径。高校实践育人是以马克思主义实践观为根本依据，遵循大学生成长成才规律和教育活动规律，以大学生在课堂教学中获取的理论知识和间接经验为基础，以开展与大学生专业发展和成才成长密切相关的各种实践活动为途径，以引导大学生不断增强服务国家、服务人民的社会责任感，勇于探索的创新精神、善于解决问题的实践能力为基本目标的一种教育实践活动。

构建高校实践育人的长效机制是高校实践育人的核心命题，也是推动高校实践育人科学发展的关键所在。立足新的历史起点，对构建高校实践育人长效机制的思考，对于提升高校人才培养质量、增强大学生思想政治教育的实效性无疑具有重大的理论意义和实践价值。

参考文献

一、专著

[1] 布迪厄，华康德. 实践与反思：反思社会学导引［M］. 李猛，李康，译. 北京：中央编译出版社，2004.

[2] 陈元魁，周德义，何一成. 当代高校教师素质建设的理论探索［M］. 北京：高等教育出版社，2009.

[3] 程社明. 你的职业：职业生涯开发与管理［M］. 北京：改革出版社，1999.

[4] 冯刚. 辅导员工作培训教程［M］. 北京：高等教育出版社，2013.

[5] 霍晓丹. 高校辅导员的素质标准与开发：基于胜任力模型的分析［M］. 北京：北京大学出版社，2013.

[6] 刘刚，王文鹏，陆俊杰. 多维大学校园文化研究［M］. 北京：中国书籍出版社，2013.

[7] 罗宾斯. 管理学［M］. 黄卫伟，等译. 北京：中国人民大学出版社，1997.

[8] 潘懋元，王伟廉. 高等教育学［M］. 福州：福建教育出版社，1995.

[9] 齐鹏飞. "一国两制"在香港、澳门的成功实践及其历史经验研究［M］. 北京：人民出版社，2016.

[10] 施恩. 职业的有效管理［M］. 仇海清，译. 北京：生活·读书·新知三联书店，1992.

[11] 习近平. 决胜全面建成小康社会　夺取新时代中国特色社会主义伟大胜利：在中国共产党第十九次全国代表大会上的报告［M］. 北京：人民出版社，2017.

[12] 习近平. 习近平谈治国理政［M］. 北京：外文出版社，2014.

[13] 郑天一. 文化认同论 [M]. 北京：中国社会科学出版社，1992.

[14] 中共中央统战部. 巩固发展最广泛的爱国统一战线：中央统战工作会议精神和中国共产党统一战线工作条例（试行）解答 [M]. 北京：华文出版社，2015.

[15] 中共中央文献研究室. 习近平关于社会主义文化建设论述摘编 [M]. 北京：中央文献出版社，2017.

[16] 周川，黄旭. 百年之功：中国近代大学校长的教育家精神 [M]. 福州：福建教育出版社，2005.

二、论文

[1] 白长虹. 理论智慧与实践智慧 [J]. 南开管理评论，2022 (2)：2.

[2] 班秀萍，王克. 全球化视域下中华民族文化认同之思考 [J]. 思想教育研究，2020 (10)：158.

[3] 蔡芸，石邦宏. 高等教育质量测量要素模型的改进 [J]. 中国高教研究，2019 (4)：77.

[4] 曹科岩. 高校组织职业生涯管理与教师职业韧性的关系研究 [J]. 教育评论，2016 (6)：55.

[5] 曹威威. 高校辅导员职业生涯发展周期超越论 [J]. 学校党建与思想教育，2018 (9)：91.

[6] 曹志斌. 试论优秀传统文化与高校校园文化建设的有效融合 [J]. 学校党建与思想教育，2016 (1)：92.

[7] 查玉喜，史志远. 高校校园文化促进思想政治教育实效性研究 [J]. 思想教育研究，2013 (10)：10.

[8] 常青，李力. 高校“多维型”创新创业实践育人体系建设与运行机制 [J]. 思想理论教育导刊，2017 (1)：142.

[9] 陈步云. 高校实践育人质量评价机制的构建 [J]. 思想教育研究，2018 (5)：78.

[10] 陈素凤. 提升教师实践智慧 培育学生政治认同 [J]. 课程教育研究，2019 (5)：72.

[11] 陈玉华. 教师复原力研究的现状 [J]. 全球教育展望，2014 (10)：73.

[12] 仇怡，黄丹. 海外智力流入对我国城市创新能力的影响：基于来华留学生的研究 [J]. 江西社会科学，2020 (8)：10.

[13] 樊星，马树才. 中国区域高等教育对经济增长贡献率的时空特征研究：基于中国省域面板数据的实证分析 [J]. 中国高教研究，2017 (8)：75.

[14] 方宝，武毅英. 高等教育来华留学生的变化趋势研究：基于近十五年统计数据的分析 [J]. 高等教育研究，2016 (2)：22.

[15] 冯刚. 思想政治教育工作质量评价的时代特征 [J]. 思想教育研究，2018 (5)：68.

[16] 冯培. 高校辅导员新时代角色定位的再认知 [J]. 思想教育研究，2019 (5)：100.

[17] 高峰. 高校青年体育教师职业生涯高原现状的研究：以北京市高校青年体育教师为例 [J]. 北京体育大学学报，2011 (7)：103.

[18] 高杨，张艳芸，李静晶. 中国高校数量规模对经济增长的空间溢出效应研究 [J]. 中国高教研究，2017 (8)：65.

[19] 龚伟. 高校辅导员职业认同机制建构：基于施恩职业发展运动形式理论的视角 [J]. 思想理论教育，2017 (2)：112.

[20] 苟灵生，阿勒玛古丽. 基于拓展微分方程模型的高等教育成本分担 [J]. 统计与决策，2018 (2)：63.

[21] 谷媛媛，邱斌. 来华留学教育与中国对外直接投资：基于"一带一路"沿线国家数据的实证研 [J]. 国际贸易问题，2017 (4)：85.

[22] 顾莎莎. 法治逻辑与进路："一带一路"教育共同体图景与来华留学生培养 [J]. 比较教育研究，2019 (12)：5.

[23] 郭秀晶，周永源. 促进高等教育境外消费出口政策的国际比较与启示 [J]. 比较教育研究，2009 (12)：88.

[24] 郭秀晶. 双层博弈视角下我国高等教育境外消费出口政策的形成机制探究 [J]. 国际商务：对外经济贸易大学学报，2013 (8)：113.

[25] 郭秀晶. 双层博弈视角下我国高等教育境外消费出口政策的形成机制探究 [J]. 国际商务：对外经济贸易大学学报，2013 (8)：115.

[26] 哈巍，陈东阳. 挑战与转型：来华留学教育发展模式转变探究

[J]. 中国高教研究，2018（12）：63.

[27] 韩琪，王建坤. 中国高等教育服务贸易逆差的探讨 [J]. 国际贸易，2012（4）：65.

[28] 郝颖. 创新人才培养视角下高校辅导员职业能力提升的路径研究 [J]. 思想理论教育导刊，2017（5）：152.

[29] 胡鞍钢，马伟，鄢一龙. “丝绸之路经济带”：战略内涵、定位和实现路径 [J]. 新疆师范大学学报（哲学社会科学版），2014（4）：8.

[30] 胡瑾. 论高校教师非正式学习与实践智慧的生成 [J]. 高教探索，2019（3）：127.

[31] 胡雪萍，许佩. FDI 质量特征对中国经济高质量发展的影响研究 [J]. 国际贸易问题，2020（10）：42.

[32] 黄海军，李立国. 我国研究生教育对经济增长的贡献率：基于1996—2009 年省际面板数据的实证研究 [J]. 高等教育研究，2012（1）：60.

[33] 黄蓉生，孙楚杭. 构建高校实践育人长效机制的思考 [J]. 中国高等教育，2012（2）：35.

[34] 姜宇，曹辉. 校园文化建设的人文反思与实践重构：以生命教育为主题 [J]. 教育探索，2016（6）：111.

[35] 蒋德勤，侯保龙. 高校思想政治教育实践育人创新路径 [J]. 思想理论教育导刊，2016（2）：145.

[36] 蒋兰陵，邓世荣. 高等教育境外消费服务贸易的结构分析 [J]. 商业研究，2011（2）：198.

[37] 荆德亭. 高校辅导员形象构成及其实现 [J]. 思想教育研究，2016（1）：105.

[38] 李刁，陈志. 高校“一站式”学生社区教育管理模式的构建策略 [J]. 学校党建与思想教育，2019（6）：66.

[39] 李江等. 广州地区高校新辅导员职业情感的质性研究 [J]. 高教探索，2016（8）：125.

[40] 李美娟，刘睿. 论我国国际教育服务贸易逆差的原因及对策 [J]. 教育与经济，2012（8）：40.

[41] 李伟东. 论高校辅导员能力发展的价值定位、结构及其优化 [J]. 思想理论教育导刊，2010（3）：105.

[42] 李向平. 社会治理的文化价值资源探寻 [J]. 人民论坛，2015 (6)：22.

[43] 李艳，杨晓慧. 文化自觉：高校思想政治教育的理性逻辑 [J]. 中国高等教育，2013 (2)：52.

[44] 李月玺. 高校辅导员的核心价值观及其培育 [J]. 教育探索，2013 (4)：93.

[45] 林建辉. 讲好中国故事：新时代高校思想政治理论课的重要使命 [J]. 思想理论教育导刊，2019 (5)：118.

[46] 林伟毅. 高校辅导员职业能力的现状及提升路径 [J]. 思想理论教育导刊，2017 (1)：135.

[47] 凌学岭，Chen Ling，王磊. 中国高等教育服务进口影响因素的实证分析 [J]. 国际商务研究，2015 (5)：48.

[48] 刘泠馨. 逆全球化下高等教育服务贸易发展的趋势与建议 [J]. 宏观经济管理，2019 (6)：78.

[49] 刘运红. 中亚留学生考勤管理工作研究：以新疆师范大学留学生为例 [J]. 民族教育研究，2013 (10)：50.

[50] 刘志民，杨洲. "一带一路"沿线国家来华留学生对我国经济增长的空间溢出效应 [J]. 高校教育管理，2018 (2)：7.

[51] 陆风. 高校传统文化教育的价值诉求与路径建构 [J]. 江苏高教，2015 (2)：10.

[52] 骆郁廷，孙婷婷. 形象德育：一种新的德育形态 [J]. 教育研究，2017 (6)：22.

[53] 马迎，陈晓龙. 文化认同的路径依赖与现代变迁 [J]. 西南民族大学学报（人文社会科学版），2021 (1)：44.

[54] 潘海涵，汤智. 大学实践教学体系的再设计 [J]. 中国高教研究，2012 (2)：105.

[55] 史龙鳞，陈佳俊. 新时代高校学生社区协同育人的机制研究：基于浙江大学"一站式"学生社区综合管理模式的观察 [J]. 思想教育研究，2021 (3)：150.

[56] 宋立华. 实践哲学视角下教师倾听智慧及其生成策略 [J]. 教育理论与实践，2019 (2)：42.

[57] 唐佳璐. 中国对"一带一路"沿线国家高等教育服务出口研究

[J]. 世界教育信息，2019（2）：25.

[58] 王海宁. 高校辅导员工作研究中的问题导向与问题意识探赜[J]. 思想理论教育导刊，2022（1）：138.

[59] 王家庭. 教育对我国区域经济增长的贡献：基于31省区面板数据的实证研究[J]. 复旦教育论坛，2013（5）：33.

[60] 王录仓，武荣伟，刘华军. 中国高等教育对经济增长的空间溢出效应研究[J]. 黑龙江高教研究，2015（12）：48.

[61] 王琪. 高职院校教师组织支持感与工作满意度关系研究：职业适应的中介作用[J]. 中国高教研究，2018（9）：105.

[62] 王显芳，李旭琬，蒋雪连. 高校实践育人的动力机制研究[J]. 思想教育研究，2016（12）：93.

[63] 王懿. 高校"一站式"学生社区建设的价值意蕴、现实问题与实践理路[J]. 思想理论教育，2022（2）：108.

[64] 魏浩，陈开军. 国际人才流入对中国出口贸易影响的实证分析[J]. 中国人口科学，2015（4）：75.

[65] 吴彬镪. 以社会主义核心价值观引领高校校园文化建设研究[J]. 思想教育研究，2016（1）：36.

[66] 吴惠. 多元文化视野下高校思想政治教育创新[J]. 思想政治教育研究，2012（2）：10.

[67] 谢睿夫，徐玉莲. 地方高校文化传承创新功能的实现路径[J]. 学校党建与思想教育，2015（2）：81.

[68] 徐薇薇，吴建成，蒋必彪，等. 高校教师教学质量评价体系的研究与实践[J]. 高等教育研究，2011（1）：102.

[69] 许继亮. 高校辅导员职业指导能力提升策略[J]. 思想理论教育，2016（12）：98.

[70] 薛建平. 我国特岗教师职业认同研究回顾与展望[J]. 教育理论与实践，2018（8）：38.

[71] 杨爱华. 新时代大学生社区育人面临的挑战与优化路径[J]. 思想教育研究，2021（5）：155.

[72] 杨荷. 服务业FDI对中国服务业出口竞争力的影响[J]. 重庆交通大学学报（社会科学版），2017（10）：77.

[73] 杨建华. 传统基层社会治理文化的现代转型[J]. 中国特色社

会主义研究，2015（5）：93.

［74］杨天平，刘召鑫．中国高等教育对经济增长贡献率的分析比较［J］．高校教育管理，2014（4）：12.

［75］杨洲，刘志民．2001—2015 年我国来华留学生对经济增长贡献的弹性系数研究［J］．高教探索，2017（12）：48.

［76］姚冰，彭振芳，郭冬岩．多元文化视阈下的大学生思想政治教育［J］．河北大学学报（哲学社会科学版），2012（3）：125.

［77］喻登科，刘佳艺，薄秋实，等．高校教师的知识、性格与职业发展：基于访谈的质性分析［J］．高教探索，2018（7）：105.

［78］张国军．北京高等教育境外消费服务贸易出口现状及对策［J］．北京教育（高教版），2017（3）：43.

［79］张晓平．多元文化背景下增强高校思想政治教育实效性的路径研究［J］．学校党建与思想教育，2010（12）：30.

［80］张雪磊．“互联网 +”背景下高校青年教师的职业发展［J］．中国成人教育，2017（11）：142.

［81］张艳臣．政策工具视角下来华留学生教育质量保障政策研究［J］．高教探索，2020（9）：110.

［82］张耀灿．思想政治教育学科专业创建 30 年的回顾和展望［J］．思想理论教育，2014（1）：28.

［83］赵莉．如何讲好中国故事：以中国新闻奖国际传播奖获奖作品为例［J］．中国出版，2018（3）：35.

［84］周金凯．中美两国国际教育服务贸易逆差的影响因素分析：基于逐步回归分析［J］．国际商务（对外经济贸易大学学报），2019（2）：53.

［85］周永源．世界高等教育境外消费出口的发展走向研究［J］．中国高等教育，2010（2）：77.

［86］周远，张振．高校“一站式”学生社区的空间建构逻辑与路向［J］．思想理论教育，2022（7）：104.

［87］朱志梅，顾欣荣．基于角色理论的高校辅导员职业生涯发展研究［J］．江苏高教，2016（11）：117.

［88］朱志明，魏宝珠．社会主义核心价值观融入高校校园文化建设的路径探究［J］．思想教育研究，2016（2）：42.

[89] 左勇华，黄吉焱. 江西省高等教育与经济增长关系的实证检验 [J]. 统计与决策，2017 (6)：106.

[90] Berry J W. Integration and multiculturalism：Ways towards social solidarity [J]. Papers on Social Representations，2011 (2)：56.

[91] Kalirajan K. Gravity model specification and estimation：revisited. [J]. Applied Economics Letters，2008 (6)：28.

[92] Kumlin S，Rothstein B. Questioning the new liberal dilemma：Immigrants，social networks，and institutional fairness [J]. Comparative Politics，2010 (5)：67.

三、其他文献

[1] 吕娜. 来华留学教育与中国经济发展研究 [D]. 北京：财政部财政科学研究所，2015.

[2] 胡庶华. 中华民族复兴的基本条件 [N]. 湖南大学校刊，1933-05-07 (2).

[3] 胡庶华. 释校训 [N]. 湖南大学校刊，1933-06-18 (1).

[4] 习近平. 中国梦，人民的梦 [N]. 人民日报，2013-05-18 (1).

[5] 习近平. 弘扬思路精神 深化中阿合作 [N]. 中国青年报，2014-06-06 (1).

[6] 习近平. 在庆祝中国共产党成立95周年大会上的讲话 [N]. 人民日报，2016-07-02 (2).

[7] 习近平. 习近平在全国高校思想政治工作会议上的讲话 [N]. 人民日报，2016-12-09 (1).

[8] 习近平. 习近平给北京科技大学全体巴基斯坦留学生回信 [N]. 人民日报，2020-05-19 (1).